Dennoch ging ich diesen Weg

REIHE: AUTOBIOGRAPHIEN

Dennoch ging ich diesen Weg

Wolfgang Szepansky

trafo verlag
dr. wolfgang weist

Die Deutsche Bibliothek – CIP-Einheitsaufnahme

Szepansky, Wolfgang :
Dennoch ging ich diesen Weg / Wolfgang Szepansky. -
Berlin : Trafo-Verl. Weist, 2000
  (Reihe: Autobiographien ; Bd. 2)
  ISBN 3-89626-035-9

Reihe Autobiographien, Bd. 2
Wolfgang Szepansky: "Dennoch ging ich diesen Weg"

ISBN 3-89626-035-9

© tra*fo* verlag dr. wolfgang weist, Berlin 2000
Finkenstraße 8, 12621 Berlin, BRD
Fax: 030/56 70 19 49
e-Mail: trafoberlin@t-online.de
Internet-Katalog: http://www.trafoberlin.de

Satz & Layout: tra*fo* verlag
Umschlagbild: Selbstporträt von Wolfgang Szepansky
Druck & Verarbeitung: Druckerei Weinert GmbH, Berlin
Gedruckt auf alterungsbeständigem und
chlorfrei gebleichtem Papier

Alle Rechte vorbehalten
Printed in Germany

Herzlichst

Wolfgang Szepansky

*Dieses Buch widme ich meinen Kindern
und allen Kampfgefährten*

Wolfgang Szepansky

Inhaltsverzeichnis

Zum Geleit – Ein Zeitzeuge geht seinen Weg 9
Kurt Schilde

I. Krieg überschattete meine Kindheit 13

II. Jugendzeit 43
    Proletarisches Theater 50
    Im Kommunistischen Jugendverband 65

III. Unter der Knute der Faschisten 83
    Hinter Gittern 89

IV. Emigrantenalltag 101
    Im Internierungslager 125

V. Als Gefangener im faschistischen Deutschland 139
    In Sachsenhausen 146
    Im Gefängnis 164
    Wieder in Sachsenhausen 180
    Das Ende zeichnet sich ab 194
    Endlich frei 208
    Exkurs: Karl Veken: Bericht über die Gründung einer
    Jugendorganisation in Crivitz in Mecklenburg 212

VI. Heimkehr – Der Kampf geht weiter 215
    Spalter am Werk 243
    Meine Schule 256

Ein Nachtrag – mein Wirken als Zeitzeuge 260

Personenregister 274

Bildnachweis 277

Zum Geleit
Ein Zeitzeuge geht seinen Weg

In den vergangenen Jahren habe ich öfters die Spuren, die Wolfgang Szepansky in der Geschichte hinterlassen hat, aufgefunden: So stieß ich bei meinen in den 1980er Jahren für das Bezirksamt Tempelhof durchgeführten Recherchen zur Geschichte des Nationalsozialismus auf eine Meldung: "Mariendorfer Kommunist festgenommen. In der Lichterfelder Straße (Bezirk Kreuzberg) bemalte des Nachts ein Kommunist eine Mauer mit den Worten 'Nieder mit Hitler! KPD lebt. Rot Front!' Ein Polizeibeamter in Zivil und ein SA-Mann beobachteten jedoch den Schmierfinken bei seiner staatsfeindlichen Arbeit mit der weißen Ölfarbe und nahmen ihn – es handelt sich um den 23jährigen Maler Wolfgang S. aus der Kurfürstenstraße in Mariendorf – sowie zwei Helfer fest, die ihm Aufpasserdienste leisten sollten. Alle drei wurden der Abteilung I im Polizeipräsidium eingeliefert." (Tempelhof-Mariendorfer Zeitung vom 14.8.1933) Ich hatte keinerlei Zweifel, daß es sich bei dem Verhafteten um Wolfgang Szepansky handelte. Er war mir schon einige Male bei antifaschistischen Stadtrundfahrten und öffentlichen Veranstaltungen begegnet, ich hatte mit ihm diskutiert und ihn als einen Mann mit einer eigenständigen Position kennengelernt. Er war Kommunist, aber beileibe kein Dogmatiker, man konnte – und kann bis heute – mit ihm reden. Er vertritt seine Meinung und er akzeptiert die Auffassungen von anderen.

Für die 1987 im Heimatmuseum Tempelhof – seinem Heimatbezirk – eröffnete Ausstellung über die Zeit des Nationalsozialismus "Erinnern und nicht vergessen" entstand die Idee, die Aktion, die Szepansky 1933 die Freiheit gekostet hatte, nachzustellen. Der ehemalige Widerstandskämpfer war sofort bereit, die Parole auf eine Stellwand der Ausstellung zu malen. Die Ausstellungsmacher, die ursprünglich im Sinne einer genauen Rekonstruktion Farbeimer und Pinsel ausstellen wollten, belehrte er: Die beabsichtigte Inszenierung hätte ein falsches Bild der illegalen Arbeit erzeugt, denn sie mußte so gut vorbereitet sein, daß man bei der Flucht vor der Polizei kein Werkzeug zurückließ. Tatsächlich wurde auch in der Zeitungsmeldung kein Eimer oder Pinsel erwähnt. Deshalb stellten wir an die von ihm bemalte Wand nur ein Fahrrad zur Erinnerung an das Fortbewegungsmittel, das er bei sich hatte, als er festgenommen wurde.

Dieser Vorfall wird in dem jetzt wieder vorliegenden Buch von Wolfgang Szepansky "Dennoch ging ich diesen Weg" ausführlich geschildert – ebenso wie seine Erlebnisse im Konzentrationslager Columbia. Sein dortiger Haftaufenthalt ist ein Stück aus dem Leben Szepanskys, was uns erneut zusammenführte, als ich die Geschichte des Columbia-Hauses recherchierte und ihm erneut als Zeitzeugen begegnete.

Natürlich ist der 1910 in Berlin geborene Szepansky nicht als Zeitzeuge auf die Welt gekommen. Der in einer sozialistischen Familie groß gewordene Junge ging in eine kommunistische Kindergruppe. Die große Schwester war Vorsitzende des Kommunistischen Jugendverbandes im Mariendorf und ich erinnere mich gern an das Gespräch mit Luise Kraushaar, zu dem mich Wolfgang Szepansky eingeladen hatte.

In der Familie wurde viel gesungen, gelesen und diskutiert. Der jugendliche Wolfgang war in der Arbeitertheaterbewegung aktiv. Als die nationalsozialistische Partei an die Macht gebracht wurde, unterstützte er mit seinen Genossen den Widerstand. Am 25. Oktober 1933 klagte ihn der Generalstaatsanwalt bei dem Landgericht Berlin an, "den organisatorischen Zusammenhalt eines Vereins" – gemeint war die in die Illegalität gedrängte Kommunistische Partei Deutschlands – "weiter aufrecht erhalten zu haben" und "öffentlich zu einer Gewalttat gegen eine bestimmte Person aufgefordert zu haben." Damit war sein Aufruf "Nieder mit Hitler" gemeint. Nach der Freilassung ging er 1934 in die Niederlande ins Exil, wo er 1940 wieder in die Hände der Nazis geriet. Die Befreiung erlebte er auf dem Todesmarsch aus dem Konzentrationslager Sachsenhausen. Nach elf Jahren sah er seine Eltern wieder. Sofort engagierte er sich abermals: Am 18. Juni 1945 entstand in einer Mariendorfer Schule der Antifaschistische Jugendausschuß von Tempelhof. Wolfgang Szepansky begann, mit den vorher in der Hitler-Jugend und dem Bund Deutscher Mädel organisierten Jugendlichen eine demokratische Jugendarbeit aufzubauen. Als ich 1989 eine Veranstaltungsreihe in der Volkshochschule über die Jugendarbeit im Jahre 1945 organisierte, berichtete er über die Heimabende und Theater- und Musikgruppen, in denen versucht wurde, den Jugendlichen eine demokratische Perspektive aufzuzeigen.

Beruflich betätigte sich der gelernte Maler zunächst als Zeichenlehrer, bis er 1951 im Zeichen des Kalten Krieges Berufsverbot erhielt, weil er Mitglied der Sozialistischen Einheitspartei war.

"So etwas darf es niemals wieder geben." Mit dieser Einstellung hat Wolfgang Szepansky bis heute mit überwiegend jungen Menschen über seine Erfahrungen aus der Zeit des nationalsozialistischen Deutschlands gesprochen. Er hat keine Geschichten vom Krieg zu erzählen oder vom Alltag im nationalsozialistischen Deutschland. Er berichtet von seinem frühen Widerstand und erinnert an seine ermordeten Mitkämpfer, vom Leben im Exil und dem Terror im Konzentrationslager Sachsenhausen. Er sagte einmal: "Es war mir eine Qual, ihre Fragen stockend zu beantworten." Doch gleichzeitig spürte er, wie die Zuhö-

renden ihm ergriffen lauschten. "Ich begann zu begreifen, wie wichtig die Kenntnis dessen, was ich erzählte, für nachfolgende Generationen ist."
Die Arbeit als Zeitzeuge in Schulen, Universitäten und Volkshochschulen empfindet der bescheiden gebliebene Mann als Pflicht, auch wenn sie manches Mal schmerzhaft ist. Er kann mit großem Verständnis zuhören und die an ihn gestellten Fragen anschaulich beantworten. Er schöpft aus dem Fundes eines langen und erlebnisreichen Lebens. Wolfgang Szepansky ist für mich der Inbegriff eines Zeitzeugen und er hat sich große Verdienste erworben. Wer Jahr für Jahr in einem halben hundert Veranstaltungen mit weit über tausend Personen spricht, hat sich die öffentliche Anerkennung verdient und deshalb ist Wolfgang Szepansky am 26. September 1996 öffentlich mit dem Bundesverdienstkreuz am Bande geehrt worden.

Kurt Schilde

I. Krieg überschattete meine Kindheit

Geboren bin ich 1910 im Berliner Wedding, dem Stadtteil, der Ende der zwanziger Jahre die Beifügung "der Rote" erhielt. Und das mit Recht. Hier wurde rot gewählt, rot geflaggt, wurden Exmittierungen Arbeitsloser durch Solidarität verhindert, eindringende Faschisten verjagt und wildgewordene Polizisten abgewehrt. Hier gab es die Arbeiter-Theater-Gruppe "Roter Wedding", deren Auftrittslied bald zu den beliebtesten Kampfliedern der Berliner Arbeiter gehörte. Es warnte vor dem drohenden Faschismus. Text und Melodie traten einen Siegeszug durch ganz Europa an. Aus vielen Kehlen erklang: "Roter Wedding grüßt euch, Genossen!"

Das, was heute wie eine Legende klingt, war im Augenblick meiner Geburt ferne Zukunft. Aber was es schon gab und bis auf den heutigen Tag immer noch gibt, sind Mietskasernen mit dunklen Hinterhöfen. In einem solchen ersten oder zweiten Hinterhof, im vierten Stock, der Sonne möglichst nahe, kam ich zur Welt.

Meine früheste Erinnerung verbindet sich jedoch mit der Kurfürstenstraße in Mariendorf, einem Vorort Berlins im damaligen Kreis Teltow. Die Tochter vom Kneipenwirt Zobel schleppte mich kleinen Bengel viel herum. Sie ließ mich einmal auf die steinernen Eingangsstufen des Lokals fallen. Ich schrie fürchterlich. Man stillte das Blut und tröstete mich. – Konnte jemand ahnen, daß diese Kneipe der Schauplatz heftiger Auseinandersetzungen mit den Nazis werden würde? Ein Kampfplatz, der die großen Klassenkämpfe Anfang der dreißiger Jahre reflektierte?

Oft spielte ich im Vorgarten unseres Wohnhauses. Der Bollemilchwagen und der Pferdewagen der Brauerei hielten täglich vor der Tür. Die Pferde flößten mir Respekt ein, hatte mir doch mein Vater die Narbe an seiner Stirn gezeigt, die er von der Bekanntschaft eines Pferdehufes zurückbehalten hatte. Hinter dem Bollewagen jagten wir Kinder her und riefen im Chor: "Bolle bim bim, Milch ist zu dünn, Käse zu dick, Bolle ist verrückt!" War der Kutscher bolletreu und identifizierte er sich mit seinem Herrn, schlug er mit der Peitsche nach uns. Dann verdoppelte sich unser Geschrei.

Deutlich sehe ich mich an meinem fünften Geburtstag mit meiner Mutter vor einem kleinen Schrank stehen. Sie suchte nach der passenden Wäsche. Sie wollte mich für den festlichen Tag ein bißchen herausputzen. Doch es fiel ihr schwer, das richtige zu finden. Sie äußerte sich unzufrieden über die bereits fühlbar werdende Knappheit. Der Krieg war schuld. Dieser Moment prägte sich ein. Alles andere, was den Geburtstag schön gemacht hat – Geschenke, Besuch,

Blumen und Leckerbissen – habe ich vergessen. Die ersten vier Jahre meines Lebens verliefen für mich und meine älteren Geschwister ungetrübt. Meine Mutter erzählte uns wundersame Märchen. Und nicht nur uns. Wenn sie sich auf dem Spielplatz auf den Rasen setzte, sammelten sich schnell viele Kinder um sie und hörten ihr stundenlang zu, selbst die wildesten Rangen.

Eine andere Attraktion für die Kinder unserer Straße war das Marionettenspiel meiner Eltern. Mein Vater hatte aus einer alten Eierkiste eine Bühne gezaubert, die auswechselbaren Kulissen bemalt. Beide hatten nächtelang aus einem Gemisch von Papier und Leim Puppenköpfe geformt, ihnen rote Bäckchen, blaue Augen aufgetupft, blonde oder schwarze Haare draufgeklebt und ihnen Kleider angezogen. Die Heldentaten des tapferen Schneiderleins, die pfiffige Bereitschaft von Hänsel und Gretel, sich selbst zu befreien, begeisterten die Kinderschar.

Unvergeßlich sind mir die Schummerstunden, wenn sich der Tag langsam in der Dunkelheit verlor. Dann sangen wir, oder Mutter sagte Balladen vor sich her. Danach kletterte sie auf den Küchenstuhl, um mit einem Streichholz die Gaslampe zum Leuchten zu bringen.

In diese glücklichen Tage setzte der Krieg seine eiserne Ferse. Eine furchtbare Drohung war plötzlich da. Ihren Ausdruck fand sie in einer harmlosen Pappkiste, die unter das Bett geschoben war. Sie enthielt das Soldatengepäck des zukünftigen Rekruten Emil S., der im Sommer 1916 auf einen Berliner Kasernenhof beordert worden war. Hier hatte man ihn für vier Wochen zurückgestellt, seine neue Einberufung ist dann vergessen worden. So unwahrscheinlich das klingt, so war es doch möglich in den Mühlen der preußischen Wehrregistratur. Die ganze Familie fürchtete monatelang die Kriegsorder. Langsam löste sich die Spannung, und wir atmeten freier. Aber noch zwei Jahre lang, bis zur Novemberrevolution, stand die Kiste da, uns immer in Furcht haltend. Erst dann wurde sie auseinandergenommen. Das Stückchen Toilettenseife, nun kostbar geworden und in keinem Geschäft mehr zu haben, wurde von meiner Mutter wie eine Siegestrophäe behandelt, bevor es sich in Schaum auflösen durfte.

Manchmal erzählte sie von den Augusttagen des Jahres 1914, und sie verstand es, unsere Abscheu gegen den Krieg zu wecken. Extrablätter verkündeten die Kriegserklärung des Kaisers. Vater saß zwei Tage wie gelähmt in seinem Lehnstuhl. Er konnte weder die Wortbrüchigkeit der sozialdemokratischen Parteiführung verstehen, noch die Kriegsbegeisterung der Massen, von der selbst einfache Parteimitglieder erfaßt wurden. Denn riesige Menschenmengen liefen durch die Straßen und riefen: "Siegreich wollen wir Frankreich schlagen!" Vater grübelte: Waren die Kampferklärungen der SPD gegen den drohen-

Aber was es schon gab und immer noch gibt - Mietskasernen.

Hinter dem Bollewagen jagten wir Kinder her

den imperialistischen Krieg Lügen geworden? Waren alle dem Bekenntnis zur Völkerfreundschaft untreu geworden? Gab es dieses "Proletarier aller Länder, vereinigt euch" nicht mehr? Gestern sangen sie: "Internationale wird die Welt befreien", und heute: "Heil die im Siegerkranz, heil Kaiser dir!" Konnte es wahr sein, daß der Verrat am proletarischen Internationalismus den Krieg erst ermöglichte?

Als Karl Liebknecht im Reichstag bei der zweiten Abstimmung über die Kriegskredite die Zustimmung verweigerte und rief: "Der Feind steht im eigenen Land!" war das ein notwendiges Fanal zum

wenn sich der Tag langsam in der Dunkelheit verlor

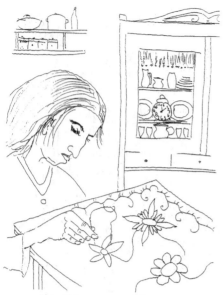
Meine Mutter war von Beruf Stickerin.

Meine Mutter erzählte uns wunderbare Geschichten.

Eine Attraktion war das Marionettenspiel meiner Eltern.

Im Mittelpunkt des Hauses stand der Herd.

Kampf gegen den Wahnsinn des imperialistischen Krieges. Meine Eltern hörten auf die Stimme Karl Liebknechts und gehörten von nun an der Gruppe der Linken in der SPD an. "Diesem System keinen Mann und keinen Groschen" – war das nicht der Leitspruch August Bebels gewesen? Meine Eltern handelten danach. Es wurde nicht ein Pfennig Kriegsanleihe gezeichnet, wir Kinder beteiligten uns nicht an den vielfältigen Sammlungen von Papier, Korken, Stanniolpapier, Metall und anderer Dinge, die helfen sollten, die Kriegsmaschinerie zu füttern. Mein Vater lehrte uns, den Krieg zu hassen, meine Mutter diskutierte mit den nach Lebensmitteln anstehenden Frauen darüber, welchen Kummer und welches Leid ihnen der räuberische Krieg schon gebracht habe und noch bringen würde. Viele Jahre verfolgte meinen Vater die Drohung, entdeckt und in die kaiserliche Armee berufen zu werden.

Darum hieß es für ihn, möglichst unauffällig zu leben. Neugierige Frauen fragten: "Wie kommt es eigentlich, daß Sie noch nicht eingezogen sind?" – Ja, wie kam es? "Ku = kriegsuntauglich". So konnte er als selbständiger Maler fast ungestört arbeiten. Arbeit gab es genug, so viel, daß Mutter helfen mußte. Gemeinsam tapezierten sie die Stuben und Korridore. Dann waren wir drei Geschwister uns den ganzen Tag selbst überlassen. Als Jüngster lag ich im Schlepptau der Großen. Manchmal war ich artig und folgte meiner fünf Jahre älteren Schwester, meistens sagte ich ihr die Gefolgschaft auf und hielt mich an meinen Bruder. Oft kamen unsere Freunde in die Wohnung und stellten sie auf den Kopf. Luise, die das nicht wollte, wurde überlistet. Man hielt einen Hut so vor das Guckloch, daß sie annehmen mußte, es sei irgendein Kunde, der einen Auftrag brächte. Kaum hatte sie die Tür einen Spalt weit offen, so drückte die ganze Bande der Bengels hinein, hängte sich auch wohl der sich Verteidigenden in die Haare und erkämpfte den Zugang gegen das große Mädchen. Das sparte nicht mit Püffen, mußte aber stets der Übermacht weichen. Kamen abends unsere Eltern und stellten uns die peinliche Frage, ob wir auch bestimmt keine Dummheiten gemacht hätten, dann stellte sich heraus, daß wir alle wie die Lämmer gewesen waren. Niemals petzte einer.

Aber wir waren nicht wie die Lämmer. Einmal gingen wir heimlich ins Kino. Meine Eltern wußten, warum sie uns gerade diesen Kinobesuch nicht gestatteten. Der Film verherrlichte in übelster Kriegspropaganda den Soldatentod. Natürlich begriff ich das damals nicht und hielt auch die Entscheidung meiner Eltern für ungerecht. Der Film beeindruckte mich außerordentlich. Wie heldenhaft wußten die deutschen Marinesoldaten zu sterben. Als der Panzerkreuzer einen Volltreffer erhielt, versank er langsam in den Fluten. Gewiß gab es Rettungsboote, aber welcher deutsche Soldat war so schuftig, sich von seinem Schiff zu trennen? Lieber sterbend untergehen als sich lebend dem Feind ergeben. So kann nur ein Deutscher sterben. Die Kriegsflagge hoch über die ihn begrabenden Wellen haltend. Zu diesen Bildern hämmerte der Klavierspieler ununterbrochen: "Dir woll'n wir treu ergeben sein, getreu bis in den Tod. Dir woll'n wir unser Leben weih'n, dir Fahne schwarz-weiß-rot!" Irregeführt sangen die Kintöppler: "Dem Feinde weh, der sie bedroht, der diese Fahne haßt!"

Das alles hatte mich gepackt. Es war ja noch die Zeit, als die Bilder laufen lernten. Jedenfalls wurde ich mit dem Gesehenen nicht allein fertig und konnte daher abends meinen Eltern gegenüber den Mund nicht halten. Ich erzählte ihnen den Film. Dabei kam ich mir sehr raffiniert vor, als ich behauptete, unser Freund Kutti sei im Kino gewesen und habe mir nur gesagt, wie schön der Film war und wie die Kriegsschiffe aussahen und wie das so ist, wenn geschossen wird und ein Schiff untergeht. Siegfried war schon in der Schlafstube. Er versuchte mich zum Schweigen zu bringen. Wütend schrie er: "Komm ins Bett! Du sollst jetzt ins Bett kommen!" Dadurch wurde der Schwindel noch deutlicher. Meine Eltern durchschauten uns! Strafpredigten und Stubenarrest am nächsten Sonntag waren die Folge.

Ein anderer Kinobesuch wurde genehmigt. Wir wollten uns zu dritt auf den Weg machen. Es trat jedoch eine schier unüberwindliche Schwierigkeit auf. Ich hatte meine einzige Hose zerrissen, so konnte ich nicht mitgehen. Da durchzuckte Siegfried ein Geistesblitz: "Wir verkleiden dich als Mädchen, und sollte jemand fragen, wie du heißt, bist du unsere kleine Kusine Gerda." So utopisch, wie es sich vielleicht anhört, war die Sache nicht. Erinnere ich mich doch meiner stolzen Lockenpracht, die mir bis auf die Schultern reichte. Ich war mit diesem Vorschlag nicht einverstanden. Was würde geschehen, wenn man mich vielleicht doch erkennen sollte? Als die Überredungskunst meiner Geschwister nicht ausreichte, wurde ich vor die Alternative gestellt: Entweder als Mädchen ins Kino oder als Junge allein zu Hause bleiben. Ich ließ mich auf eine Anprobe ein. Siehe da, ein altes Kleid meiner Schwester paßte, ich gab ein allerliebstes Mädchen ab. Nun war die Sache entschieden, meine Bedenken waren überflüssig. Oh, lieber Himmel, hätten wir beide, Luise und ich, geahnt, was uns erwartete, wir hätten auf den Kintopp verzichtet! Dabei war doch alles so gut ersonnen, nur nicht bedacht worden, daß wir bekannt waren, wie die bunten Hunde. Die Erwachsenen auf der Straße blieben stehen – ist das nicht...? Wir liefen unserem Freund Kutti in den Weg. Der wollte auch ins Kino. Siegfried tuschelte mit ihm unter dem Siegel der Verschwiegenheit unser Geheimnis zu.

Luise nahm mich tapfer an die Hand. Wir erreichten ungehindert unser Ziel. Schnell rein ins Dunkle, in die äußerste Ecke. Aber unsichtbar konnte ich mich nicht machen, auch nicht in den Erdboden versinken. Als der Film riß und das Licht aufflammte, das geschah oft in der damaligen Zeit, ging der Kintopp im

Saal weiter: Zunächst sah man sich verstohlen um und steckte die Köpfe zusammen. Dann wurde das Wispern von Mal zu Mal stärker. Und schließlich hatten alle Zuschauer der vor uns liegenden Reihen kehrtgemacht. Sie lachten und winkten mir zu. Plötzlich brandete ein Sprechchor auf: "Wolfgang – Gerda! Wolfgang – Gerda!" Und wenn ich mich bis zur Erde duckte – da vorne brüllte man erbarmungslos: "Wolfgang – Gerda!" – Als dann der Film wieder geflickt war und die Dunkelheit im Saal alle Schreier verstummen ließ, hatte ich Ruhe, bis das Flimmern auf der Leinwand durch einen neuen Filmriß unterbrochen wurde. Dann ging die Vorstellung im Saal weiter. Wie hielten eisern aus und ließen die Wogen der Begeisterung an uns abprallen. Unsere Verachtung galt dem Verräter Kutti.

Das ständig wachsende Interesse für den Kinofilm ließ in manchem Kopf phantastische Pläne entstehen. Der Film benötigte viele Statisten. Hatte man erst einmal den Fuß auf die unterste Sprosse gesetzt, konnte man die Leiter vielleicht bis in den Star-Himmel fortsetzen. Es gab auch Leute, die solche Einfälle stellvertretend für ihre Nachbarn bekamen. So Frau Hofmeister aus der ersten Etage mit der vornehmen Dreizimmerwohnung. Sie lag meiner Mutter in den Ohren: "Sie haben so hübsche Kinder. Schicken Sie sie doch zum Film – die werden bestimmt genommen. Sie brauchen doch nur zur Filmbörse zu gehen. Nanu, die kennen Sie nicht! Na, in der Friedrichstraße! Wenn ich Sie wäre, ich wüßte, was ich täte, Ihre Kinder sind doch ein Kapital!" Meine Mutter ließ sich beschwatzen. Wir Jungen, herausgeputzt mit weißen Schillerkragen, Luise mit aufgerollten Schnecken und einer Schleife im Haar und Mutter im Samtkleid, so machten wir uns auf die Reise.

Im Lokal waren alle Tische besetzt oder reserviert. Zuerst wurden wir mißgünstig be- und verurteilt, später kümmerte sich kein Schwanz um uns. Wir waren wohl keine ernstzunehmende Konkurrenz. Wir hatten ja nicht einmal einen Stuhl, geschweige denn einen Tisch abbekommen. In die Ecke gequetscht, saßen wir – der holden Kunst so nahe – auf der Kante des Musiker-Podiums, mehr unter als neben dem Flügel.

Von Zeit zu Zeit kam Bewegung unter die Wartenden. Sie sprangen auf, stellten sich in den Gang, der durch die Tische führte. So bildeten sie eine lange Gasse, durch die die Herren Filmmanager schritten. Manchmal blieben sie stehen, um das eine oder andere Gesicht näher zu betrachten. Fanden sie einen für ihre Zwecke Brauchbaren, zeigten sie mit dem Zeigefinger auf den Auserwählten. Wenn sie die menschliche Ware wie Sklavenhändler auf dem Markt besichtigt hatten, verschwanden sie, und die Enttäuschten, Unbrauchbaren fluteten auf ihre Plätze zurück.

Da durchzuckte Siegfried ein Geistesblitz: „Wir verkleiden Dich als Mädchen!"

„Biste 'n Junge oder ein Mädchen?"

„Wolfgang-Gerda! Wolfgang-Gerda!" Da vorne brüllte man erbarmungslos!

„He, halte den Lockenkopf mal fest!"

Auch wir drei Kinder waren vorgestürmt und hatten uns eingereiht. Das machte uns einen Heidenspaß. Aber kein Zeigefinger deutete auf uns. Von Zeit zu Zeit erschien eine neue Gruppe von Managern, und das Gerenne und Aufstellen begann wieder. Nach zwei Stunden hatte meine Mutter die entwürdigende Zurschaustellung satt. Um Erfahrungen reicher kehrten wir aus den seltsamen Gefilden der Traumfabrik zu den niederen realen Tätigkeiten unseres Proletarierdaseins zurück.

Die goldenen Haare hatten sich nicht in Geld ummünzen lassen. Siegfried mußte wie ich die Haare tragen. Seine Proteste stießen ins Leere. Meine Mutter war unnachgiebig. Ich fügte mich ihr gehorsam. Es kam ja auch vor, daß sie von diesem oder jenem bewundert wurden. Meistens hörte ich jedoch: "Biste 'n Junge oder 'n Mädchen?" – "Det Kind lernt ja schielen!" Wodurch bewiesen wäre, daß alle Mädchen mit Bubikopf schielen lernen.

Meine liebe Mutter hatte wohl nie geahnt, was ich durchmachen mußte. Meine Mitschüler zeigten kein Verständnis dafür, daß einer es wagte, anders auszusehen als der Durchschnitt. Sie verspotteten mich, wo sie konnten. Ich lernte es, mich gegen sie durchzusetzen. Ich begriff auch, daß man Äußerlichkeiten nicht überbewerten muß und daß es philisterhaft ist, sich über das Aussehen anderer zu mokieren. Ich belächelte später solche Ausrufe: "Welch ein Skandal, wie kann man mit einem Pferdeschwanz herumlaufen!" Oder: "Niethosen für Mädchen? Entsetzlich!" Oder: "Haste den Jesuslatscher mit den langen Loden gesehen?" War ich doch selbst einmal ein Beatle! Entweder ein einsamer Don Quichote oder meiner Zeit um 40 Jahre voraus. Die Haare waren auch der Anlaß, daß ich eines Tages mörderische Keile bezog. Ahnungslos ging ich mit meinem Schulkameraden die Straße entlang, ein Bauer, mit einer Peitsche in der Hand kam aus seiner Hoftür: "He, halte den Lockenkopf mal fest!" schrie er meinem 'Kameraden' zu, der als künftiger guter Untertan diesem Befehl nachkam. "Dir werd ich helfen, immer meine Strippen an den Fensterläden durchzuschneiden!" Meine Unschuldsbeteuerungen fruchteten nichts. Ich mußte als Prügelknabe für die Sünden eines anderen büßen. Viel später gestand mein Brüderlein, daß er der strippenschneidende Übeltäter gewesen war.

Mit Vorliebe gingen wir Jungen in das inzwischen dem profitorientierten Wohnungsbau geopferte Seebad Mariendorf. Dort lernten wir beide schwimmen. Siegfried hatte es sehr schnell kapiert. Ich dagegen fürchtete mich, ins Wasser zu springen. Der Bademeister redete mir lange vergeblich zu, dann warf er mich kurzentschlossen ins Wasser. Er wollte mir damit die Angst nehmen, das Gegenteil trat ein. Entsetzen packte mich, als die grüne Welle über mir zusammenschlug. Ich hing an der Leine, zappelnd wie ein Fisch an der Angel. Boshafte Zuschauer riefen: "Wasser hat keene Balken!" Bei dem Bademeister lernte ich nicht schwimmen. Ich hatte kein Vertrauen mehr zu ihm. Im nächsten Jahr lernte ich es alleine. Bevor ich ganz sicher war, sprang ich schon vom Einmeterbrett und kraulte wie ein Hund unter der Aufsicht meines Bruders an die Leiter.

Der Sprungturm mit seinem Drei- und Siebenmeterbrett faszinierte uns. Wenn man ganz oben stand, glaubte man auf dem Dach eines Hauses zu sein. Gar zu gern wäre ich von dieser Höhe ins Wasser gesprungen, aber mir fehlte der Mut. Andern erging es nicht anders. Der Wunsch zu springen wurde von Tag zu Tag stärker. An einem Sonntagvormittag hatten wir uns mit mehreren Freunden den Sprung vorgenommen. Von ihnen war ich der erste, der nach langem Zögern auf den Turm stieg. Auf allen Vieren kroch ich aufs Sprungbrett bis an die vorderste Kante. Mit schlotternden Knien richtete ich mich auf, sah geradeaus, machte einen Schritt nach vorn und sauste in die gefürchtete Tiefe. Auftauchend, nach Luft schnappend, erreichte ich die Leiter. Der Bademeister schrie gerade: "Alle aus dem Wasser und anziehen!" Den Befehl nicht achtend, kletterte ich noch einmal hoch, um mich in die erregende Tiefe zu stürzen. Es war herrlich, aber Wochen hatte ich gebraucht, meine Furcht zu überwinden.

Zu dieser Zeit – es mag 1917 gewesen sein – war der Hunger ein täglicher Gast. Meine Eltern waren als konsequente Kriegsgegner gegen Schiebung und Korruption. Während die Reichen wie die Maden im Speck lebten, mußten die Armen mit der mageren Kartenzuteilung auskommen. Wir holten das billige Essen aus der Volksküche. Es wurde mit konstanter Regelmäßigkeit schlechter und schlechter. Am meisten verabscheuten wir das Dörrgemüse, vom Volksmund Drahtverhau genannt. Einmal war es völlig ungenießbar. Es verbreitete einen ekelhaften Geruch. Wir Kinder brachten nicht einen Löffel hinunter. Auch zureden half nichts.

Meine Mutter entdeckte im Eimer einen fünf Zentimeter dicken Bodensatz voll Sand und Kohlestückchen. Das ging ihr über die Hutschnur. Sie verfaßte ein Protestschreiben an Bürgermeister und Gemeinderat, in dem sie eine Verbesserung des Essens verlangte. Dann nahm sie den ungenießbaren Fraß und kippte ihn vor die Tür der Volksküche. Nachdem sie dadurch die Aufmerksamkeit der Essenholerinnen erregt hatte, faltete sie ihr Schreiben auseinander und bat um Unterschriften. Manch eine unterschrieb. Es wurde eine Kriegserklärung der Frauen gegen den Krieg. Da erschien die Polizei: "Was machen Sie hier? Unterschriften sammeln? Dürfen Sie nicht! Es ist Belagerungszustand! Mitkommen!" Meine Mutter mußte mitgehen. Einige Mutige folgten. Nach

Auf allen Vieren kroch ich aufs Sprungbrett

Was machen Sie hier? Unterschriften sammeln? Das dürfen Sie nicht! Es ist Belagerungszustand!

längerem Aufenthalt auf der Mariendorfer Polizeiwache, den die Frauen nützten, um die unhygienischen Zustände in der Volksküche zu schildern, wurden sie entlassen. Der Protest brachte einen Erfolg, das Essen wurde besser.

Der Krieg zeugte Armut und Not. Der Hunger wurde unerträglich. Wir bettelten unsere Mutter oft vergeblich um ein Stück Brot an. Mein Vater verstand es, hauchdünne Scheibchen zu schneiden. Fünf dieser Scheiben war die tägliche Ration. Zum Leben zu wenig, zum Sterben zu viel. Meine erfinderische Mutter versuchte Wunder zu vollbringen. Sie buk aus Kohlrüben Schrippen, Kartoffeln wurden von ihr statt in Fett mit Kaffee-Ersatz gebraten. Diesen stellten wir aus gerösteten Roggenkörnern her. Wir Kinder fanden sie auf den nahegelegenen, auch von anderen abgesuchten Stoppelfeldern.

Wenn meine Eltern spät abends nach Hause kamen, fanden sie uns Kinder schlafend. Ich lag meistens zusammengekauert, spärlich zugedeckt, unter dem Küchentisch. Ins Bett war keiner gegangen. Wir hofften auf Abendbrot. Das kochte meine Mutter dann noch. Eine Suppe aus Wasser, einigen Kartoffeln, etwas Kleie und Salz. Während das Essen brodelte, stand die ganze Familie um den Topf herum. Es kam vor, daß eins von uns Kindern einen Apfel oder eine Birne für einen Botengang von einem Nachbarn geschenkt bekam. Jeder brachte das bißchen Obst nach Hause. Es wurde stets solidarisch geteilt, wie es sich in einer kleinen Kommune gehört, und ohne Anordnung.

Unsere moralische und geistige Haltung wurde durch das Vorbild der Eltern geprägt. Sie waren kulturell und politisch tätig, setzten sich mit ihrer Umwelt kritisch auseinander. Sie waren entschiedene Sozialisten und wollten nach ihren Möglichkeiten zur Veränderung der Verhältnisse beitragen. Sie schrieben Gedichte gegen den Krieg, trugen sie im Kreise ihrer Genossen und Bekannten vor. Wir Kinder erlebten die Entstehung ihrer Werke mit. Mein Vater schrieb das Gedicht "Zuruf".

> *Bruder, was tat ich dir, du willst mich schlagen?*
> *Muß ich nicht gleich dir Knechtschaft ertragen?*
> *Mußt du nicht gleich mir jene verdammen,*
> *die uns in wilder Gier hetzen zusammen?*
>
> *Bruder, wir lieben ja jeder die Seinen,*
> *Die, sind wir nicht mehr da, trostlos dann weinen.*
> *Bruder, schlägst du mich tot auch wider Willen,*
> *Kannst du die bittre Not der Meinen stillen?*
> *Bruder, reich mir die Hand, nieder die Waffen!*
> *Laß durch der Liebe Band Frieden uns schaffen!*
> *Freiheitlich Morgenrot soll uns bescheinen,*
> *Nieder mit Krieg und Not, Grenzwall und Steinen!*
> *(1914)*

Das ging auch mich an. Welch ein Gegensatz zu dem, was ich von meinen Lehrern hörte. Bei den Siegesfeiern wurden Haßgesänge gegen Franzosen und Russen vorgetragen. Die Verluste des Feindes wurden bejubelt, die deutschen Soldaten als unbesiegbar vergöttert. Unbesiegbar? Die Nachricht, mein Onkel sei gefallen, zeugte vom Gegenteil. Wo lag die Wahrheit? Wer hatte recht? Etwa die Lehrer? Natürlich meine Eltern, da gab es keine Zweifel. Sie standen zu ihrer Meinung, überall, wo sich Gelegenheit dafür bot. Sie hatten viele Auseinandersetzungen mit Nachbarn, Bekannten und mit ihren Genossen. Oft waren wir Kinder dabei und hörten sie davon sprechen.

Meine Eltern schrieben Theaterstücke für Kinder und übten diese auch mit ihnen ein. Ein Stück, in dem Luise, Siegfried und ich mitwirkten, war "Revolution im Pfefferkuchenheim". Es war ein Märchenspiel mit realem Hintergrund. So machte sich der starke Trutz über die Ängstlichkeit von Schnutzel und Putzel lustig, die nur insgeheim ihre Nasenbinden abnehmen, um vom Duft des Pfefferkuchens zu naschen, worauf Putzel ihm antwortet: "Du hast gut reden, du hast für niemand zu sorgen, aber ich, ich habe eine Frau und sieben Kinder!"

Das gab eine Lachsalve, die mich, den siebenjährigen Knirps, das erste Mal beinahe aus dem Konzept brachte.

Da sang Liedermund, der Dichter des Volkes, seine prophetischen Lieder, und die geknechteten Schmalhänse konnten ihm nichts anderes sagen als: "Liedermund, du bist verrückt!", weil sie meinen: Es hat immer Arme und Reiche gegeben, und so wird es auch bleiben. Aus Angst, es könnte ihm die Zauberkrone vom Kopf geschlagen werden und man könnte respektlos seinen kahlen Schädel sehen, treibt König Nimmersatt die Schmalhänse gegen die Wunderbarier in den Krieg. Ratlos sind die Minister, unverschämt arrogant die Königin Praline, aber zum Schluß triumphiert das Volk der Schmalhänse über die Prahlhänse. Trutz, der die Kraft des Volkes verkörpert, hat dem König die Krone vom Kopf geschlagen, die Krone, die durch ihren zauberhaften Glanz die Schmalhänse immer wieder auf die Knie zwang. Die Minister stellen fest: "Die ist nicht mehr zu reparieren. Kommt, Majestät, wir suchen uns ein anderes Land." Nun endlich jubelt das Volk auch dem Propheten zu, wenn er singt:

"Nun sind die Würfel gefallen,
geborsten, was morsch und alt!
Es stürzten die Königshallen,
mit ihnen die rohe Gewalt!
Aus trüben Tagen und Nächten
hebt kühn sich ein neues Geschlecht.
Das will nicht mehr darben und knechten
und fordert stürmisch sein Recht!
Die Hoffnung hat nicht getrogen,
bald halten wir strenges Gericht.
Die Freiheit kommt stolz gezogen,
bringt allen Schönheit und Licht.
Und Flitter, Orden und Kronen,
sie liegen geborsten im Sand,
ein freies Volk soll bewohnen
ein freies glückliches Land!"

Das Stück wurde oft gespielt. Zuletzt in der Laubenkolonie Morgengrauen, in der wir Besitzer einer Laube waren. Ich erinnere mich auch an die schönen Kostüme, die meine Mutter anfertigte.

Ein anderes Theaterstück hieß "Wie die Kinder spielen". Es war dem Kindermund abgelauscht und zugleich ein Spiegel der politischen Geschehnisse und deshalb von kürzerer Aktualität. Der Erfolg war ebenfalls beachtlich. Ich erin-

Ein Stück in dem Luise Siegfried und ich mitspielten.

nere mich noch an eine Stelle. Ich hatte einen anderen Jungen zu beschimpfen: "Du Noske, du!" Als er mich daraufhin schubste, improvisierte ich weiter: "Du Affe, du!" Das war eine kindgemäße Ergänzung zum Noske, die alle, einschließlich meiner Eltern, begeistert aufnahmen.

Obwohl wir in Berlin keine direkten Kriegshandlungen erlebten, machte sich der Krieg bemerkbar. Nachrichten über Bekannte, die gefallen waren, erschreckten uns. Die Angst wuchs, daß Vater doch noch eingezogen werden könnte. Jedoch Freude am Leben, die Lust am Spielen, die Liebe meiner Eltern und Geschwister überdeckten das Leid und drängten es in das Unterbewußtsein. Doch – als mein Vater im November 1918 aus der Zeitung vorlas, daß der Kaiser geflohen und die Republik ausgerufen sei, rannen mir die Freudentränen über die Wangen. Ich reimte einen Vers, in dem es hieß:

> *"Der Krieg ist aus,*
> *viele kehren als Krüppel nach Haus –*
> *die Mütter weinen!"*

Es war Revolution in Deutschland. Wir sangen revolutionäre Lieder: Dem Morgenrot entgegen ... Die Internationale! Aber mein Vater, von uns befragt, ob nun alle Not und Knechtschaft ein Ende habe, zeigte sich pessimistisch. Bald darauf hörten wir die Schreckensnachricht über die Grausamkeiten der Noske- und Erhard-Truppen.

Eines Tages besuchte uns Genossin Melwig. Sie hatte gesehen, wie Arbeiter von Soldaten abgeführt wurden. Die Gefangenen hatten die Hände erhoben, einige hielten ihre weißen Taschentücher wie Fähnchen in der Hand. Aus der Entfernung sah sie, wie die Zivilisten von den Uniformierten an eine Wand gestellt und erschossen wurden. Beim Erzählen brach sie in Tränen aus. Große Trauer herrschte auch in unserer Familie über die Ermordung von Karl Liebknecht und Rosa Luxemburg am 15. Januar 1919.

Eine uns bekannte Genossin war Mitglied des Arbeiter- und Soldatenrats in unserem Mariendorf. Das habe ich nicht vergessen. Später erfuhr ich, daß Streiks in den Marienfelder Betrieben Stock, Werner und Daimler-Benz ein Teil der Ereignisse waren, die zum Sturz der Monarchie und zur Beendigung des Krieges geführt hatten. Aus den Diskussionen, die meine Eltern in unserer Wohnung mit anderen Genossen führten, schnappte ich manches auf. Ihre Träume von Recht, Freiheit und Sozialismus hatten sich nicht erfüllt. Das spürte ich.

Auch für mich war vieles so wie immer geblieben. Der Hunger war nach wie vor mein täglicher Begleiter. Die monarchistischen Lehrer dressierten mich weiter mit ihrem "Auf! Setzen! Auf! Setzen!", dem Deutschlandlied und dem Rohrstock. Schlimm war – doch das wußte ich damals nicht –, daß die Revolution die Grundfesten der alten Macht nur leicht erschüttert hatte. Der Kaiser war geflohen, aber sein treuester General, Paul von Hindenburg, blieb wie die übrigen Generäle der obersten Heeresleitung im preußischen Kriegsministerium, und sie organisierten die Konterrevolution, die der Berliner Arbeiterschaft ein Blutbad bereitete. Mein Vater äußerte seine Enttäuschung in folgendem Gedicht:

> *Einst schlug mein Herz im Überschwang,*
> *es siegten die Rebellen!*
> *Die Welt, die uns Ketten zwang,*
> *die sahen wir zerschellen.*
> *Wir schaffen uns mit starker Hand*
> *die Welt voll Glanz und Schöne:*
> *Beherrschen soll das weite Land*
> *das Volk, das souveräne!*

Welch Jubel, als der Würfel fiel,
in Staub die Kronen sanken.
Ist nun erreicht das höchste Ziel
der freiesten Gedanken?
Es floß dafür das rote Blut
der Menschheit besten Söhne.
Sonnt sich nun in der Freiheit Glut
das Volk, das souveräne?

Mir scheint, es ist die Revolution
ein Löwe ohne Tatzen,
Spürt Ihr den Hauch der Freiheit schon?
Oh ja, wir können schwatzen.
Und hier und da 'ne Fahne rot,
als ob sie uns verhöhne:
Noch immer ißt das Sklavenbrot
das Volk, das souveräne.

Noch altes Joch, noch Sklavenbrot,
noch Herren und noch Knechte:
Trotz Revolution und Heldentod
nur Pflichten und nicht Rechte.
Oh, deutscher Michel, fromm und brav,
hast Du denn keine Zähne?
Ach, schon bereitet sich zum Schlaf
das Volk, das souveräne.

Es ist die Klage des Dichters, der die Revolution herbeisehnte und von ihr bitter enttäuscht wurde. Denn sie hatte nicht erreicht, was ihre kühnsten Köpfe gefordert hatten. Sie war auf halbem Wege von der Konterrevolution zum Stehen gebracht und erstickt worden. Die Kriegsverbrecher Krupp und Konsorten waren nicht enteignet, nicht entmachtet. Sie nutzten ihre Position, um verlorengegangenes Terrain wiederzugewinnen und ihre Macht zu erweitern. Dennoch, die Revolution brachte die Republik und damit das Wahlrecht für Frauen, den Achtstundentag, Koalitions- und Pressefreiheit, gewerkschaftliche Rechte, Urlaubs- und Tarifregelungen. Die Republik bildete die Kampfarena, in der Arbeiterorganisationen für Arbeiterinteressen besser als unter der Monarchie kämpfen konnten.

So entstand im Jahre 1921 die bedeutendste internationale proletarische Hilfsorganisation, die deutsche Sektion der Internationalen Arbeiterhilfe (IAH).

Als eine ihrer ersten Aufgaben betrachtete diese Organisation, die in Sowjetrußland entstandene Hungersnot zu lindern. Zarismus und Krieg hatten eine zerrüttete Wirtschaft hinterlassen. Der Kampf gegen die Konterrevolution, gegen die Intervention von 14 imperialistischen Ländern in Sowjetrußland, hatte den beginnenden sozialistischen Aufbau gehemmt. Hinzu kamen Mißernten, die schon im zaristischen Rußland periodisch auftraten. Wochenlang anhaltende Sonnenglut hatte weite, sonst fruchtbare Landstriche ausgetrocknet, so daß auch das letzte Getreidehälmchen verdorrte. Die Bauern standen zu dieser Zeit der Naturkatastrophe hilflos gegenüber. Flüchtend verließen sie das Land, versuchten, sich von Gras und Baumrinde ernährend, den Hungergebieten zu entrinnen.

Hatte die Zaren- und Popenherrschaft sich darauf beschränkt, mit Bittgottesdiensten Regen zu erflehen, so organisierte der Sowjetstaat den Kampf gegen den Hunger. Die reichen Kulaken versuchten, ihre Ernten zurückzuhalten und sie bei steigender Not teuer zu verkaufen. Aber das Korn wurde aufgespürt und gerecht verteilt. Doch das reichte nicht aus. Internationale Solidarität half, die Not zu überwinden. Mit ihrem Hilfsprogramm zerschlug die IAH die imperialistische Blockade, die Sowjetrußland in die Knie zwingen sollte. Die Solidaritätsaktion der Arbeiter wurde von Wissenschaftlern und Künstlern unterstützt.

Die IAH in Mariendorf hatte Sammelbüchsen zum Beschriften zu meinem Vater gebracht. Ich gab keine Ruhe, bis ich selbst eine Büchse zum Sammeln bekam. "Helft den hungernden Kindern in Sowjetrußland", rief ich und klapperte mit den ersten erkämpften Sechsern. Bald kam ein Mann auf mich zu. Er beugte sich zu mir runter, sein Gesicht war dicht vor meinem. Böse redete er auf mich ein, versuchte, mich einzuschüchtern. Ich sollte lieber nach Hause gehen. Er kenne die Russen noch vom Kriege her. An dem Hunger seien die Kommunisten schuld, die dürfe man nicht unterstützen. Wir seien selber arm und sollten mal erst an die deutschen Kinder denken. Ich war sehr erschrocken, weiß nicht mehr, ob oder was ich antwortete, aber ich blieb auf meinem Posten und klapperte weiter: "Helft den Hungernden in Sowjetrußland!" Dennoch verfolgte mich das haßverzerrte Gesicht dieses Mannes noch einige Zeit. Doch das ging vorüber. Es gab Schlimmeres.

Das Schlimmste für mich war die Schule. Die Schule, die den Kindern die Freude am Lernen anerziehen soll, für mich war sie eine Qual. Die Pädagogen bemerkten nicht, daß ich schlecht sehen konnte. Oft saß ich in den hintersten Reihen, konnte nicht lesen, was an der Tafel geschrieben stand und mußte den Nachbarn fragen. Das fiel dem Lehrer als ungezogen auf. Strafen waren die Folge.

Das niederdrückendste Erlebnis hatte ich in der ersten Klasse beim Schreibenlernen. Wie ich mich auch abmühte, die Buchstaben wollten mir nicht geraten. Auf keinen Fall fanden sie vor den strengen Blicken meiner Lehrerin Gnade. Fräulein Weste regierte mit dem Rohrstock. Sie schlug mir auf die Finger, daß sie blau anschwollen. Ich wagte nicht, laut aufzuschreien, die Tränen liefen mir über die Wangen. Ich konnte den Federhalter nicht mehr halten und war auch für die nächsten Stunden nicht aufnahmefähig.

Von diesem Tage an beherrschte mich die Angst, etwas falsch zu machen und dafür bestraft zu werden. Diese Angst konnte ich nicht überwinden. Erfolgserlebnisse hätten mich mutig gemacht und einen Ausgleich geschaffen. Sie blieben aus. So entstanden Minderwertigkeitskomplexe. Sie wurden von den Lehrern immer wieder genährt, wenn sie mich wegen zu schwacher Leistungen rügten.

Besonders denke ich da an Herrn Knitter, der genau wie Fräulein Weste schon unter dem Kaiser in der Schule diente. Auch der Weimarer Republik war er zu Treue verpflichtet, dann gelobte er sie dem "Führer". Im Jahre 1945 begegnete ich dem Herrn K. und dem Fräulein W. wieder. Nun waren wir Kollegen. Jetzt standen sie unter der Fahne der Demokratie. Sie gaben sich kommunistenfreundlich. Fräulein Weste behauptete, dem Kreise Niemöller nahegestanden zu haben. Herr Knitter, der mir immer riesengroß vorgekommen war, sah nun klein, grau und mager aus. Er konnte sich nicht mehr an seinen einstigen Schüler erinnern. Ich hatte ihn aus meiner Erinnerung nicht streichen können, auch nicht seinen Spruch, mit dem er mich immer duckte: "Laufen, laufen, welch Vergnügen, wer nicht mitkommt, der bleibt liegen; nicht wahr, Szepansky?" Küster regierte mit Zynismus, den er jedoch nur gegen die kleinen "Versager" richtete. Mit diesem "pädagogischen" Trick hatte er die leistungsfähigsten Schüler als Lacher auf seiner Seite. Er genierte sich nicht, die ganze Klasse gegen mich zu hetzen, indem er meinen Mitschülern empfahl, mir in der Pause Klassenkeile zu verabreichen. Eines Tages stürzten etwa zehn seiner eifrigsten Lieblinge aus dem Gedränge des Schulhofs auf mich los. Doch größere Jungen aus der Klasse von Kutti schützten mich vor der Meute. Aus Rache verhöhnten sie mich: "Schiele wipp, der Käse kippt!"

Natürlich hatte ich meine Fehler. Ich war zu langsam. Das hinderte mich schon morgens beim Aufstehen und Anziehen. Ich trödelte beim Frühstück, so daß ich in letzter Minute wegkam. Meine Mutter mahnte mich fortwährend zur Eile, meistens vergeblich. So kam ich zu spät. Knitter war kleinlich, verlangte ausführliche Entschuldigungen. Die Angst vor Strafen ließ mich Lügen ersinnen. Diese waren phantastisch. K. forderte sie heraus, um mich vor der ganzen Klasse bloßzustellen. Die Mitschüler lachten mich aus. Voller Scham ging ich auf meinen Platz, zurechtgewiesen, wegen der Lüge bestraft, gedemütigt. Als ich einmal wieder zu spät zur Schule hastete, kam mir ein größerer Junge entge-

Klassenfoto von 1917. Wolfgang S. ist in der vorderen Reihe, zweiter von rechts.

gen. "Heute ist keine Schule", rief er mir zu. Nur gar zu gern wollte ich das glauben. Die Straße war menschenleer, kein Schüler weit und breit zu sehen. Hocherfreut kehrte ich um. Schon am Nachmittag merkte ich, daß ich belogen worden war. Natürlich wurde vom Lehrer eine Entschuldigung verlangt. Niemals hätte er mir die Wahrheit geglaubt. So log ich ihm vor, ich hatte Bauchschmerzen. "Wovon?" – "Von grünen Stachelbeeren." Ein brüllendes Gelächter der Schüler war das Ergebnis, als er fragte: "Im Winter grüne Stachelbeeren?"

Wurde der Unterricht fortgesetzt, war ich noch unter dem Eindruck der Demütigung. Wenn er Fragen stellte, sah er mir an der Nasenspitze an, daß ich nichts wußte. Wenn ich stumm dastand, triumphierte ein guter Schüler mit seinem Wissen und wurde gelobt. Selten konnte ich mich melden, dann aber waren andere schneller. Beim Diktat hatte ich solche Angst, daß ich das Einfachste falsch machte. Ich weiß, nicht alle Lehrer waren so. Es gab auch solche, die dem schlechten Schüler helfen wollten und die sich um mich sorgten. Aber verfügten sie über die richtigen Methoden? Der Lehrer "Moppel" z. B. schlug mir einmal das Diktatheft buchstäblich um die Ohren, so wütend war er über die verhauene Arbeit. Als er meine Zerknirschtheit sah, sagt er beschwichtigend: "Na, laß man gut sein. Noch ist nicht Hopfen und Malz verloren. Gerhart Hauptmann war auch ein schlechter Schüler." Frühzeitig durch die herrschende Zucht und Ordnung eingeschüchtert, kam mir eine freundliche Bemerkung meiner Lehrerin wie ein Lob vor. So erzählte ich: "Fräulein hat mich heute gelobt". Erstaunt fragte meine Mutter, was sie gesagt habe. "Wolfgang, Wolfgang, du bist ein Unikum!"

    Von diesem "Lob" abgesehen, habe ich nur zwei Höhepunkte während der Schulzeit kennengelernt. Den ersten, als ich nach einem dreimonatigen Aufenthalt in Holland einen Reisebericht geben durfte. Der junge Studienassessor, der den Erdkundeunterricht erteilte, gab mir darauf die einzige Eins, die ich jemals als Schüler bekam. Der zweite war nicht nur das Lob des Lehrers Boucher, sondern die Zustimmung der ganzen Klasse. Wir durften eine Geschichte in einem Stegreifspiel darstellen. Ich gierte nach der Rolle des Kapitäns. Herr Boucher sah sich die Bewerber an und wählte tatsächlich mich aus. Der Kapitän hatte wütend zu sein. Rot vor Erregung und vom Lampenfieber geschüttelt, zitterte ich, was zu den gespielten Wutausbrüchen vorzüglich paßte. Die Klasse spendete meiner Leistung 'Beifall auf offener Bühne'. Dieses Erfolgserlebnis rettete mich, den immer nur Gescholtenen, vor dem Versinken in eine hoffnungslose Depression und erscheint mir heute noch wie Balsam auf eine immer blutende Wunde. Doch wem verdanke ich das? Der Schule? Nein, meinen Eltern. Frühzeitig legten sie das Fundament für meine künstlerische Tätigkeit.

    Meine Mutter war von Beruf Stickerin. Sie bestickte Fahnen, Vereinsabzeichen, Blusen, Handtaschen, Taschentuchbehälter u. a. Bei kurzfristigen Aufträgen saß sie ganze Nächte hindurch am Stickrahmen. Die Muster entwarf sie selbst. Schon als junges Mädchen schrieb sie lyrische Gedichte. Sie hatte verschiedene Talente und Fähigkeiten, konnte nähen, sticken, dichten, zeichnen und verstand etwas von Pädagogik.

    Mein Vater hat als Sohn eines kleinen Schusters eine sehr entbehrungsreiche Kindheit und Jugend verlebt. Wenn es nach dem Willen meines Urgroßvaters gegangen wäre, hätte mein Großvater Böttcher werden müssen. Doch er weigerte sich hartnäckig. Im jugendlichen Zorn rief er aus: "Lieber werde ich Schuster!" Obwohl das nicht ernst gemeint war, nahm mein tyrannischer Urgroßvater ihn sofort beim Wort und sagte: "Nun gut, wenn nicht Böttcher, dann eben Schuster." Dabei blieb es. So lebte er in der litauischen Stadt Libau mit seiner Frau und vier Kindern in einem Zimmer, das zugleich als Schusterwerkstatt diente. Das Haus, in dem noch drei weitere Familien in je einem Zimmer

So lebte er in der litauischen Stadt Libau mit seiner Frau und vier Kindern in einem Zimmer.

Jeder wollte den Schauspieler sehen, der in die Mistgrube gefallen war.

wohnten, hatte für alle eine gemeinsame Küche. Ihr Grundriß hatte die Form eines Kreuzes. Es trennte bzw. vereinte die vier Eckzimmer. Im Mittelpunkt des Hauses und der Küche stand der Herd, über den sich der offene Kamin erhob. Es brauchte viel Verständnis der vier Mietparteien, um an diesem einen Feuer alle Speisen zur rechten Zeit gar zu bekommen. Das Leben war kärglich. Sonntagnachmittag gab es anstelle von Kuchen ein trockenes Brötchen für jeden. Eines Tages erschien die Polizei. Ein Hausbewohner wurde von der zaristischen Regierung wegen revolutionärer Tätigkeit verhaftet und nach Sibirien geschickt. Alle waren aufgeschreckt.

Mit zwölf Jahren mußte mein Vater als Laufbursche arbeiten, damit war seine Zwergschulausbildung vorzeitig beendet, denn der arme Schuster konnte das Schulgeld nicht bezahlen. Mit dem vierzehnten Lebensjahr erhielt mein Vater eine Ausbildung als Dekorationsmaler. Später bekam er in Berlin wegen ausgezeichneter Leistungen auf der Handwerksschule ein mageres Stipendium. Er spezialisierte sich als Deckenmaler. Die Wanderlust verschlug ihn eines Tages an ein sogenanntes Schmierentheater. Zunächst mit kleinen Rollen betraut, spielte er bald den zweiten Liebhaber. Das Leben dieser Wanderschauspieler um die Jahrhundertwende war mehr als kümmerlich. Meist arbeiteten

Ehepaare an solchen Bühnen oder Jugendliche, die keine familiären Verpflichtungen hatten. Aber auch die finanziellen Sorgen des Theaterdirektors waren nicht gering. Er mußte manchmal seinen Schauspielern die Gage schuldig bleiben, wenn der erwartete Zuschauerstrom versiegt war.

Mein Vater konnte manch lustige Anekdote aus dieser Zeit erzählen. Als sie einmal in einer Kleinstadt auftraten und er nach dem Spiel ein Örtchen auf dem Hofe suchte, stürzte er, im Dunkeln tappend, in eine Mistgrube. Dieses Ereignis ging wie ein Lauffeuer durchs Städtchen. Für den Rest ihres Aufenthalts war für volle Zuschauerräume gesorgt, denn jeder wollte den Schauspieler sehen, der in die Mistgrube gefallen war. Eines Tages verkrachte sich mein Vater mit dem Direktor, weil dieser ihn in einem Atemzug mit seinen eigenen ungeratenen Früchtchen "dumme Bengels" genannt hatte. Damit war die Schauspielerkarriere beendet. Aber die Liebe zum Theater rostete nie, dies kam uns allen immer wieder zugute. Bis meine Mutter starb, blieb ihm seine schöpferische Kraft erhalten. Auch sie schrieb bis kurz vor ihrem Tod Gedichte. Bescheidenheit und mangelnder Ehrgeiz hinderten sie, an die Öffentlichkeit zu treten. Ihre Freunde liebten ihre Gedichte und verehrten sie sehr. Nach der Novemberrevolution erschien der Gedichtband meines Vaters "Freiheit ich warte Dein", und in den zwanziger Jahren von beiden ein kleiner Band Gedichte mit dem Vermerk, daß er nicht im Handel erscheine.

Ein Gedicht meiner Mutter erlangte jedoch eine unerwartet große Auflage. Es wurde von vielen Zeitungen gedruckt und später in Sammlungen von Arbeitergedichten aufgenommen. Die Geschichte dieses Gedichtes ist mit dem besten Namen der deutschen Kommunisten, mit dem Namen Karl Liebknecht, verbunden. Es entstand im Jahre 1923 als Protest gegen das Verbot der KPD. Es war das Jahr revolutionärer Nachkriegsereignisse. Das Jahr, in dem die Inflation ihren Höhepunkt erreichte, die großen Industriekapitäne ihren niederträchtigen Raub an den Arbeitern vollzogen. Viele Kleinbesitzer brachten sie an den Bettelstab oder ins Irrenhaus. Es war das Jahr der Empörung und des Massenwiderstands, das Jahr des Hamburger Aufstands. "Wir sind nicht zu verbieten" erschien auch in der Frauenzeitung "Die Kommunistin", mit den Anfangsbuchstaben M. S. gezeichnet.

Das Gedicht erschien u. a. auch in einer amerikanischen Arbeiterzeitung. Meiner Mutter brachte es durch Vermittlung von Freunden zwei Dollar Honorar ein. Was für ein Reichtum, und dazu noch ein fester Wert im Gegensatz zu dem Inflationsgeld! Für diese zwei Dollar stattete sie das schönste Weihnachtsfest aus, das unsere Familie erlebte.

Die Geschichte dieses Gedichts geht weiter: zu Beginn des Jahres 1933 war die Kommunistische Partei Deutschlands von der Regierung Schleicher mit

Trotz alledem! Ein Gedicht meiner Mutter.

einem Verbot bedroht. Die kommunistische Bewegung in Deutschland war gewachsen. Der beste Teil der Arbeiterklasse hatte sich um sie geschart und kämpfte gegen den drohenden Faschismus. Am 15. Januar, dem Todestag von Karl Liebknecht, druckte die "Rote Fahne" mit großen Lettern auf der ersten Seite: "Wir sind nicht zu verbieten!" und darunter: von ... Karl Liebknecht. Eins ist wahr, es hätte von Karl Liebknecht sein können. Schwung, Klang, Kühnheit, Kraft der Anklage, Geist des Propheten – das alles ist im Gedicht enthalten.

Aber es war nun einmal nicht von ihm, sondern von einer unbekannten M. S. Diese Unbekannte meldete ihr Autorenrecht an. Inzwischen druckten andere Zeitungen das Gedicht, die Arbeiter-Illustrierte (AIZ), die BZ am Abend. Alle unter dem Namen Karl Liebknecht, der sich gegen den Schmuck mit fremden Federn nicht mehr wehren konnte. Die AIZ veröffentlichte nach dem Einspruch meiner Mutter die Berichtigung. "Wir sind nicht zu verbieten!" hatte bereits Begeisterungsstürme erweckt. Ein Komponist vertonte die Verse. Das Lied wurde zu Demonstrationen gesungen. Doch setzte es sich nicht durch, die

Melodie reichte nicht an die Kraft der Worte heran. Später im Gefängnis ersann ich eine Melodie, die ich den Gefängnismauern vorsummte. Dann fühlte ich mich unüberwindbar.

Noch einmal wurde das Gedicht nach 1945 in der BZ am Abend unter dem Namen Karl Liebknecht veröffentlicht. Der Reporter hatte sicher in alten Archiven gewühlt. Ich konnte meiner Mutter, die der Rasen bereits bedeckte, zu ihrem Recht verhelfen. Danach wurde es in einigen Gedichtsammlungen, z. B. "Rotes Metall", unter ihrem Namen gedruckt.

Das Jahr 1923 lebt auch in anderer Beziehung in meiner Erinnerung. Ich sehe mich als Zuhörer einer großen Kinderversammlung in "Kliems Festsälen" in Neukölln. Der große Raum ist gefüllt mit vielen Kindern und einigen Erwachsenen. Der Vorstandstisch auf der Bühne ist mit Kindern besetzt, die weiße Hemden und rote Pionierhalstücher tragen. An den Wänden sind rote Spruchbänder. Sie fordern auf, für Lehr- und Lernmittelfreiheit zu kämpfen. Ein kleiner Bursche hält eine anfeuernde Rede.

Er spricht frei, ohne Manuskript, und zieht Kinder und Erwachsene in seinen Bann. Als er geendet hat, folgt rasender Beifall. Diskussion: Auch der Versammlungsleiter und die Diskussionsredner, alles Kinder zwischen zehn und vierzehn Jahren, sprechen, wie ihnen der Schnabel gewachsen ist. Sie berichten von ihrem entbehrungsreichen Leben, von der Not zu Hause, von dem arbeitslosen Vater, der kranken Mutter, von Auseinandersetzungen und Protesten gegen prügelnde Lehrer, sie drücken ihre Sehnsucht nach einem besseren Leben aus. Es ertönen Sprechchöre, Hochrufe auf die Sowjetunion, alles singt: "Brüder, zur Sonne, zur Freiheit!"

Solche Versammlungen gaben auch mir Impulse und verpflichteten mich zur Aktivität. Ich ging regelmäßig zu den Nachmittagen der kommunistischen Kindergruppe, dort wurde gespielt, diskutiert und gesungen. Das Jugendheim befand sich in der früheren Dorfschule, auch der KJVD tagte dort, und der "Arbeiter-Sportverein Fichte", in dem ich Mitglied war. Es gab eine kleine Gitarren- und Mandolinengruppe, die zu Volkstänzen aufspielte. Volkstänze waren nicht Sache einer Volkstanzgruppe, sondern das Tanzvergnügen der Turner-, Wander- und Jugendgruppen, die das Schwofen in Tanzsälen ablehnten.

Meine Schwester hatte wie andere Jungkommunisten einen guten Kontakt zu den "Jungen Naturfreunden". Sie nahm ihre Brüder oft mit. Dann fuhren wir sonnabends hinaus, übernachteten in einer Jugendherberge in Straußberg, Oranienburg, Erkner, Zossen oder sonstwo. Beim Klang der Klampfen und Geigen ging es hinaus mit Gesang zur Mutter Natur. An einem Waldsee wurde mit oder ohne Badehose gebadet, vom nahen Quell Wasser geschöpft, ein Feuer-

Beim Klang der Klampfen und Geigen ging es hinaus

Es wurde auf das Wandern verzichtet und eine Landagitation organisiert.

chen angezündet und Suppe gekocht. Es gab Jugendliche, die aus der Begegnung mit der Natur einen Kult entwickelten. Für sie gab es nur die Liebe zur Natur, nur das Wandern, Singen, Volkstanzen, im Zelt schlafen. Sie waren Nichtraucher, Antialkoholiker, Vegetarier, Rohköstler und Flüchtlinge aus der Zivilisation. Es waren die sogenannten Latscher, die Erich Weinert in seinem Gedicht "Die Edellatscher" verspottet.

Bei den Jungen Naturfreunden, im Sportverein Fichte, wurde durch die jungen Kommunisten gegen diese Art des Sektierertums Front gemacht. Das Kampflied stand neben dem Volkslied. Die politische Diskussion verdrängte die Schöngeisterei. Auf den Wanderkitteln prangten die Abzeichen der Arbeiterorganisationen. Die jungen Kommunisten dachten nicht daran, sich von den anderen Proletariern zu isolieren. So mancher Wandersonntag wurde zu einem Agitationstag. Oder es wurde auf das Wandern völlig verzichtet und eine Landagitation organisiert, mit vollbesetzten LKWs, roten Fahnen, mit Agitationsmaterial für die Bauern und Landarbeiter, mit Versammlungen im Dorf und Demonstrationszügen übers Land. Mancher Sonntag wurde auch zur Haus- und Hofpropaganda in Berlin selbst genutzt.

Die Not war auch in unserem Hause immer noch ein ständiger Gast. Obwohl mein Vater ausreichend Arbeit hatte, zerrann ihm der Lohn buchstäblich unter den Händen. Wenn er am Sonnabend das Geld bekam, das er am Montag zuvor für die Renovierung einer Stube verlangt hatte, ging meine Mutter sofort einkaufen. Einmal kam sie ganz verzweifelt zurück. Sie war von einem Bäcker zum anderen gelaufen, überall waren Brot und Schrippen ausverkauft. Beim letzten entschloß sie sich zu zwanzig Pfefferkuchenherzen. Dafür hatte er nun eine Woche lang gearbeitet. Doch einen Tag später hätte sie für das gleiche Geld nur noch vier Bonbons gekriegt.

Wie konnte das geschehen? Die Mark verlor ständig an Wert. Vor dem Kriege war 1 Mark = 1 Goldmark. Um zu wissen, was eine Mark wert war, wurde die Goldmark zum Vergleich herangezogen. Bald hieß es: 10 Mark = 1 Goldmark, einige Zeit später: 100 Mark = 1 Goldmark. Am Ende der Entwicklung war der Stand 1.000.000.000.000 Mark = 1 Goldmark. Der reale Wert der Mark war auf den billionsten Teil ihres ursprünglichen Werts gesunken. Wenn die sprunghafte Steigerung der Preise durch ähnliche Lohnsteigerung begleitet worden wäre, hätte das zu einem gewissen Ausgleich geführt. Der Betrug an den Massen bestand gerade darin, daß die Löhne weit hinter den Preisen herhinkten.

Viele Menschen wurden immer wieder durch die Zahlenakrobatik getäuscht. Unser Nachbar Schulze glaubte das Geschäft seines Lebens zu machen, als er sein Grundstück für ein paar Millionen verkaufte. Er hatte Obstbäume gepflanzt, die reiche Frucht trugen. Ein festes Holzhaus, unterkellert, mit einem Dachboden versehen, ermöglichte einen guten Sommeraufenthalt. Herr Schulze bekam das Geld in drei Raten. Die letzte Rate langte für ein Pfund Weintrauben.

Mein Bruder war Tischlerlehrling. Sein Gehalt wurde von Zeit zu Zeit neu festgelegt. Bald verdiente er 100.000 Mark. Dafür gab es zwei Schrippen im Laden. Meine Eltern verlangten deshalb, daß dem Jungen das Fahrgeld zur Arbeit garantiert wurde, was der Chef nach anfänglichem Zögern auch gewährte. Als mein Vater sah, daß er als Selbständiger trotz großen Fleißes nicht mehr zurechtkam, nahm er Arbeit in einer Seifenfabrik an. Hier hatte er Seifenpuppen zu bemalen. Die Arbeiter lieferten reale Werte, die von den Unternehmern solange wie möglich gespeichert wurden, um Extraprofite zu machen. Kam der Zahltag heran, schickten die Bosse zwei oder drei ihrer Angestellten mit Waschkörben und Reisekoffern zur Bank, um die Masse des Papiergeldes herbeizuschaffen.

Es gab die verschiedensten Arten Banknoten. Immer wieder neue Hunderter, Tausender, Zehntausender, Hunderttausender, Millionen, Milliarden. Dazwischen Scheine alten Stils mit rotem und schwarzem Aufdruck der neuen Wertbezeichnung. Außerdem Notgeld, das von den einzelnen Städten heraus-

gebracht wurde. Es herrschte ein Durcheinander, das besonders von alten Leuten nicht zu entwirren war. Kleine und mittlere Betriebe gingen Pleite und wurden von den großen für ein Butterbrot aufgekauft. Das Hauptgeschäft machte der Staat, der die in Goldmark eingezahlten Kriegsanleihen mit wertlosem Papier zurückzahlte. Nichts verloren, aber alles gewonnen hatten die Großindustriellen. Millionen Arbeiter und Angestellte hatten für einen Bruchteil ihres sonstigen Lohns geschuftet, während diese Herren tausendprozentige Profite machten. Die deutschen Großkapitalisten hatten den verlorenen Krieg für sich in einen Sieg umgemünzt.

Im Jahre 1924 wurde das Inflationsgeschäft durch das Geschäft der wieder langsam anziehenden Konjunktur abgelöst. Die Verelendung des Volkes wirkte sich trotz Einführung der stabilisierten Rentenmark und der Belebung des Arbeitsmarktes noch lange aus. Zu dieser Zeit war die Internationale Arbeiterhilfe (IAH) sehr aktiv. Sie sorgte unter anderem für die Verschickung von Arbeiterkindern. So wurde ich ausgewählt und mit anderen für drei Monate nach Holland in die alte Universitätsstadt Leiden geschickt.

Ich wurde sehr gut bei Familie de Graaf untergebracht, in einem Haus mit vierzehn Zimmern. Diese Wohnung hat mir noch nach Jahrzehnten Dutzende Male meine Träume verschönt! Gerade zu dieser Zeit lebten wir mit sieben Personen in einer Zweizimmerwohnung. In der obersten Etage bekam ich ein Zimmer für mich ganz alleine. Es war unfaßbar.

Wieviel schöne Erinnerungen verbinden mich mit dieser gütigen Familie. Wie rücksichtsvoll behandelten alle den "kleinen Wilden", der nun ihr kulturvolles Leben mitgenießen konnte. Hier lernte ich mit Messer und Gabel essen, was mir anfangs Schwierigkeiten bereitete. Zu Hause hatte meine Mutter das bißchen Fleisch für mich geschnitten. Kein Wunder, daß ich immer als letzter mit dem Essen fertig wurde. Aber die gesamte Familie harrte geduldig aus, mich sanft zur Eile mahnend.

Der Vater hätte ein echter Graf sein können. Er besaß einige Blumenfelder, ein sechssitziges Auto, ein Motorboot und einen Terrier namens Max. Der hatte es mir besonders angetan. Von der politischen Einstellung des Mynheer de Graaf wußte ich nichts. Mutter de Graaf hielt es mit den Kommunisten. Als mich mein Freund Govert, der Sohn eines Tabakhändlers, zu einer von den Sozialdemokraten veranstalteten Demonstration mitgenommen hatte, schimpfte sie hinterher mit mir und meinte, ich sollte mich lieber der kommunistischen Demonstration anschließen. Da gehöre ich hin! Ich war mächtig verlegen, denn ich war einfach mit der roten Fahne mitgezogen.

Der Sohn de Graaf diente beim Militär, was mir rein gefühlsmäßig unsympathisch war. Ich wußte allerdings nicht, daß jeder Holländer "dienen" mußte.

Hie lernte ich mit Messer und Gabel essen. Kein Wunder, daß ich immer als Letzter fertig wurde.

Aber wie wir es spielten, war für unsere Zuschauer sicher eine Besonderheit.

Dann gab es noch eine Freni von achtzehn Jahren, die mir sehr lieb war, und eine Deti von fünfzehn Jahren. Als Dreizehnjähriger war ich nicht von großem Interesse für sie. Ich selbst fühlte mich zu einem gleichaltrigen Mädchen hingezogen, dessen Familie gehörte zum Freundeskreis der de Graafs. Ich konnte mir meine starke Sympathie zu ihr nicht erklären. Meine besondere Zuneigung galt der Haushälterin, einer Deutschen in mittleren Jahren, die meiner Mutter Stelle vertrat und mich großen Bengel sogar in die Badewanne steckte und eigenhändig wusch.

Obwohl mit dreizehn sehr schüchtern, war ich doch in zwei Dingen sicher und hatte den Mut, mich zu zeigen. Das eine war das Schachspielen. In Holland wird viel Schach gespielt. Zur Familie de Graaf kamen an manchen Abenden junge Schachspieler, mit denen ich recht erfolgreich kämpfte, was die Achtzehnjährigen mit Bewunderung anerkannten. Das zweite war die Schauspielerei. Mit meinem sächsischen Freund Karl übte ich allerlei Theaterhokuspokus ein, den wir der Familie de Graaf und ihren Gästen vorführten. Die große Schiebetür, die das Eßzimmer und das Herrenzimmer miteinander verband, ersetzte den Theatervorhang. Was wir spielten, war entweder von uns selber ausgedacht, wahrscheinlich läppisch oder ungereimtes Zeug, oder irgendwo abgesehen. Aber wie wir es spielten, war für unsere Zuschauer sicher eine Besonderheit. Wir müssen urkomisch gewesen sein, denn wir ernteten wahre Lachsalven.

Ich ging auch in Holland zur Schule. Der Lehrer nahm meine Unterrichtung nicht ernst. Er gab mir Karl Mays " Der blaue Methusalem", den ich während der Schulstunde lesen sollte. Er war übrigens wegen seines Humors bei den Schülern sehr beliebt. Lernte ich auch nichts in der Schule, so gab mir das Vierteljahr im Ausland unter fremden Menschen sehr viel. Es machte mich selbstbewußter, und mein Horizont weitete sich. Die von Holländern geübte Solidarität gegenüber den deutschen Arbeiterkindern war ein großes Erlebnis für mich. Außerdem lernte ich etwas holländisch, was mir zehn Jahre später von Nutzen sein sollte. Der Abschied von meinen holländischen Freunden fiel mir unsagbar schwer. Mevrouw de Graaf brachte mich zum Bahnhof. Nachdem der Zug die Halle verlassen hatte, brach ich hemmungslos in Tränen aus. Die anderen lachten schon wieder und freuten sich auf zu Hause, ich schluchzte noch lange.

Meine Schulzeit ging schneller als geplant zu Ende. Der dreimonatige Schulausfall hatte dazu beigetragen. Der Traum meiner Eltern, mir eine höhere Schulbildung zu ermöglichen, zerrann. Zwar hatte ich mit großer Anstrengung die Aufnahmeprüfung fürs Gymnasium bestanden, und das trotz der Verunsicherung durch den Lehrer K. Er hatte mich vor der Klasse verspottet. "Wenn du die Prüfung bestehst, lache ich mir 'nen Ast!" Seine Günstlinge feixten. Er wußte, daß es mir an Selbstvertrauen mangelte. Doch das Wunder geschah, und ich konnte Herrn K. vor der gesamten Klasse, nach Rache dürstend, sagen: "Herr Knitter, Sie können sich einen Ast lachen, ich habe die Aufnahmeprüfung bestanden. Ich bin ab morgen Schüler auf dem Gymnasium." Es ist eine der seltenen Minuten des Triumphes im Leben eines Geknechteten, wenn er seinen ärgsten Feind erbleichen sieht. K. erstarrte, die Schüler schweigen. Es war so still, daß ich meinte, jeder müßte mein Herz klopfen hören.

Aber trotz Gymnasium – ich blieb ein schlechter Schüler. Die Reise nach Holland hatte zwar meinen Horizont erweitert, aber die Lücken in meinem Schulwissen vergrößert. Als ich in der Quinta sitzenblieb, nahmen mich meine Eltern von der Schule. So besaß ich eine mangelhafte Schulbildung, nicht mal einen richtigen Abschluß der Volksschule, von der Oberschule ganz zu schweigen.

II. Jugendzeit

Meine Jugendweihe nahte heran. "Nun beginnt der Ernst des Lebens", wurde mir von allen Seiten erklärt, "jetzt ist es nicht mehr so schön wie in der Schule." Mein Vater nahm mich dann in die Lehre, ich sollte ein tüchtiger Maler werden. Er stellte Anforderungen: Ich mußte vor allem schneller werden, mehr aufpassen, durfte nichts übersehen. Meine Augen leisteten mir in dieser Beziehung schlechte Dienste. Wo bei anderen ein Blick genügte, mußte ich dreimal hinsehen und hatte dennoch nicht alles erfaßt. Immer wieder wurde ich kritisiert. Mein Vater spornte mich an, im Guten und im Bösen. Oft sagte er zu mir: "Nicht müde kehrt ein Wandersmann zurück, sondern: muß i denn, muß i denn." Dabei zeigte er mir, in welchem Rhythmus ich den Pinsel schwingen sollte. Einmal nannte er mich einen Esel. Beleidigt lief ich von der Arbeit fort, ging einfach nach Hause. Er ließ mich gehen, war abends nicht einmal böse auf mich.

An Eifer fehlte es mir nicht. Mit der Zeit wurde ich brauchbar. Manchen Tag haben wir uns bis spät abends abgerackert. Er wollte mich früher nach Hause schicken. Ich wollte ihn nicht allein lassen und hielt bei ihm aus. Wenn wir in der Nähe unserer Wohnung arbeiteten, aßen wir das Mittagessen zu Hause. War es noch nicht fertig, forderte er mich zum Schach auf: Schnell noch eine Partie!

Ja, er war ein schneller Spieler, ein Draufgänger, ein aggressiver Gegner, wie ich ihn später nie wieder fand. Er startete Blitzangriffe aus einer Ecke heraus, aus der ich nichts vermutete. Kühne Husarenstreiche. Wer darauf reinfiel, war verloren. Ich lernte von ihm. Lernte, seiner Taktik erfolgreich zu begegnen. Einige Grundsätze des Schachspiels galten auch für die Politik und das Leben im allgemeinen: Das Gesetz des Handelns in der Hand behalten. – Der Angriff ist die beste Verteidigung. – Falls man in die Defensive gedrängt wird, immer wieder versuchen, offensiv zu werden. – Das Ganze im Auge behalten. – Mit allen Figuren, den eigenen sowie denen des Gegners, sowie mit allen Möglichkeiten rechnen. – Den Sieg nicht vorzeitig in die Tasche stecken, d. h. den Gegner nicht unterschätzen. Wenn mein Vater mittags sagte: nur eine, so wurden doch oft drei oder vier Partien daraus. Ich kannte seine Leidenschaft und provozierte ihn zum Weiterspielen, denn das brachte mir eine längere Pause ein – Zeit hatte ich dabei allerdings nicht gewonnen, die Arbeit mußte geschafft werden, und wenn es bis in die Puppen ging.

Bald bekamen wir Verstärkung. Mein Bruder, obwohl er die Tischlerlehre mit "sehr gut" abgeschlossen hatte, war nach ihrer Beendigung sofort "wegen kommunistischer Verhetzung der Lehrlinge" entlassen worden. Allzu oft war er dem Chef gegenüber aufsässig geworden, hatte für die anderen Lehrlinge gesprochen und sogar eine kleine Aufbesserung des Lehrgeldes erreicht. Er wurde auf die Schwarze Liste gesetzt und erhielt, trotz seiner fachlichen Qualität, keine Arbeit mehr als Tischler. So erlernte er denn bei meinem Vater seinen zweiten Beruf als Maler. Er war schon als Lehrling ein besserer Maler als ich, der Geselle. Und doch bestand er seine Gesellenprüfung nur mit "gut". Grund einer solchen Note, trotz seiner anerkannt besten Leistung von allen Prüflingen, war, daß er die prüfenden Herren Innungsmeister zutiefst beleidigt hatte, als er ihnen ihre Fragen mit der Hand in der Hosentasche allzu lässig, wenn auch richtig, beantwortet hatte!

Ich hatte meine Gesellenprüfung mit "sehr gut" bestanden. Das Wohlwollen meines Lehrers Oskar Hüttel, des einzigen Lehrers, den ich je verehrte, kam mir zugute. Er gab mir Ratschläge, machte mir Mut, nahm mir die Angst und das Zittern aus meinen Händen, als es dem Prüfungsmeister Schulz einfiel, Striche mit Strichpinsel und Lineal ziehen zu lassen. Oskar Hüttel war ein Pädagoge, wie ich ihn brauchte. Mein Gesellenstück, ein Entwurf einer Wanddekoration, fand vor der Prüfungskommission Gnade.

Obwohl mein Vater mit Hilfe seiner Söhne ein Geschäft betrieb, rangierte das politische Interesse vor dem Geschäftsinteresse. Oft diskutierte er mit seinen Kunden die politischen Ereignisse. Die vor der Revolution geflohenen Fürsten wagten sich wieder hervor. Sie forderten die Rückgabe ihres Eigentums: Schlösser, Burgen, Ländereien, Wälder und Seen, riesige Güter, von denen die Hohenzollern allein Hunderttausende Hektar besaßen. Die Gerichte sprachen den Fürstenhäusern hohe Entschädigungssummen zu, während die Volksmassen durch die Inflation enteignet waren.

Da trat am 2. Dezember 1928 das Zentralkomitee der KPD an den Vorstand der SPD mit dem Angebot heran, gemeinsam die Fürstenabfindung zu verhindern. Ein Volksentscheid sollte entsprechende Gesetze fordern. Der Vorstand der SPD lehnte ab. Die Mehrheit der SPD-Mitglieder und die Arbeitermassen, die der SPD folgten, drängten den Vorstand, einem zweiten Einheitsfrontangebot der KPD zuzustimmen. Daraufhin wurden für ein Volksbegehren 12 Millionen Unterschriften aufgebracht. Nun mußte von der Regierung ein "Volksentscheid", eine Volksabstimmung, vorgenommen werden. Die Bürger sollten auf die Frage: Sind Sie für eine entschädigungslose Enteignung der Fürsten? mit Ja antworten.

Die Mitglieder der beiden Arbeiterparteien entfalteten eine intensive Agitation und Propaganda für den Volksentscheid. Auch die Fichtesportler, zu denen ich gehörte, beteiligten sich. Die Sportler begrüßten die einheitliche

Mein Vater nahm mich dann in die Lehre. Ich sollte ein tüchtiger Maler werden.

Ja er war ein schneller Spieler, ein Draufgänger, ein aggressiver Gegner.

Aktion der Arbeiterparteien, deren Mitglieder oder Sympathisanten sie waren. Auf Pappschilder malte ich mit großen roten Buchstaben: Heute stimmt alles mit Ja! Zwanzig Sportler hängten sich die Schilder um und zogen in Sportkleidung durch Mariendorf, mal im Dauerlauf, mal im Schritt. Dazu riefen wir im Chor: "Keinen Pfennig den Fürsten!" Plötzlich tauchte die Polizei auf, nahm uns fest und brachte uns zur Wache. Sie beschlagnahmte die Schilder und verbot unsere Aktion. Mit dem Recht der Weimarer Verfassung auf unserer Seite protestierten wir gegen die Wahlbehinderung. Nach zwei Stunden wurden wir entlassen.

Obwohl der Volksentscheid nicht die notwendige absolute Mehrheit der Wahlberechtigten ergab, war er ein großer Erfolg der beiden Arbeiterparteien. Nie zuvor hatten sie soviel Zustimmung erhalten. Die Kirchen beider Konfessionen und die bürgerlichen Parteien versuchten durch Stimmenthaltung, den Volksentscheid gegen die Fürsten zu verhindern. Mit Ausnahme einer liberalen Partei unterstützten sie die Monarchisten mit Pressekampagnen, Drohungen und Zuhilferufen der Polizei, wie es auch in unserem Fall geschah.

Obwohl die Reaktion siegte und die Fürsten von der Republik "abgefunden" wurden, erlebten beide Arbeiterparteien durch ihre einheitlichen Aktionen einen Aufschwung. Er drückte sich u. a. in der sich steigernden Versammlungstätigkeit aus. Der Sportverein Fichte organisierte Veranstaltungen in der Eckenerschule Mariendorf, an deren Programmgestaltungen Siegfried und ich oft beteiligt waren. Meist waren es Estradenprogramme: Turnvorführungen, Pyramiden, lebende Bilder, Rezitationen, Sprechchöre, Mandolinenorchester, Lieder zur Laute und ähnliches.

Immer richteten sich die Veranstalter gegen Militarismus und soziale Ausbeutung. Ein Sprechchorwerk meines Vaters kam zur Aufführung. Zum Schluß desselben heißt es:

"Sie haben uns in die Fabriken gezwungen,
in Bergwerke dunkel ohne Sonne und Licht
und über uns die Hungerpeitsche geschwungen –
unseren Willen aber brechen sie nicht!

Sie lassen uns unsere Kinder verkommen
in Elend und Not, in seelischer Pein.
Sie haben uns Sonne und Freude genommen
und wollen uns hindern, Menschen zu sein.

Was wir die Jahrhunderte lang auch getragen,
was uns die Zeit an Leid auch geschafft,
wir werden die Ketten doch einmal zerschlagen!
Und unser die Zukunft, denn wir sind die Kraft!"

Sprechchöre waren damals ein wichtiges agitatorisches künstlerisches Ausdrucksmittel. Vater wurde Mitglied in einem großen zentralen Berliner Sprechchor, den Erwin Piscator leitete. Später gehörte er der Gruppe der Laienkünstler an, die unter Leitung Gustav von Wangenheims das Stück "Kolonne Hund" von Friedrich Wolf aufführten. Eine Gruppe, die in die Geschichte des Arbeitertheaters Eingang fand.

Obwohl ich politisch aktiver wurde, streifte ich doch immer noch durch die schöne landschaftliche Umgebung Berlins. Ich wanderte sehr gerne und beschloß daher, als ich achtzehn Jahre alt war, es meinem Bruder gleich zu tun und wie er auf die Walze zu gehen. Der war mit einem guten Freund von Berlin aus kreuz und quer durch Deutschland gewandert. Als es ihnen im Oktober zu kalt war, gingen sie über die Alpen in das wärmere Italien. Allerdings ohne gültige Papiere. Nur mit einem sogenannten Dreitageschein hatten sie die Grenze überschritten, sich aber wochenlang dort aufgehalten. Bei Mussolini herrschten strenge Bräuche. Nur mit Mühe entgingen sie den Häschern, die die Grenzfrevler einen Monat einsperrten und sie in Handschellen bis zur Grenze brachten, um sie abzuschieben. Bei armen Bauern fanden sie Unterschlupf, übernachteten im Kuhstall, teilten mit anderen Stromern das kärgliche erfochtene Brot. Der Hunger trieb sie zurück. Im tiefen Winter stapften sie durch den Alpenschnee, in dem sie fast steckengeblieben und erfroren wären. Mein Ehrgeiz, es meinem Bruder nachzutun, trieb mich nicht nach Italien. Mir genügte Deutschland. Auch machte ich von dem Angebot meiner Eltern, mir in der Not Geld zu schicken, Gebrauch.

Mit meinem Freund Karl zog ich los. Er hatte eine Mandoline und ich die Gitarre. Mit Musik öffneten wir so manche verschlossene Tür und manches verstockte Herz. Es ging uns dabei meist nur um ein Quartier für die Nacht. Erreichten wir es, und das geschah fast immer, so sangen wir und brachten mit unseren achtzehn Lenzen ein bißchen Leben ins Haus. Es ergab sich von selbst, daß wir zum Abendbrot und Frühstück eingeladen wurden. Oft gab man uns noch Wegzehrung mit. Es ist bemerkenswert, wie viele gute Menschen uns halfen. Manche ließen uns in ihren Betten schlafen und bezogen selbst ein Notquartier. Der eine oder andere mag uns allerdings auch als Taugenichtse bezeichnet haben. Doch wir fragten oft nach Arbeit. Wir wollten nicht stets vom guten Willen anderer abhängig sein. Nur selten gelang es, Arbeit zu bekommen. Ich erinnere mich, daß in Köln ein Malermeister aufrichtig bedauerte, mich nicht beschäftigen zu können. Doch er richtete sich nach dem alten Brauch, gab dem Wanderburschen fünf Mark für Wegzehrung und seine guten Wünsche mit auf den Weg. Als wir in einem Park saßen, ließ man uns aus dem dritten Stock eines angrenzenden Hauses eine Kanne Kaffee am Seil herunter. Ein Mädchen brachte uns dazu die belegten Brote.

In der Bergarbeiterstadt Hamm in Westfalen lebten wir eine Woche bei Karls Verwandten. Ich renovierte ihre Stube und bemalte die Decke mit einem großen Blumenkranz, wie ich es als Dekorationsmaler gelernt hatte. Die Leute freuten sich. Die Arbeiter im Kohlenpott kannten nur weiß gestrichene Decken und billige Tapeten. Beim Abschied erst merkte ich, daß Karls Kusine von sechzehn Jahren merkwürdig verstört war. Als sie mich plötzlich umarmte und mir einen scheuen Kuß gab, wußte ich, was ich angerichtet hatte.

Auf dieser Wanderschaft malte und zeichnete ich viel. Mein Skizzenbuch hatte eine ähnliche Funktion wie ein Fotoalbum. Beim Durchblättern erinnert man sich an Landschaften und Begebenheiten. Fotografieren war mir zu kompliziert. Es war unmöglich, einen schweren Apparat und Negativmaterial aus Glasplatten mitzuschleppen.

Luise beschloß, ihre Ferien mit uns zu verbringen. Vierzehn Tage wanderten wir nun zu dritt. Karl und Luise mochten sich leider nicht. Als ich eine Gruppe Leute zeichnete, die bei der Auftakelung eines Segelboots zusahen, überredete sie mich zu der Unterschrift: "Spießer bei der Betrachtung eines Segelbootes". Das war nur schlimm, weil mein Freund Karl auf der Zeichnung erkenntlich war. Er wurde böse und trennte sich vorübergehend von uns.

Wir waren nun beide alleine. Als wir in Bad Kreuznach auf der Brücke standen, rief jemand: "He, ihr Sozis, kommt doch mal her!" Erstaunt blickten wir uns um. Jenseits der Straße stand einer mit weißem Schillerkragen. Am Jackettaufschlag trug er den fünfzackigen Stern. Geringschätzig sah er auf meinen kornblumenblauen Kittel, ein typisches Kleidungsstück der sozialistischen Arbeiterjugend. "Wir sind keine Sozis!" riefen wir zurück, "wenn du was von uns willst, mußt du herkommen!" Wir begegneten dem Jungkommunisten auf halbem Wege und schlossen bald Freundschaft. Am nächsten Tage trafen sich die Kreuznacher Genossen mit ihren Fahrrädern zur Landagitation. Zwei von ihnen nahmen uns vorn auf den Rahmen, und dann ging's ab bis zum nächsten Dorf. Dort sollte um 19 Uhr im "Roten Ochsen" eine Versammlung der Kommunistischen Partei mit ausländischen Rednern stattfinden. Kein Einheimischer ließ sich blicken. Was war zu tun? Luise schlug vor, eine Demonstration mit Sprechchören zu machen. Erst wurde der Vorschlag belächelt, aber dann mit Begeisterung durchgeführt. Ein Trommler marschierte uns voran. Alle fünfzig Meter blieben wir stehen und riefen: "Krieg dem imperialistischen Kriege! Kommt heute um 20 Uhr in den 'Roten Ochsen'! Ein Chinese spricht! Ein Japaner spricht! Krieg dem imperialistischen Kriege!" – Die beiden sprachen tatsächlich vor einem vollen Saal.

Wir wanderten weiter und bezogen in der Jugendherberge von Rothenburg ob der Tauber Quartier. Eins der alten, ehrwürdigen Stadttore faszinierte mich so, daß ich Tuschkasten und Skizzenblock hervorholte und sofort drauflosmalte. Dort, wo sich eins der Wallgraben entlangzog, grünte jetzt der Park. Die Sonne erstrahlte durch dichtes Blättergewirr, leuchtende Reflexe willkürlich verteilend.

Plötzlich stand einer in SA-Uniform neben mir. Er fixierte uns und starrte wütend auf meinen blauen Kittel und Luises Antikriegsplakette mit dem leuchtenden Budjonny-Helm und der Aufschrift: "Krieg dem imperialistischen Kriege!" Er brüllte: "Verdammte Bolschewisten! Euch müßte man über die Stadtmauer schmeißen! Totschlagen sollte man euch, wie ihr das mit unseren Leuten in Nürnberg gemacht habt!"

Ich malte weiter, mühselig meine Gelassenheit bewahrend. Er steigerte seine Wutausbrüche und rempelte mich an. Ich tat ihm nicht den Gefallen zurückzurempeln. Mehr noch zwang ich mich zur Ruhe und malte, als ob mich nichts störte. Inzwischen hatte sich in einiger Entfernung ein Zuschauerkreis gebildet, alle Strauch- und Baumlücken ausfüllend. Unter ihnen auch viele in braunen Uniformen. Als dieser Lümmel die abwartende Haltung ringsum gewahrte und seine Brutalitäten nicht das erhoffte Echo auslösten, lief er schnaubend davon. Kopfschüttelnd gingen die Spaziergänger weiter.

Nach einer Weile kam ein etwa vierzehnjähriges Mädchen heran, das in einem Kinderwagen sein kleines Schwesterchen spazierenfuhr. Es erzählte hastig, wie es einige SA-Leute belauscht hatte. Diese wollten mit Verstärkung anrücken, um uns fertigzumachen. Es schloß mit den Worten: "Bitte bleiben Sie hier nicht stehen, die kommen und schlagen Sie tot!" Letzteres hatte der Mann, der in dem Torgewölbe wohnte mit angehört. "Kommen Sie", sagte er, "bei mir sind Sie absolut sicher." Er führte uns in die Torstube des Rundturms. Zwei Meter dicke Wände und eine stabile eichene Tür trennten uns von der Außenwelt. Mit Gardinen verhängte kleine Fensterchen, in tiefe Mauernischen eingelassen, gestatteten einen vorsichtigen Blick in den Park. Wir wurden mit Kaffee und Kuchen bewirtet. Dann erzählte unser zur rechten Zeit aufgetauchter Freund, was in Nürnberg geschehen war. Die Nazis hatten dort Anfang August 1929 ihren Parteitag abgehalten. Im Anschluß hatten sie Arbeiterlokale und Gegenkundgebungen überfallen. Dabei hausten sie wie in Feindesland, schlugen auf ihre Gegner mit Totschlägern ein und schossen aus dem Hinterhalt. Bei der Abwehr dieser Barbaren hatte es Verletzte und Tote auf beiden Seiten gegeben. –

Nun wurde beratschlagt: Es war besser, nicht in die Jugendherberge zurückzugehen, die von SA und Hitlerjugend besetzt war. Unser Beschützer erbot sich, unsere Sachen von dort abzuholen. Im engen Torhaus gab es nicht genügend Schlafplätze. So brachte er uns, bewacht von einem großen Schäferhund, zu seiner Schwester, die außerhalb Rothenburgs wohnte. Sie nahm uns freundlich auf. Am nächsten Morgen wurden wir mit Schäferhund-Bewachung zum Bahnhof geleitet und herzlich verabschiedet. Den blauen Kittel trug ich im Rucksack.

Am Bahnhof wimmelte es von Braunen. Auch den Banditen vom Vortage sahen wir aus einiger Entfernung. Schnell stiegen wir ein und waren erleichtert, als der Zug abdampfte. Gern dachten wir an den Torwächter von Rothenburg zurück. Er war Sozialdemokrat, und es war für ihn Ehrensache, die jungen Kommunisten vor den verbrecherischen Nazis in Schutz zu nehmen.

Luise fuhr nach Beendigung ihrer Ferien wieder nach Berlin. Ich kehrte noch einmal nach Rothenburg zurück, um "das Plönlein", alte Brunnen, Häuser mit schmiedeeisernen Handwerkerwappen, das Rathaustor und den gut erhaltenen

Wehrgang zu skizzieren. Dann wandte ich mich nach Nördlingen, den südlichsten geographischen Punkt, den ich auf meiner Wanderung erreichte. Von hier aus fuhr ich mit der Bahn nach Berlin. Mein Vater hatte einen größeren Auftrag bekommen. Er bat mich, ihm zu helfen. Fünf Monate hatte ich Deutschland durchwandert. Vom Harz aus war ich über Braunschweig, Hildesheim, Detmold, Paderborn, Hamm, Iserlohn, Köln, Trier, Koblenz, Worms, Mannheim, Heidelberg, Rothenburg nach Nördlingen gewandert. Wohl an die 1000 Kilometer auf Schusters Rappen.

Proletarisches Theater

Zuhause erwartete mich außer der Arbeit eine politische Aufgabe. Die Freude am Theaterspielen hatte unsere Familie schon zwei Jahre zuvor zu Schauspielamateuren unseres Wohnorts geführt, einer Gruppe des Deutschen Arbeiter-Theater-Bundes (DAThB). Man hatte uns freudig begrüßt, denn es fehlten Darsteller für ein Stück über die russischen "Volkstümler", kleinbürgerliche Revolutionäre, die einen Anschlag auf den Zaren planten.
Ich sollte die Rolle eines Praktikanten spielen, der die Bombe herstellte. "Nitroglyzerin, Anna Pawlowna!", hatte ich auszurufen. Obwohl ich nicht hinter dem Text stand, machte ich aus Disziplin mit. Was sollte die Verherrlichung der Volkstümler? Mochten die ethischen Motive dieser jungen Revolutionäre ehrenhaft sein, ich war entschiedener Gegner des individuellen Terrors, der stets nur den Feinden des Sozialismus nützt.
Das Spiel kam nicht zur Aufführung. Es mangelte an guten Darstellern. Ein schwerhöriger Spieler hatte lange Passagen vorzutragen, er war auf den Souffleur angewiesen. Wenn er ihn nicht verstand, legte er die Hand ans Ohr und fragte: "Hä?" Die Suche nach einem neuen Stück, das unseren Möglichkeiten entsprach, war ergebnislos. Wir schrieben etwas eigenes, eine rote Revue. Sie zeigte Szenen vom Ausbruch des ersten Weltkriegs, von der Novemberrevolution, der Ermordung Karl Liebknechts und Rosa Luxemburgs, dem Kapp-Putsch, dem Hamburger Aufstand, der Fürstenabfindung und schloß mit den letzten aktuellen Ereignissen.
Das war ein Schritt nach vorn. Aber wie sollte es weitergehen? Etwas Neues suchend wandten wir uns an Arthur Pieck, der seit 1926 der erste Vorsitzende des Berliner Bezirks des Theater-Bundes war. Er gab uns den Rat, selber zu schreiben, und zwar kurze Szenen, die die sozialen und politischen Interessen der Arbeiter ansprechen. Denn das Repertoire, welches der alte Vorstand hinterlassen hatte, konnte er nicht empfehlen; z. B. "Hurra, ein Junge!", "Der wahre

Jakob", "Der keusche Lebemann", "Alt Heidelberg" und sechzig Stücke ähnlicher Art.

Arthur Pieck hatte bestimmte Vorstellungen von den Aufgaben des Arbeitertheaters. Er umriß die Ziele mit folgenden Worten: "In der Zeit der verschärften Klassengegensätze muß sich die Arbeiterklasse jedes Mittels bedienen, um Aufklärung und Kampfgeist in die Reihen der Massen zu tragen. Als eines der wichtigsten Mittel gilt die Bühnenpropaganda, und in diesem Sinne muß jede proletarische Theatergruppe wirken." Die Leitung im Berliner Bezirk des Theater-Bundes wollte das Arbeitertheater zu einer Waffe gegen Militarismus und Faschismus machen. Sie organisierten eine Konferenz mit Arbeiterschauspielern und progressiven Schriftstellern, die dieser Aufgabe diente. Erich Weinert, Ludwig Renn und andere halfen mit eigenen Beiträgen das politische und künstlerische Niveau des Arbeitertheaters zu heben. Das Fazit dieser Konferenz lautete: Nutzt alle Möglichkeiten. Lernt von den Schriftstellern und Schauspielern und entwickelt eure eigenen Fähigkeiten und Talente. So faßten wir neuen Mut und schrieben uns die meisten Szenen selber, wobei meine Eltern ihre Theatererfahrungen mit einbrachten.

Der 10. Bundestag des DAThB wurde im April 1928 in Berlin abgehalten. Parallel dazu lief eine Theaterausstellung, an der sich unsere Gruppe beteiligte. So kam es, daß unser bescheidenes Bühnenmodell gleichberechtigt mit dem Bühnenmodell von "Rasputin", der berühmten Piscator-Inszenierung, zu sehen war.

Die Vielfalt der ausgestellten Exponate war beeindruckend: Bühnenbilder, Bühnenmodelle, Textbücher, Kritiken, Plakate, Programmhefte, Kostüme und Requisiten und vieles andere mehr, wurden aus dem ganzen Reich und sogar von ausländischen Arbeiter-Theatergruppen gezeigt. Zahlreiche Aktivitäten vereinigten sich zu einer vorwärtsstrebenden Bewegung des Arbeitertheaters. In ihr und mit ihr lebten und entwickelten sich viele zu politisch selbstbewußten Menschen. Auch unsere Gruppe hatte sich gewandelt. Mit schöpferischer Aktivität leisteten wir politische Aufklärung. Nun waren wir eine Agitpropgruppe und trugen den Namen "Roter Hammer".

Ähnlich wie in unserem Kollektiv ging die Entwicklung in anderen Gruppen vor sich. Agitpropgruppen bildeten sich in fast allen Bezirken Berlins und in allen größeren Städten Deutschlands. Sie erfreuten sich einer großen Beliebtheit. Es gab kaum eine Massenversammlung ohne Spielgruppe. Genau wie wir schrieben und komponierten sie. Ihre Spiele entstanden in eigener Regie. Der schöpferischen Vielfalt waren keine Grenzen gesetzt. Die stürmischen Erfolge der Gruppen beruhten auf der politischen Aktualität. Was am Tage passierte, wurde abends auf der Bühne glossiert. Mit großer Beweglichkeit spielten sie in Sälen, Stuben, auf Straßen, Plätzen und Höfen, ernst und heiter, voll bissiger Satire, den Feind beim Namen nennend, ins Schwarze treffend! Die Sprache war einfach, volkstümlich, verständlich. Der Inhalt war Anleitung zum Handeln, der rote Faden: "Es kann die Befreiung der Arbeiter nur das Werk der Arbeiter sein."

Eine Theatergruppe verfügte meist über verschiedene Talente: Dichter, Sänger, Musiker, Maler. Alle waren sie zugleich Schauspieler, doch wenn es der Augenblick erforderte auch Bühnen- und Transportarbeiter, Kraftfahrer, Handwerker oder Techniker. Jede Truppe hatte ein Auftrittslied. Diese Lieder forderten die Zuhörer, verlangten von ihnen, sich in den Kampf für die eigenen Interessen einzureihen. Aus der Fülle der Verse hier einige Beispiele:

"Wir sprechen aus, was Euch bedrückt!"
skandierte das "Rote Sprachrohr";
"Entscheidung gefällt, eh' es zu spät!"
mahnte die "Kolonne Links";
"Der Rote Wedding" stärkte das Klassenbewußtsein:
"Roter Wedding grüßt Euch, Genossen, haltet die Fäuste bereit!"
und die Lauschenden stimmten ein in das Lied, geschrieben von Erich Weinert, komponiert von Hanns Eisler. Die Spieltruppe "Die Wühler" wandte sich an die Jungarbeiter vor den Fabriken und Stempelstellen:

"Formiert das Bataillon!
Es dröhne Euer Massentritt
im flachen Land und auch im Pütt!"

"Der Rote Hammer" stellte seine Aufklärungsarbeit in den Dienst der KPD, obwohl ein Teil der Spieler parteilos war. Andere Spieltruppen spezialisierten sich auf die Popularisierung revolutionärer Massenorganisationen wie "Rote Hilfe", "Internationale Arbeiterhilfe", "Arbeiter-Sportverein Fichte", "Roter Frontkämpferbund", "Proletarischer Freidenkerverband". Das war ganz im Sinne der auf dem 10. Bundestag gewählten Leitung. Sie hielt Kurs auf breite Zusammenarbeit zwischen Kommunisten, Sozialdemokraten und Parteilosen. Es gab keinerlei Maßregelung von politisch Andersdenkenden, keine Ausschlüsse, keine Spaltungsversuche.

Als ich von meiner Wanderschaft zurückkehrte, stellte ich fest, daß sich unsere Gruppe in ihrer Zusammensetzung verändert hatte. Von den Alten war nur Franz dabeigeblieben. Er war einst der "Star des Vereins" gewesen, jetzt nur einer unter anderen. Franz war klein und untersetzt. In einer Szene gegen den Bau der Panzerkreuzer mußte er in die Rolle des damaligen SPD-Ministers Hermann Müller schlüpfen. Dabei wirkte er wie dessen Karikatur, denn Mül-

ler war ein großer, kräftig gebauter Mann. Vater verkörperte Philipp Scheidemann. Beide hatten eine gewisse Ähnlichkeit mit den Darzustellenden, was vom Publikum mit Beifall honoriert wurde.
Franz wurde unter Freunden mit gutmütigem Spott "Piscator" genannt. Er fühlte sich geschmeichelt, und er überschätzte seine Fähigkeiten. Er glaubte, "der Große" zu sein, was uns dazu nötigte, ihn durch freundschaftliche Kritik aus seinem Himmel auf unsere Erde herabzuholen. Einmal fiel er während des Spiels arg aus der Rolle, es handelte sich um ein lebendes Bild. Auf der einen Seite der Bühne saß unser wohlgenährter Franz mit dicker Zigarre bei Wein, Weib und Gänsebraten, auf der anderen Seite mein magerer, verhungert ausschauender Vater mit unserer ebenso verhungerten und verhärmten Martha, die Proletarierfamilie verkörpernd.

Vater verkörperte Philipp Scheidemann.

Dazu wurde von Siegfried rezitiert. Statt nun, wie einstudiert, stillzusitzen, verstand unser Franz den Begriff lebendes Bild auf Eulenspiegelart. Angeregt durch die blühende junge Maid, die er zu Marmor erstarrt auf seinem Schoß still zu genießen hatte, begann er bei der ernstesten Stelle des Gedichts seine Späßchen zu treiben, so daß er auf billige Art die Zuhörer zum Lachen reizte. Siegfried indessen sollte das Publikum zum ernsten Nachdenken bringen. Es paßte schön zum Text, daß er dem Franz das Kognakglas aus der Hand riß und es mit wütender Gebärde auf den Boden schmetterte, damit hatte er das Publikum wieder in seinen Bann gezogen, das glaubte, das Zertöppern des Glases gehörte dazu. Franz gab nicht auf. Mit einer liebreichen Gebärde zur Partnerin zwang er das Publikum auf seine Seite. Doch das letzte Wort hatte Siegfried. Das hieß: "Zum Teufel mit dem Schlemmerpack!" Er begleitete es mit einem kräftigen Fußtritt in den Hintern des Kapitalisten, der von der Bühne taumelte. So sah es das freudig dankbare Publikum. Von dem Nachspiel hinter den Kulissen hatte es keine Ahnung.

Manches von dem, was wir spielten, ist bruchstückartig in meinem Gedächtnis. Ich will versuchen, einige Szenen zu rekonstruieren:
"Statistik, die jeder Arbeiter wissen muß!"
Auf mannshohen Papierbögen, die man in der Art eines Kalenders umschlagen konnte, waren jeweils eine Karikatur eines Militaristen, Kapitalisten oder Ministers gemalt, dazu die Summen, die jeder "verdiente" oder als Pension erhielt. Drei Spieler standen rechts, drei links, die Karikatur in der Mitte.

Der Text wurde teils von Einzelnen, teils im Chor gesprochen und lautete etwa so:

Alle: *Statistik, die jeder Arbeiter wissen muß*

Das erste Blatt wurde aufgeschlagen. Die Karikatur von Hjalmar Schacht wurde sichtbar.

Stimmen im Wechsel: *Schacht, der Reichspräsident,*
Direktor im Reichsverband der Industrie,
Mitglied in 15 Aufsichtsräten,
Hauptorganisator der Inflation,
Für seinen Massenbetrug erhält er jährlich:
Alle: *300.000 Mark*

Das zweite Blatt wurde aufgeschlagen, und es erfolgte die nächste Charakterisierung:

Stimmen im Wechsel: *Brolat, Direktor der BVG,*
Verantwortlich für die Erhöhung der Fahrpreise,
predigt den Arbeitern Maßhalten,
lebt in Saus und Braus,
Für seinen Arbeiterbetrug erhält er im Jahr:
Alle: *72.0000 Mark.*

Das nächste Blatt wurde aufgeschlagen. Das Sündenregister vervollständigt, die "Belohnung" genannt. –
Zum Schluß hieß es:

Stimmen im Wechsel: *Und was hast Du, Metallarbeiter?*
Was hast Du, Arbeiterin?
Was hast Du, Jungarbeiter?
Was hast Du, Arbeitsloser?
Alle: *Und was habt Ihr?*

Auf diesem letzten Blatt stand ein großes Fragezeichen.

Vor uns saßen Menschen, die vielleicht nur einen geflickten Anzug hatten, die sich kaum ein Glas Bier oder eine Zigarette leisten konnten. Arbeitslose, die "ausgesteuert" von Wohlfahrtsunterstützung ihr Leben fristeten. Auf jede Frage erschallte eine Antwort, und die Antworten vereinigten sich zu einem ge-

Statistik, die jeder Arbeiter wissen muß!

meinsamen Ruf: Hunger! Hunger! Hunger! Nicht selten erhoben sich die Zuschauer spontan und sangen die "Internationale".

Die Heuchelei mancher Pfaffen wurde in einer anderen Szene angegriffen. Den passenden Stoff fanden wir bei Kurt Tucholsky, im "Gesang der englischen Chorknaben".

> *"Ehre sei Gott in der Höhe!*
> *Wer hat die Wanzen und Flöhe?*
> *Die Armen, die Armen,*
> *oh, habt Erbarmen!*
> *Die Reichen, die Reichen,*
> *die brauchen das nicht.*
> *Sie liegen auf weichen, weichen*
> *Kissen im Licht,*
> *oder bei ihren Da-a-men!*
> *A-a-men!"*

Dazu hatten wir folgendes inszeniert:
Unser Franz mit einem schwarzen Talar, Käppi und Bäffchen ausstaffiert, stand mit zum Himmel gewandtem Blick erhöht auf einem mit schwarzem Stoff dra-

pierten Stuhl. Mit salbungsvoller Stimme sang er seine "Litanei". Zu beiden Seiten kniete je eine unserer weiblichen Schönheiten, die sich in Engel mit goldenen Haaren und großen Flügeln verwandelt hatten, in den Händen eine brennende Kerze haltend. Ihre Blicke waren gleichfalls nach oben gerichtet. Das Ganze war stimmungsgeladen. Es wurde bejubelt, es saß! Wir bekamen eine Anzeige wegen Gotteslästerung. Der Reihe nach wurden wir vorgeladen und ergebnislos von der Polizei vernommen. Die Ermittlungen mußten eingestellt werden. Der Denunziant wurde von der Polizei nicht preisgegeben.

Unsere Szene spielten wir weiter. Unsere Freunde vom Roten Frontkämpferbund bewachten, während die Szene lief, die Saaltüren und ließen niemand hinein oder hinaus. Von nun an übernahm ich die Rolle des Pfaffen. Mein Äußeres veränderte ich so, daß mich meine eigene Mutter nicht mehr erkannte. Nein, wir hatten nicht die Absicht, Gott zu lästern. Aber die meisten Zeitgenossen jener Jahre erinnern sich sehr wohl der vielen Gottesdiener, die die Waffen der ins Feld ziehenden Soldaten geweiht hatten, die während des ersten Weltkriegs auf den Kanzeln standen und den Segen Gottes auf die monarchistischen Heere herabflehten. Daß es auch fortschrittliche Pfarrer gab, die getreu die von Gott geforderte Menschenliebe ausübten und in der Zeit des Faschismus gegen dieses menschenverachtende Regime auftraten, erfuhren wir erst während des Widerstandskampfes.

Eine andere Szene: "Das Wachsfigurenkabinett". Die Figuren wurden durch große Pappmasken, mechanische Bewegungen und abgehacktes Sprechen verdeutlicht. Ein Erklärer mit Zeigestock wies auf ihre Besonderheiten hin und zog ihren Mechanismus auf. Da gab es den kapitalistischen Unternehmer mit feistem Gesicht und steifem Kragen, den Faschisten mit weit aufgerissenem Maul, den Zentrumsmann mit heuchlerischem Augenaufschlag, die Pressedirne, verführerisch, verkommen, den rechten SPD-Bonzen mit Doppelkinn und den indifferenten Arbeiter. Letzterer trug eine Maske vor dem Gesicht. Sein Sprüchlein hieß: "Arme und Reiche hat's immer gegeben und so wird es auch bleiben!" Der Unternehmer grölte: "Lohnabbau!" Dabei riß er dem Arbeiter einen Ärmel aus dem Anzug. Der Zentrumsmann schrie: "Kürzung der Kinderspeisung!" Gierig nahm er den zweiten Ärmel. Der SPD-Bonze rief: "Panzerkreuzer!" (Die Reichstagsfraktion der SPD hatte für den Bau von Panzerkreuzern gestimmt.) Er zerrte einen Teil der Hose weg. So hatte jeder sein Sprüchlein und jeder raubte etwas von der Kleidung, so daß der Arbeiter zuletzt bis aufs Hemd ausgezogen war. Nun endlich empörte sich der Arbeiter, er rief: "Nun aber Schluß!" Bei diesen Worten nahmen alle die Masken ab und beendeten die Szene mit einem Sprechchor: "Erkämpft die proletarische Diktatur!" Die große Wirkung, die diese Szene ausübte, lag in ihrer Anschaulichkeit.

Natürlich gab es auch Pannen und Blamagen. Eine war mir sehr unangenehm, denn ich hatte sie verursacht. Wir sollten vor Gewerkschaftskollegen in Treptow spielen. Der Auftritt verschob sich um zwei Stunden. Wir tobten im Park herum. Ich war wie ein Hase herumgesprungen. Dabei hatte ich meine Beinmuskeln übermäßig strapaziert. Das sollte ich noch bereuen. An diesem Abend spielten wir eine Szene, in der wir die russische Fünftagewoche, eine großzügige soziale Maßnahme der Sowjetregierung, unseren Zuschauern lebendig darstellten. Jeder sechste Tag war für jeden Arbeiter ein freier Tag. Es war ein Experiment der Sowjetunion, das beim Anwachsen der Kriegsgefahr wieder aufgegeben wurde. Mit verschiedenfarbigen Russenkitteln wirbelten wir über die Bühne. Akkordeonmusik und Trommelschlag begleiteten unsere rhythmischen Bewegungen und unseren Sprechgesang: "Für mich ist heut ein Ruhetag, ich tu heut keinen Hammerschlag! Der Arbeiter ruht, doch die Arbeit ruht nie!"

Als die sechs Tage durchgearbeitet – und geruht waren, folgte das Muschiklied und mein Glanzauftritt, der russische Tanz. Bei dem ersten Sprung ging ich in die Knie, meine Beine versagten. Mit vor Schmerz und Scham verzerrtem

Gesicht tapste ich wie ein tolpatschiger Bär herum. Das Propellerlied, bei dem wir drei große Propeller kreisen ließen und das bei den Zuhörern sonst Sonderbeifall auslöste, konnte die Panne auch nicht wettmachen. Sehr bedauerlich, gerade befanden sich viele SPD-Anhänger im Saal.

Diese Blamage erinnerte mich an meine ersten Schritte auf der Bühne, die ich als Sechsjähriger machte. Meine Mutter wollte durchaus, daß ich in einer Arbeiterversammlung ein Gedicht aufsage. Ich mochte aber nicht, denn ich begriff den Inhalt nicht. Schließlich gab ich ihren Bitten nach. Sie paukte und paukte mit mir, bis ich es konnte. Dennoch war ich in dem Augenblick des Auftritts sehr unsicher. Ich sah die vielen Zuschauer vor mir und fing hastig an. Da zischte es mir aus den vordersten Reihen entgegen: "Diener, Diener!" Ich stockte, begriff endlich, machte meinen Diener. "Überschrift", scholl es aus der Kulisse, als ich gerade von neuem ansetzen wollte. Ich besann mich, murmelte die Überschrift. "Lauter!" zischte es mir von vorne entgegen. Ich wiederholte sie. Der Finger fuhr mir zwischen die Lippen und mit zagender Stimme nannte ich sie zum dritten Mal. Meine Mutter soufflierte. In der ersten Reihe hatte man sie verstanden und soufflierte mit. Ich brachte kein Wort mehr über die Lippen. Mitleidiger Beifall begleitete meinen ruhmlosen Abgang.

Beifall muß sein. Er tröstet den Darsteller und ist der süße Lohn für alle Mühen, die der Zuschauer nicht einmal ahnt. Wenn man ihn ehrlich verdient hat, nimmt man ihn für selbstverständlich, er wirkt aufmunternd, doch er kann auch stören! Unsere Auftritte beschränkten sich nicht auf Berlin. In Eberswalde wurden wir, als der Vorhang aufging, mit Applaus empfangen. Der Beifall irritierte uns so, daß wir die erste Szene verpatzten. Dann fingen wir uns und bügelten die Schlappe wieder aus.

Ein andermal erhielten wir nach der letzten Szene keinen Beifall. Die Zuschauer waren vielleicht von dem Gehörten erschüttert und schwiegen deshalb? Wir wußten nicht, wie sie es aufgenommen hatten. Nach uns sprach Wilhelm Pieck, damals Reichstagsabgeordneter und Mitglied des preußischen Staatsrates. Er ging auf unser Spiel ein und nutzte es für seine Argumentationen. Das überzeugte uns davon, daß wir angekommen waren und die Zuschauer, nachdenklich geworden, das Klatschen unterlassen hatten.

Ein Auftrag führt uns in das damalige Stettin. Zwei Veranstaltungen waren vorgesehen, Sonnabend in einem Saal und Sonntagvormittag am Ostseestrand. Bei Abfahrt des Zuges gab es eine böse Überraschung: Georg fehlte, mit ihm ein Requisitenkoffer. So ein Pech! Wir konnten die Stettiner nicht im Stich lassen. Im Zug bauten wir unser Programm um. Die Genossen erwarteten uns

Die russische Fünftagewoche

schon am Bahnhof. Sie brachten uns zu unserem Wirkungsbereich: Das Vereinszimmer einer Kneipe, die Stühle nur zur Hälfte besetzt. Draußenstehende versuchten, durch das verklebte Fenster der Eingangstür zu schauen. Gar zu gern wären sie hereingekommen. Doch die zwanzig Pfennig Eintrittsgeld besaßen sie nicht. Wir überzeugten unsere Genossen, daß es politisch wirksamer sei, vor vollem Saal als vor leeren Stühlen zu spielen und deshalb auf das Eintrittsgeld zu verzichten. Mit herzlichem Beifall begrüßte uns das Publikum. Nach der ersten Szene sahen wir plötzlich das traute Gesicht unseres Georg auftauchen. Wir atmeten auf. Das Programm konnte ordnungsgemäß abrollen.

Am Sonntagvormittag am Strand fehlte alles, was man für ein Theaterspiel voraussetzt. Es gab keine Bühne, nicht einmal ein Gebüsch, das uns eine Kulisse ersetzen konnte. Da war der lockere Sand unter den Füßen, in unserem Rücken eine ansteigende Düne und vor uns fünfzig Meter breiter Strand und das gleichmäßig rauschende Meer. Um uns herum wimmelte es jedoch von Menschen, viele hatte die Ankündigung unseres Spiels hergelockt. Wir steckten uns die Bühne ab, nahmen unser Sprachrohr zur Hand und verkündeten unseren gleich beginnenden Auftritt. Im Nu bildete sich ein Halbkreis von Liegenden, Sitzenden, Knienden und Stehenden um uns herum. Für die Strandbesucher war unser Erscheinen eine kleine Sensation und eine willkommene

Abwechslung. Nach der Aufführung entwickelten sich Diskussionsgruppen. Hier wurden wir von den Stettiner Genossen tatkräftig unterstützt.

Auf dem Rückweg zur Stadt entdeckten wir am Hafenkai ein sowjetisches Schiff. Wir wollten unsere Freundschaft zur Sowjetunion beweisen, darum spielten wir für die Leningrader Matrosen. Viele Neugierige kamen hinzu und spendeten Beifall. Mit wenigen Worten, mit Zeichen und Gesten verständigten wir uns mit den sowjetischen Seeleuten. Ein Matrose holte sein Schifferklavier von Bord. Nun erwiderten sie unser Spiel mit ihrem Gesang und ihren Tänzen. Unsere Begeisterung ging auf die Stettiner Bürger über. Sie klatschten und verlangten Zugaben. Schließlich tanzten die Matrosen, die Zuschauer und wir gemeinsam. Das improvisierte Volksfest endete mit Händeschütteln und Freundschaftsrufen. Für uns war es ein unvergeßliches Erlebnis. Stettin war nicht die einzige Stadt, in der wir spielten. Ein andermal fuhren wir nach Coswig, Lübben und Lübbenau. An Litfaßsäulen prangten Plakate: Der Rote Hammer Berlin kommt!

Tanzsäle, in denen die Veranstaltungen stattfanden, besaßen oft nur ein Podium. Wir waren flexibel und nutzten die geringsten Möglichkeiten. Ein Plattenwagen oder Lastauto wurde für uns zur Bühne. In den Laubenkolonien gab es nur primitive Spielflächen, doch das Publikum war gerade dort besonders dankbar. Die Laube war für manchen Erwerbslosen die letzte Zufluchtsstätte, waren sie doch oft von den Hauswirten wegen Mietrückstands mit Polizeigewalt aus ihren Wohnungen hinausgeworfen worden. Unsere Propaganda für die kommunistische Partei war hier besonders wirksam. In dieser Zeit fanden mehrere Reichstags- und Landtagswahlen statt.

Während der Wahlvorbereitungen verwandelten sich Hinterhöfe der Berliner Mietskasernen zu Schauplätzen unserer Agitation. Die Einwohner lehnten aus den Fenstern oder kamen herunter auf den Hof, um dem Theater recht nahe zu sein. Nach dem Spiel verkauften wir ihnen Zeitungen und Broschüren. Dabei sammelten wir für den Kampffonds der KPD oder für die Internationale Arbeiterhilfe oder Rote Hilfe. Unser Appell an ihre Solidarität hatte immer Erfolg, und so mancher schwer verdiente Groschen wurde geopfert für die Unterstützung politischer Gefangener und ihrer Familien.

Einen guten Sammelerfolg hatten wir im Neuköllner Krankenhaus von Patienten und Krankenschwestern. In Erinnerung ist mir ein Auftritt auf einem Plattenwagen zwischen dem Gebäude der Berliner Volksbühne und dem Karl-Liebknecht-Haus unter den Kastanienbäumen bei Fackelbeleuchtung. Vier Jahrzehnte später traten an diesem historischen Platz die Singegruppen zu den Weltfestspielen der Jugend und Studenten unter besseren Bedingungen auf einer schönen Freilichtbühne vor ihren Zuhörern auf.

Der DAThB organisierte im Jahr 1930 zwischen Weihnachten und Neujahr eine Wochenschule, die ich zusammen mit meinen Geschwistern besuchte. Zu den Lektoren gehörten Hermann Duncker, Anton Ackermann, Ernst Schneller, Fred Oelßner, alles bekannte Marxisten. Unter den Lernenden befand sich Gustav von Wangenheim. Er hatte in einigen Filmen gute Rollen gehabt, z. B. in "Kohlhiesels Töchter" mit Henny Porten und "Die Frau im Monde" mit Gerda Maurus und Willy Fritsch, große Stars und Lieblinge des Filmpublikums. Gustav war gerade gut bei Kasse. Davon profitierte nun die ganze Gesellschaft, besonders bei der Sylvesterfeier.

Ein anderer Teilnehmer war der junge Schauspieler Maxim Valentin, der sich ganz dem Arbeitertheater gewidmet hatte. Wenn ich an Maxim denke, denke ich zugleich an sein Akkordeon, an sowjetische Lieder und an die fröhlich singenden jungen Menschen. Nach 1945 wurde Maxim Valentin Intendant des Maxim-Gorki-Theaters Berlin, die Tradition der deutsch-sowjetischen Freundschaft fortsetzend. Zu den Zuhörern gehörte der Schauspieler Hans Otto. Uns Arbeiterschauspielern war er eine große Hilfe. Er verstand es, auch seine Kollegen für das Arbeitertheater zu interessieren. Sogar die berühmte Elisabeth Bergner wagte sich inkognito in eine Arbeiterveranstaltung.

Zu Anfang der dreißiger Jahre wurde Hans Otto die Hauptrolle in dem Film "Fridericus Rex" angeboten. Als überzeugter Kommunist lehnte er die Rolle Friedrich II. ab, obwohl sie mit hoher Gage und steiler Karriere verbunden war, weil er Nationalismus und Chauvinismus verabscheute. 1933 wurde er von den Faschisten ermordet. Wir liebten Hans Otto, der zwar nicht auf Arbeiterbühnen, sondern im "Großen Schauspielhaus" auftrat. Er stand uns stets mit Rat und Tat zur Seite und war – als glänzender Organisator – zweiter Vorsitzender des DAThB in Berlin.

Insgesamt nahmen an dieser Wochenschule etwa dreißig Mitglieder verschiedener Agitpropgruppen teil. Die meisten von ihnen waren arbeitslos, sie nutzten die Zeit zur politischen Arbeit und Bildung. Es schien mir, daß sie ihre materielle Not durch das Lernen vergaßen. Auch ich lernte mit großem Eifer. Ernst Schneller referierte über Strategie und Taktik der Kommunistischen Partei, Fred Oelßner über Polit-Ökonomie, über die allgemeine Krise des Kapitalismus und die zyklischen Krisen. Ich bekam einen Einblick in den historischen Materialismus, hörte zum ersten Mal von den verschiedenen Gesellschaftsordnungen, von ihrem Aufblühen und Untergang und begriff die historisch notwendige Ablösung des Kapitalismus durch den Sozialismus. Darüber hinaus erhielt ich die Anregung, mich mit den Werken von Marx, Engels und Lenin zu beschäftigen. Die uns vermittelte Theorie war praxisverbunden. Sie war anwendbar im Theaterbereich und darüber hinaus im politischen Leben. Die Schule war

Anleitung zum Lernen und Handeln! Sie gab mir mein Fundament. Von nun an besaß ich einen Kompaß für das Leben. Wie mich später die Stürme auch erfaßten und umherwirbelten, ich blieb auf Kurs.

Die Weltwirtschaftskrise, die sich 1929 mit dem Börsenkrach in den USA schlagartig verschärfte, traf Deutschland mit großer Härte. Die schnell wachsende Erwerbslosenzahl war dafür ein deutlicher Beweis. Ende Januar 1930 erreichte sie lt. Statistik des Arbeitsamtes über 3,2 Millionen. In dieser Situation verlangte der Reichsverband der Industrie eine Änderung der Politik in Wirtschaft und Staat. Hinter den publizierten Schlagworten wie: "Förderung der Kapitalbildung" und "Wiederherstellung der Rentabilität" verbarg sich die Absicht der Großindustriellen, durch Lohnsenkungen die Krisenlasten auf die Volksmassen abzuwälzen. Dazu gehörte auch die drastische Herabsetzung der Erwerbslosenunterstützung.

Die Regierung des Reichskanzlers Hermann Müller (SPD) stützte sich auf eine Koalition, der neben der SPD die Zentrumspartei, die Deutsche Demokratische Partei, die Deutsche Volkspartei und die Bayerische Volkspartei angehörten. Als die Mehrheit der Regierungsparteien die Arbeitslosenunterstützung nicht so weit kürzen wollte wie die DVP, leitete diese mit der Abstimmung gegen die Koalitionspartner eine Wende ein. Mit dem Sturz des Reichskanzlers, Hermann Müller, verschwand der letzte parlamentarische Kanzler der Weimarer Republik. Der Reichspräsident von Hindenburg berief den Zentrumspolitiker Heinrich Brüning zum Reichskanzler. Seinem Kabinett gehörten der Repräsentant der Reichswehrgeneralität Wilhelm Groener und der Führer der christlichen Gewerkschaft Adam Stegerwald an. Andere Kabinettsmitglieder waren Vertreter der Industrie und des Junkertums. Über eine parlamentarische Mehrheit verfügte das Kabinett nicht, auch war es nicht koalitionsgebunden. Es war ein Präsidialkabinett, und bei seiner Antrittsrede im Reichstag verkündete Brüning, der Reichspräsident werde den Reichstag auflösen, falls dieser Maßnahmen der Regierung nicht zustimme.

Von nun an wurden Zensur- und Polizeimaßnahmen verstärkt. Sie richteten sich gezielt gegen Schriftsteller, Journalisten, Kabarettisten und Arbeiterschauspieler, denen auf diese Weise die politische Wirkungsmöglichkeit genommen wurde. Gegen die Versuche, die demokratischen Rechte zu behaupten, ging die Polizei mit brutaler Gewalt vor. So auch bei einer Feierstunde des proletarischen Freidenkerverbandes.

Zweitausend Jugendliche sollten im Berliner Sportpalast vor achtzehntausend Zuschauern die Jugendweihe empfangen. Der bekannte Pädagoge Paul Oestreich wurde für die Programmgestaltung gewonnen. Er schrieb ein Spiel, und die Agitpropgruppe "Roter Hammer" wurde vom Vorbereitungskomitee des DAThB, dem auch Otto Nagel angehörte, beauftragt, dasselbe zu inszenieren und aufzuführen. Wir sollten im Berliner Sportpalast auftreten, ich glaube, es verschlug uns den Atem. Bisher hatten wir meist vor drei- bis vierhundert Personen gespielt, manchmal nur vor fünfzig, nun sollten es zwanzigtausend sein! In dieser Sporthalle konnte man mit den herkömmlichen Mitteln nichts ausrichten. Wir bastelten drei Meter große Puppen. Das Gerüst derselben bestand aus einem Spielkreuz. Es wurde einem Mann auf den Rücken geschnallt. Mit Strippen konnte er die Puppenarme wie bei einem Hampelmann bewegen. Ihr Kopf stak auf einer Spiralfeder, er wurde durch ruckartige Bewegung zum Wackeln gebracht. Das bis zum Boden reichende Gewand verdeckte den Träger. Er hatte im Gleichklang mit dem vorm Mikrophon gesprochenen Text die Puppe zu bewegen. Das Ganze war ein Riesenpuppentheater.

Einmalig war die ganze Jugendweihe, ihr Inhalt, ihre Teilnehmerzahl, ihr Abschluß. Bevor die Veranstaltung begann und die Massen in die Halle strömten, provozierte die Polizei. Sie sperrte oder grenzte Zugangswege ein. Der Polizeioffizier setzte sich an den Tisch der Versammlungsleitung. Der kommunistische Reichstagsabgeordnete Ernst Schneller eröffnete die Feierstunde mit einer Begrüßungsrede, in der er seine Worte geschickt wählte, so daß der Offizier keinen Grund zum Verbot der Veranstaltung fand.

Dann begann unser Spiel. Die Puppen agierten dicht vor der Nase des Polizisten zu den am Mikrophon gesprochenen Worten. Ich kann mich noch auf einiges davon besinnen, so auf die allegorische Figur des Imperialismus. Diese hatte den Körper einer Granate mit einem Totenkopf als Spitze. Dazu traten der reaktionäre Lehrer, der heuchlerische Friedensengel und der Papst, den ein violettes Gewand mit einem gelben Kreuz schmückte. Der Offizier rutsche nervös auf seinem Stuhl hin und her. Plötzlich sagte er zu Ernst Schneller: "Brechen Sie sofort das Spiel ab, ich verbiete das Spiel."

Die Sprecherin am Mikrophon hörte es, dennoch sprach sie beherzt den nächsten Satz: "Heilig, heilig ist der Krieg gegen den Bolschewismus!" Die Papstpuppe erhob dann segnend die Arme. Es war, als hätten diese Worte den Offizier selbst getroffen. Krebsrot im Gesicht gab er dem nächsten Sprecher den Befehl: "Aufhören, sofort aufhören!" Der schaute zu Ernst Schneller hinüber. Nach stummer Zwiesprache teilte er den Versammelten mit: "Die Polizei verbietet uns weiterzuspielen!"

Nach einer Sekunde des Erstarrens raste ein Sturm der Empörung los. Pfiffe aus tausend Kehlen, Pfuirufe, Sprechchöre: "Rot Front! Nieder mit der Zörgiebelpolizei!" Der Offizier schrie ins Mikrophon: "Wenn in zehn Minuten der Saal nicht leer ist, lasse ich ihn mit Polizeigewalt räumen!" Als Antwort brau-

Die Polizei verbietet uns weiterzuspielen.

ste die Internationale auf. Der Offizier gab ein Zeichen. Aus den Garderoben und Seitengängen, von der Vorhalle her stürmten Polizisten, ihre Helme kriegerisch mit Sturmriemen unter dem Kinn befestigt, gummiknüppelschwingend herein. Unbeirrt und kampfbereit, durch die Saalordner des Roten Frontkämpferbundes abgeschirmt, standen die Massen und sangen alle drei Strophen ihres Kampfliedes. Von Gummiknüppeln attackiert, aber nicht überstürzt, sondern die Ordnung wahrend, verließen die zwanzigtausend den Saal!

Inzwischen waren unsere Puppenträger nicht müßig gewesen. Als es deutlich war, daß das Spiel von nun an durch die Taktstöcke der Polizei dirigiert wurde, klappten sie die Puppen zusammen. Die kostbaren Stoffe verstauten sie in einem Koffer, den unser Freund Karl sicher und unbemerkt hinausbrachte. Wir Sprecher hatten inzwischen unsere Theaterkleidung mit Zivilkleidung vertauscht. Auch wir gelangten unbehelligt hinaus. Die Polizei fahndete nach den Puppen und ihren Drahtziehern. Die standen inzwischen als neugierige Passanten neben den Einsatzwagen der Polizei und hörten die Meldungen der Hauptwachtmeister an den Polizeioffizier: "Melde gehorsamst, Herr Major, keinen Täter, kein Beweisstück!" Die blöden Kerle konnten sich nicht erklären, wie die Puppenkolosse sich vor ihrem Zugriff in ein scheinbares Nichts aufzulösen vermochten. Von dieser Zeit an war die Polizei in jeder unserer Versammlungen anwesend.

Dieser Polizeiwillkür gegen das Auftreten der Agitpropgruppen versuchten wir durch allerlei Tricks zu begegnen. Den Ablauf unseres Spiels gestalteten wir so, daß die wichtigsten Aussagen zum Schluß gebracht wurden. Auf diese Weise wurde der Polizei kaum eine Handhabe zur Auflösung geboten, oder sie begann damit, wenn wir unsere Ziele bereits erreicht hatten.

In einer Szene geißelten wir die Polizeiverordnung zur Überwachung der Arbeiterversammlungen. Das Spiel endete mit der entscheidenden "anstößigen" Pointe. Durch das Ziehen an einer Strippe entrollte sich ein Plakat mit einer Karikatur pflichteifernder Bullen. Das Publikum lachte und feixte. Der Polizist, der im Zuschauerraum etwas seitlich saß, konnte den ganzen Schauplatz nicht übersehen. Die Reaktion des Publikums machte ihm deutlich, auf wen wir gezielt hatten. Er stürmte über den Seiteneingang auf die Bühne.

In diesem Augenblick löste sich das Transparent und fiel auf den Boden mit der Rückseite nach oben. Diese war rein zufällig mit belanglosen Entwürfen bemalt. Ich wollte noch schnell hinzuspringen und das Plakat in Sicherheit bringen, doch der Polizist schrie schon von weitem: "Liegen lassen!" Er trat heran. Kopfschüttelnd und verständnislos betrachtete er das, was nach seiner Meinung die Zuschauer so zum Lachen gereizt hatte. Wir standen dabei und grinsten. Er verstand die Welt und die Bretter, die sie bedeuten sollten, nicht. Unser Schutzpatron hatte ihm die Kehrseite gezeigt. So fand er keinen Anlaß, die Versammlung aufzulösen.

Im Kommunistischen Jugendverband

Am 28. März 1931 erließ der Reichspräsident von Hindenburg die "Verordnung zur Bekämpfung politischer Ausschreitungen". Das gab der Regierung Brüning die Möglichkeit, die verfassungsmäßig garantierten Rechte auf Versammlungs-, Koalitions- und Pressefreiheit weiter einzuschränken. Der Polizeipräsident von Berlin reagierte sehr eilig und verbot am 2. April 1931 das Auftreten der Agitpropgruppen durch einen Geheimerlaß an die politische Polizei. Von nun an wurden alle Versuche, die Versammlungen der Kommunistischen Partei oder der ihr nahestehenden Organisationen mit Arbeitertheater auszuschmükken, rigoros unterbunden. Aber damit nicht genug, der hervorragende Kabarettist und Arbeiterdichter Erich Weinert sowie der Sänger Ernst Busch, der Musiker und Komponist Hanns Eisler u. a. wurden von diesem Verbot betroffen, das ihnen die Ausübung ihres Berufes unmöglich machte. Mit großer Trauer nahm ich von der für uns versperrten Bühne Abschied.

Die Jahre im Arbeiter-Theater-Bund waren für mich von unschätzbarem Nutzen. Die Begeisterungskundgebungen unserer Zuschauer wirkten auf ihre Urheber zurück. Für mich was das Werben um die Hirne, Herzen, Hände der Arbeitenden ein Kraftquell, der weder durch die bittersten Niederlagen noch durch Einsamkeit in der Isolierungshaft seine Wirkung verlor. In dieser Zeit ließ mich die Arbeiterklasse ahnen, welche Fähigkeiten in ihr verborgen sind. Als

Angehöriger dieser Klasse erkannte ich, daß sie trotz aller Rückschläge der Totengräber des Kapitalismus ist.

Nachdem mit dem Theaterspielen also endgültig Schluß war, verlegte ich meine politische Aktivität in den Kommunistischen Jugendverband, dem ich schon 1930 beigetreten war. Es kam mir so vor, als ob man mich bereits erwartete. Man wählte mich zum "Org.-Leiter" in das Sekretariat des Unterbezirks Tempelhof. An der Seite der älteren erfahrenen Genossen der KPD unternahmen wir viel, um dem Notverordnungskanzler Heinrich Brüning die Maske des christlichen Biedermannes herunterzureißen. Die KPD erklärte: Brüning ist der Wegbereiter des Faschismus. Die Einschätzung wurde durch die folgenden politischen Ereignisse leider voll bestätigt.

In der bürgerlichen Zeitung wurde Brüning den Volksmassen als christlicher Kanzler präsentiert, der Recht und Gesetz achtet. Ein Mann des goldenen Mittelweges, der das Vertrauen des greisen Generalfeldmarschalls besaß und der Notlage entsprechend mit Notverordnungen regieren mußte. Das Parlament hatte versagt, das hatte es selbst bewiesen. Auf diese Quasselbude konnte man doch verzichten. Ein Mann mit rettenden Maßnahmen an der Spitze der Regierung, das war es, was alle brauchten, die Industrie und der Mann auf der Straße. Das wurde den Lesern suggeriert.

Heinrich Brüning war nach seinem eigenen Bekenntnis Monarchist und Militarist, der 1918 mit dem Freikorps gegen revolutionäre Arbeiter kämpfte. Der in seinen Memoiren darüber klagt, daß er als kaiserlicher Leutnant einer Maschinengewehrkompanie nicht die Genehmigung erhielt, auf Arbeiter und Matrosen zu schießen, die in seinen Augen *"Deserteure", "Feiglinge"* und *"Weiber der übelsten Sorte"* waren. (S. 29) Wörtlich sagte er: *"Es war eine Frage des richtigen Augenblicks, um an die Stelle des Präsidenten wieder einen Monarchen zu setzen!"* (S. 373) *"Ich war in der Innenpolitik so weit, daß ich für den Sommer (1932) die Wiedereinführung der Monarchie auf legalem Wege betreiben konnte."* (S. 456) (Heinrich Brüning, Memoiren 1918–1934, Stuttgart 1970) Diese Tatsachen waren uns damals nicht bekannt. Das Eingeständnis Brünings stammt aus dem Jahre 1970. Es bestätigt nachträglich unsere damalige Einschätzung seiner Person und seiner Politik, deren Bekämpfung die natürlichste Pflicht für uns war.

Die politische Arbeit im Jugendverband unterschied sich in der Form wesentlich von meiner bisherigen Tätigkeit. Was ich hier zu leisten hatte, war mühevolle Kleinarbeit. Statt Begeisterungsstürme erwartete mich die Kritik meiner Genossen. Natürlich gab es Erfolge, aber sie waren nicht berauschend. Sie waren selbstverständlich und nicht lobenswert.

Als Organisationsleiter hatte ich viele Aufgaben zu bewältigen. Wenn ich abends von der Arbeit nach Hause kam, schwang ich mich auf mein Fahrrad. Entweder fuhr ich zur Sitzung der Bezirksleitung des KJVD, die im Karl-Liebknecht-Haus stattfand, zur Sekretariatssitzung meines Unterbezirks, oder besuchte einen Gruppenabend in Mariendorf, Tempelhof oder Lichtenrade. Gruppenweise fuhren wir sonntags ins Grüne. Dort verbanden wir das Angenehme mit dem Nützlichen, wanderten, badeten und diskutierten über theoretische und praktische Fragen unseres Kampfes. Oder wir beteiligten uns an der Landagitation. Von Radfahrerkolonnen begleitet, fuhren wir auf Lastautos in unser Landgebiet, das von Lichtenrade über Zossen bis Mittenwalde reichte. Hier wandten wir uns vor allem an die Tagelöhner und die landarmen Bauern, die zu dieser Zeit von Gutsbesitzern und Junkern durch in ihrem Sold stehende SA-Leute terrorisiert wurden.

War ein Sonntag frei, wurde er zur Vorbereitung von Schulungen, Gruppenabenden und Aktionen genutzt. Die Gruppe des KJV Mariendorf hatte beschlossen, die Brüningschen Notverordnungen anzugreifen, die sich mit der Verschlechterung der Lebenshaltung und der Einschränkungen demokratischer Gesetzlichkeit charakterisieren lassen. Es sollte mit roter Farbe an einigen Stellen geschrieben werden: "Nieder mit den Brüningschen Notverordnungen!" Besonders dachten wir an die Rathaustreppe. Als Maler übernahm ich das Malen. Zuvor setzte ich mir eine Brille und einen Hut auf, der meine Locken verdeckte. Als mich meine Freunde erkannten, gab es ein großes Hallo, was ich lieber vermieden hätte. Es wurden ein Vortrupp und ein Nachtrupp sowie zwei Aufpasser bestimmt, die sich in Rufweite zu mir aufzuhalten hatten.

Unsere Truppe zog los, übermütig und ausgelassen. Es ging alles gut. Die Schrift prangte schon an mehreren Stellen, es schien alles überstanden. Vor- und Nachtrupp waren wieder zusammengerückt, es wurde sorglos herumgealbert. Plötzlich tauchten aus dem Dunkel Gestalten mit Tschakos vor uns auf: "Hände hoch!" schrien sie. Ich stand an einer Hecke. Im Hochheben der Arme beförderte ich Pinsel und Topf hinüber. Taschenlampen blitzten auf. Die "Grünen", so wurden die Polizisten genannt, hatten sich, von uns unbemerkt, auf ihren Fahrrädern genähert. Wir mußten mit zur Wache.

Es wäre ein leichtes gewesen, alles abzustreiten. Sie hatten keine Beweise. Ein Farbspritzer auf dem Schuh war höchstens ein Indiz. Die Suche nach Farbtopf und Pinsel war ergebnislos verlaufen. Doch ich machte einen Fehler, der mir vier Jahre später sehr zu schaffen machte. Ich gab meine Tat zu. Ich glaubte, mit einem Geständnis auf die Polizisten Eindruck zu machen. Ich wollte für unsere Sache werben und zeigen, wie man ehrlich, aufrichtig und tapfer seine Idee und seine Handlungen vertritt.

Als einziger von meinen Genossen wurde ich auf der Wache behalten und bekam Gelegenheit, die ganze Nacht mit den Polizisten über den notwendigen Sozialismus zu diskutieren. Bevor ich in den Morgenstunden zum Polizeigefängnis Berlin-Alexanderplatz gebracht wurde, sagte mir ein Polizist unter vier Augen: "Du hast recht, hoffentlich kommt es einmal so!"

Die "grüne Minna" fuhr auf einen der vielen Höfe des Polizeipräsidiums, das auch ein ganzes Gefängnis beherbergte. Steile Treppen, enge Gänge, verriegelte Türen, die sich vor mir öffneten und hinter mir schlossen. Schließlich wurde ich in eine Zelle geführt. Die Tür knallte ins Schloß. In dieser Einmannzelle waren schon drei andere Gefangene. Bevor ich zur Besinnung kam, fragten sie mich nach Zigaretten und Tabak. Da ich ihnen nicht dienlich sein konnte, begannen sie ihre Taschen zu durchforschen und Tabakreste vermengt mit Staubflocken aus den Nähten zu kratzen. Sorgfältig häuften sie Krümel zu Krümel auf dem Streifchen Papier eines Zeitungsrandes. Nach einiger Mühe gelang es ihnen, eine halbe magere Zigarette "Made in Zelle" nach dem do-it-yourself-Verfahren zustande zu bringen. Doch sie standen wie die ersten Menschen ohne Feuer da. Aber sie waren pfiffige Knastologen und besaßen die Geduld von Nilpferden und die Hartnäckigkeit von Schildkröten. Mit einer alten Rasierklinge, die ein früherer Insasse hineingeschmuggelt haben mußte, schabten und kratzten sie den Stiel einer Zahnbürste ab, so daß ein Zelluloidpulver entstand. Dieses wurde auf den Zementfußboden neben dem Toilettenbecken gelegt. Jetzt begann die eigentliche Arbeit. Mit der Rasierklinge schlugen sie auf den Zement, um einen Funken zu erzeugen. Dieser Funke sollte das Zelluloid entflammen und als Zigarettenanzünder fungieren. Raffiniert ausgedacht und doch ein einfaches Prinzip. Wenn man heftig genug Stahl auf Stein schlägt, springen Funken. So ist es in der Theorie und auch in der Praxis, doch die dauerte drei Stunden. Dann hatten sie es geschafft. Es reichte für jeden zu einem Zug, den sie gierig einsogen. Sie hatten sich Arbeit und Genuß ehrlich geteilt. Das war Solidarität der Raucher, ausgeübt von drei Männern, die andere beklaut hatten. Für mich war das ganze Erlebnis eine Warnung, nicht zum Sklaven der Zigarette zu werden.

Der Rauch war kaum zur Fensterluke hinausgewedelt, da rasselten Schloß und Riegel. Ich wurde in eine andere Zelle gebracht, eine "Massenzelle", der Vorraum zum Schnellgericht. Mein Delikt nannte sich "Verunreinigung der Straße". Also hatte man mich zwischen kleine Ganoven gesteckt, gestrandete Existenzen, Opfer der Wirtschaftskrise. Sie waren in einem für sie fruchtbaren Erfahrungsaustausch begriffen. Einer brüstete sich damit, Fahrräder zu klauen. Ein anderer, wie er als Platzanweiser im Kino, die Dunkelheit ausnutzend, Brieftaschen und Portemonnaies stahl. Ein dritter wußte, auf welche Art man Weihnachtsgänse, die neben dem Küchenfenster im zweiten Stock hingen, zum Runterkommen und Mitgehen veranlaßte.

Nieder mit den Brüningschen Notverordungen!

Im Hochheben der Arme beförderte ich Pinsel und Topf hinüber.

Für mich war das ganze Erlebnis eine Warnung, nicht zum Sklaven der Zigarette zu werden.

Ich dachte an Karl Liebknecht und an seine Worte vor dem Richter:

"Ich stehe nicht hier, um mich zu verteidigen, sondern um anzuklagen!" – Schon allein die Tatsache, daß ich arbeitslos bin und keine Arbeit für mich da ist, ist eine Anklage gegen dieses Gesellschaftssystem!

Dann stand ich vor dem Richter: "Was haben Sie zu Ihrer Verteidigung zu sagen?" Ich wußte, der Richter fragte nur pro forma, zur Vortäuschung von Rechten, die es für mich, den Angeklagten, nicht gab. Hier ging alles nach bewährter Routine. Das Strafmaß war nach Tabellen berechnet. Für jede Urteilsfindung gab es ein Minimum an Zeit. Schnellgericht – schnell gerichtet.

Meine Antwort war vorbereitet. Ich sprach die Worte Karl Liebknechts: "Ich stehe nicht hier, um mich zu verteidigen, sondern um anzuklagen!" Stille im Gerichtssaal – für einen Moment verschlug es den Redegewandten die Sprache, und ich konnte noch einen zweiten Satz anbringen: "Schon allein die Tatsache, daß ich arbeitslos bin und keine Arbeit für mich da ist, ist eine Anklage gegen dieses Gesellschaftssystem!" Mehr wollten die Herren sich nicht sagen lassen. Der Richter fuhr mit einem Redeschwall dazwischen. Alles verstehend, alles begreifend, aber nicht alles verzeihend, und ehe ich zur Besinnung kam, war ich zu drei Tagen Einzelhaft verknackt, die ich ohne Berufung unverzüglich anzutreten hatte. Die Ganoven in der Massenzelle belächelten die drei Tage; für Fahrraddiebstahl war die Taxe vier Wochen. – Pünktlich nach drei Tagen erhielt ich Gürtel und Schnürsenkel zurück und konnte gehen. –

So gnädig war die Republik. Doch auch die drei Tage belasteten alle späteren Aktenstücke mit dem Stempel "vorbestraft". Auch nur drei Tage bedeuteten für manchen den Verlust der Arbeitsstelle. Das Arbeitsamt verfügte in solchem Fall eine vierwöchige Sperrfrist und zahlte nach Ablauf derselben die fürstliche Unterstützungssumme von sieben Mark pro Woche.

Ein altes bewährtes Kampfmittel der Arbeiterklasse und ihrer Parteien ist die Demonstration. Wenn zur Demonstration aufgerufen wurde, war ich dabei. Immer trat uns die Staatsmacht waffenstarrend entgegen. Es war nur der Beherrschtheit der Protestierenden zu danken, wenn alles friedlich verlief. Letzteres war seit dem Jahre 1929 kaum noch der Fall. Der Polizeipräsident von Berlin, Zörgiebel, verbot für den 1. Mai 1929 alle öffentlichen Kundgebungen und Demonstrationen unter freiem Himmel. Für dieses Verbot hatten die Arbeiter keinerlei Anlaß gegeben. Es wirkte wie eine Verhöhnung, daß ausgerechnet ein Sozialdemokrat dieses Verbot aussprach. War es doch die Sozialdemokratie, die den 1. Mai zum Kampftag der Arbeiterklasse für den Achtstundentag und andere demokratische Rechte erklärt hatte. Wie viele Verfolgungen hatte sie dafür erduldet.

Die Kommunistische Partei, die sich als Fortführerin der alten sozialistischen Tradition betrachtete, konnte unter keinen Umständen dieses Verbot akzeptieren. Sie rief die Arbeitermassen auf, das durch die Verfassung garantierte Demonstrationsrecht durchzusetzen. Die Demonstranten strömten aus den Vororten dem Berliner Lustgarten zu. Als wir uns der Innenstadt näherten, kamen Polizeiflitzer angesaust. Sie stoppten neben dem Menschenstrom, der sich auf dem Bürgersteig bewegte. Die Seitenklappen der Flitzer waren nach unten gekippt. Die Bullen sprangen forsch herab, den Tschako durch Sturmriemen gesichert. Den Gummiknüppel in der Faust stürzten sie sich ohne Warnung wahllos auf die Menschen und schlugen drauf los.

Dieser Überfall löste eine Panik aus. Frauen und Männer liefen von prügelnden Polizisten verfolgt und gejagt in den zwei möglichen Fluchtrichtungen davon. In Sekundenschnelle war der Platz um mich herum leer. Nur ein Polizist stand da, breitbeinig, sprungbereit, den Knüppel schlagfertig in der Faust. Er sah nach rechts und links den Fliehenden hinterher. Dann bemerkte er mich. Ich mußte in diesem Moment alle Kraft aufbieten, um den unbeteiligten, zufälligen Passanten zu mimen. "Rennen wie die Hasen", sagte er. Dann machte er kehrt. Ich atmete erleichtert auf. "Wie die Bluthunde", dachte ich, "stürzen sich auf alles, was sich bewegt."

Am Abend spielte der "Rote Hammer" in einer Maiveranstaltung. Während unseres Spiels trafen die ersten Schreckensberichte ein. Die "Schutzpolizei"

Dann bemerkte er mich. „Rennen wie die Hasen." sagte er.

hauste in den Arbeitervierteln Wedding und Neukölln wie in Feindesland. Die Arbeiter bauten Barrikaden, verteidigten ihre Kösliner Straße. Die Polizei erschoß meist Unbeteiligte, die aus Neugier an die Fenster oder auf die Straße getreten waren. Dreiunddreißig Menschen wurden getötet. Auf der Seite der Polizei gab es keine Toten.

Einige Tage später konnten wir einschätzen, wie es zu diesem blutigen 1. Mai gekommen war. Durch das provokatorische Auftreten der Polizei sollte die KPD zum Aufstand verleitet werden, der im Blutbad erstickt worden war. Diese Rechnung ging nicht auf. Das drohende KPD-Verbot konnte abgewehrt werden, nicht aber das Verbot des Roten Frontkämpferbundes, erlassen vom sozialdemokratischen preußischen Innenminister Karl Severing. Nun konnte die SA, geschützt von der Polizei Zörgiebels, durch die Arbeiterstraßen Berlins marschieren. Diese unbestreitbar arbeiterfeindliche Haltung von Zörgiebel und Severing begünstigte die verhängnisvolle Pseudotheorie vom Sozialfaschismus, die zwar bald danach überwunden wurde, mit der wir uns aber den Weg zu einer breiten Einheitsfront selbst verbauten.

Daß das Verbot des 1. Mai nicht aufrechtzuerhalten war, bewies der 1. Mai 1930. Bei seiner Vorbereitung hatte unsere Malerfamilie mitgewirkt. Wir waren stets an der Herstellung von Transparenten beteiligt. Diesmal lag der Ausgestaltung der Demonstration ein Plan zugrunde, der von Agitpropgruppen ausgearbeitet worden war. Es wurden Karikaturen angefertigt, die in einer bestimmten Reihenfolge im Zuge getragen wurden. Dazwischen waren Sprüche gesetzt, die die Bilder ergänzten, unter anderem waren da der Kapitalist, der den Brotkorb höherzog, der großmäulige Faschist, die Polizistenfaust, den Gummiknüppel schwingend. Sprüche und Bilder lösten sich ab, und für die Menschenmassen am Straßenrand war alles nacheinander ablesbar.

Die traditionelle Osterdemonstration des Kommunistischen Jugendverbandes war vom Polizeipräsidenten verboten worden. Wir pochten auf unsere Rechte und führten sie trotz Verbot am Ostersonntag in Berlin-Tegel durch. Es

... Unter anderen war der Kapitalist, der den Brotkorb höher zog.

klappte, als hätten wir alles einstudiert und ausprobiert. Um zehn Uhr, auf die Sekunde genau, ertönte ein Pfiff. Zwei Viererreihen standen wie aus dem Erdboden gewachsen da und marschierten los. Sie bildeten die Spitze des Zuges. Aus Winkeln, Hausnischen und Türen, hinter den Straßenecken hervor, rannten Hunderte junger Kommunisten auf einen Punkt zu, und schon hatte sich ein stets anschwellender Zug formiert. Zwei Polizisten wagten, sich dem Strom entgegenzustellen. Der eine fuchtelte mit der Pistole, der andere mit dem Gummiknüppel herum. "Halt, stehenbleiben, wir schießen!" Wir aber sangen: "Wir sind die erste Reihe, wir gehen drauf und dran!" – Unser Lied verschluckte ihre Befehle! Sie breiteten die Arme aus, um uns aufzuhalten. Unerschrocken marschierte die erste Reihe auf sie zu, die anderen folgten lückenlos dahinter. "Wir sind die junge Garde, wir greifen, greifen an!" Der Zug teilte sich vor den beiden in der Mitte und schloß sie ein. "Im Arbeiterschweiß die Stirne, der Magen hungerleer...", dröhnte der Gesang. Noch immer versuchten die zwei Schupos, die Marschkolonnen aufzuhalten. Doch die drohenden Blicke der Jungarbeiter hielten sie in Schach. Der Mut der Jugend, ihre Unbeirrbarkeit und Kampfentschlossenheit zwangen die Bewaffneten zur Kapitulation.

Sie ließen die Arme sinken, durchbrachen die Umzingelung und ergriffen das Hasenpanier. Nach fünfhundert Metern kam von unserer Leitung das Signal zur Auflösung des Zuges. Ein neuer Sammelpunkt wurde von Mund zu Mund bekanntgegeben. Auf verschiedenen Wegen versuchten wir, ihn zu erreichen. Da tauchten Polizeiflitzer auf. Die "Grünen" sprangen herunter und nahmen alles fest, was jung war. Sie stießen auch mich auf ihren Wagen. Nach einigen Stunden Aufenthalt auf der Wache ließen sie uns laufen. Ohne Gerichtsverhandlung, ohne Vernehmung wurden mir zehn Tage Haft wegen Überschreitung des Demonstrationsverbots zudiktiert.

Das Bild einer anderen Demonstration ist mir noch im Gedächtnis. Sie war vom Polizeipräsidenten genehmigt und fand im Norden Berlins, im Bezirk Prenzlauer Berg, statt. Unser Zug war ins Stocken geraten. Wir konnten nicht sehen, was sich weiter vorn ereignete. Wir hörten das Pfeifen und Rufen unserer Genossen. Wir standen in Achterreihen und wollten vorwärts. Doch die Massen drängten zurück und hasteten rechts und links an uns vorbei. Da sah ich vor mir berittene Polizisten auftauchen. Sie ritten in die Menge hinein und schlugen mit ihren langen Knüppeln auf die Köpfe der Menschen, die nicht schnell genug beiseite rannten. "Stehen bleiben!" rief einer von uns, andere riefen mit, und es formte sich ein rhythmischer Chor: "Stehen bleiben, stehen bleiben, stehen bleiben!" Erst standen wir wie angewurzelt. Dann lichteten sich die Reihen, langsam aber stetig. Ganz nahe waren schon die sich aufbäumenden Pferde. Als ich sie zuerst gesehen hatte, war mir der Schreck in die Glieder gefahren. Die Rufer hatten mir Mut gemacht. Ich stand und rief mit. So waren wir äußerlich noch kampfentschlossen, innerlich schwankend zwischen aufopferungsvollem Mut und dem Wunsch, sich vor den Pferdehufen und Gummiknüppeln in Sicherheit zu bringen. Wie ungleich war der Kampf. Dort bis an die Zähne bewaffnete Polizisten, hier unbewaffnete Proletarier, die schließlich die Flucht ergreifen mußten. Mit uns waren die Worte Liebknechts: "Wenn sie uns auch beugen, sie brechen uns doch nicht, und eh der Tag vergangen, stehn frisch wir aufgericht!"

Was trieb die Proletarier zu Protesten auf die Straße? Es war nicht die Not allein, nicht nur der Hunger, hervorgerufen durch langandauernde Arbeitslosigkeit. Es war das Klassenbewußtsein und die wachsende Erkenntnis: "Die Kapitalisten können nicht ohne Arbeiter existieren, wohl aber die Arbeiter ohne Kapitalisten!"

Die Arbeitslosigkeit war für viele von langer Dauer, nach einem halben Jahr gehörte ein Arbeitsloser zu den Ausgesteuerten und mußte Wohlfahrt ("Wohle") beantragen oder von der eigenen Familie unterstützt werden. Die Parteien hatten das Recht, ehrenamtliche Wohlfahrtspfleger vorzuschlagen, die in der Regel vom Magistrat mit Überprüfungen der Antragsteller beauftragt wurden.

So wurde meine Mutter Wohlfahrtspflegerin. In dieser Funktion lernte sie das sich weiter ausbreitende Elend unmittelbar kennen. Sie befürwortete die gestellten Anträge. Eines Tages geriet sie zu einem berüchtigten Nazi, dem Sturmführer der Mariendorfer SA. Was war er für ein Mensch? Ein Lumpenproletarier, der sich durch Freibier, Uniform und andere Zuwendungen der Nazipartei korrumpieren ließ? Ein Angeber und Maulheld, ein "Führer", dem das Kommandieren seiner Gefolgsleute Bedürfnis war? Ein Mordgeselle, der seine Opfer im Dunkeln überfiel? Oder war er ein überzeugter Nationalsozialist, in dessen Kopf Illusionen vom Sozialismus kreisten? Nur eins wußte meine Mutter genau: Seine soziale Notlage war unbestreitbar. Natürlich geriet sie in eine politische Diskussion mit ihm, und dabei sagte sie ihm unmißverständlich ihre Meinung. Das war aber kein Grund für sie, seinen Antrag abzulehnen. Vor der Wohlfahrtskommission befürwortete sie ihn, und die Unterstützung wurde dem Sturmführer bewilligt.

So wurde meine Mutter Wohlfahrtspflegerin. - Eines Tages geriet sie zu einem berüchtigten Nazi.

Der Fall wurde in unserer Familie diskutiert. Wie konnte eine Kommunistin einem Schlägertyp der SA das Recht auf Sozialunterstützung zusprechen? Meine Mutter ließ sich nicht beirren. Sie hatte menschlich und politisch richtig gehandelt. Sie ahnte nicht, daß sie mit ihrer Entscheidung unsere Familie vor einer unmittelbaren Verfolgung bewahrte. Doch davon erfuhren wir erst einige Monate nach der "Machtübernahme".

In der Nacht, als der Reichstag brannte, hatte die SA den Auftrag erhalten, alle bekannten Kommunisten aus ihren Wohnungen zu holen und sich durch Mißhandlungen an ihnen zu "rächen"! Im SA-Stab wurden Listen für diese

Aktion vorbereitet. Als auch der Name unserer Familie genannt wurde, sprang der Mariendorfer Sturmführer der SA erregt auf und schrie: "Diesen Leuten tun wir nichts!" Wir wurden von der Liste gestrichen. Kurt S., unser früherer Spielkamerad, der von seinem Vater, einem kleinen Beamten, in die SA hineingezwungen worden war, erzählte uns davon.

Im Winter 1932 war die Not fast unerträglich. Viele Erwerbslose lebten seit mehreren Jahren unter dem Existenzminimum. Sie boten ein erbarmungswürdiges Bild in ihren geflickten Anzügen und Schuhen. Wer von ihnen konnte sich Neues kaufen? Selbst ich hatte gelernt, die Hacken meiner Schuhe zu besohlen. In den belebten Straßen, wo die Wohlhabenden wohnten, lungerte eine Schar von Bettlern. Täglich klopften einige auch an unsere Tür und baten um ein Stückchen Brot. Immer häufiger hörte man von Selbstmorden.

Auf einer Parteiversammlung der KPD erlebte ich folgendes: Ein Genosse meldete sich verlegen zu Wort: "Genossen", sagte er, "es fällt mir nicht leicht, aber ich muß Euch bitten, mich aus der Partei auszuschließen." Das war eine recht ungewöhnliche Bitte. Nachdem der Polit-Leiter gefragt hatte: "Warum sollen wir Dich ausschließen?" wartete alles wie gebannt auf die Antwort. "Weil ich", sagte er, "es nicht länger mit ansehen konnte; meine Kinder haben vor Hunger geheult. Da habe ich mir von einem Bauern Kartoffeln geklaut!" Ein schallendes Gelächter erhob sich, und aus mehreren Richtungen erscholl es belustigt wie aus einem Munde: "Das mach ich auch."

Ja, das machten viele. Und immer öfter gab es Hungerdemonstrationen! Plünderungen von Lebensmittelgeschäften häuften sich. Geschäftsleute stöhnten über die miserable wirtschaftliche Lage. Kleine und mittlere Firmen machten Pleite. Die Baufirma, für die mein Vater gearbeitet hatte, ging in Konkurs. Die Gläubiger wurden nur zu 30% ausbezahlt und kamen selbst in Schwierigkeiten. Die Verelendung führte die Betroffenen nicht automatisch zu der Erkenntnis: "Es rettet uns kein höh'res Wesen, kein Gott, kein Kaiser noch Tribun, uns aus dem Elend zu erlösen können wir nur selber tun." Unsere Agitatoren waren unermüdlich, aber es war nicht immer leicht, Lügen und Irreführungen der bürgerlich-reaktionären Presse aufzudecken und Vertrauen in die eigene Kraft zu wecken. Manch einer glaubte an den neuen "Messias", der den Allmächtigen zum Zeugen berief, daß er von der "Vorsehung ausersehen" sei, das "Schicksal des deutschen Volkes" zu lenken.

Die Demagogie der Nazis war maßlos. Ihre Versprechungen ließen aufhorchen. So würden sie unter anderem, wenn sie ans Ruder kämen, die Warenhäuser abschaffen. Das entsprach den Vorstellungen der kleinen Ladenbesitzer. Sie schimpften auf Jahndorf, Tietz und Wertheim, die als Prototypen des jüdischen, des "raffenden Kapitals" hingestellt wurden.

Die deutschen Kapitalisten hingegen waren tüchtig und ehrenwert. Man denke z. B. an Friedrich Krupp. Die rührendsten Geschichten über seine deutsche Energie und Tüchtigkeit waren in jedem Schulbuch zu lesen. Solche Kapitalisten wurden von den Nazis in die Rubrik "schaffendes Kapital" eingesetzt. Von Großindustriellen erhielt die NSDAP Millionensummen, um ihre Lügen in jedes Haus zu tragen. Das führte auch bei einem Teil der Arbeiter zur Verunsicherung. Nationalsozialismus und deutsche Arbeiterpartei waren klingende Worte. Eine rote Fahne trugen die Nazis ebenfalls, wenn auch mit einem Kreuz, das vier Haken hatte. Die Uniform und die festen Stiefel, die man bei ihnen billig oder sogar umsonst bekam, waren etwas Handfestes, ein Stück Sozialismus, oder etwa nicht?

Ein großer Vorteil für die SA war das nach dem Blutmai 1929 erfolgte Verbot des Roten Frontkämpferbundes und der Roten Jungfront. Das gab den Nazis ein Übergewicht, eine Bestätigung von offizieller Seite. Nun konnten sie sich alles erlauben, ohne gerichtlich verfolgt zu werden. Arbeiter jedoch, die "Rot Front!" sagten, wurden von der Justiz verdächtigt, dem RFB anzugehören.

Schon im Jahr 1930 schrieb Kurt Tucholsky: "Und kommt es selbst einmal zu einem Prozeß (gegen SA-Leute): wie beschämend sehen diese Prozesse aus! Die Zeugen sind, wenn sie vom Reichsbanner oder gar aus Arbeiterkreisen kommen, die wahren Angeklagten, die Anwälte der Nazis treten wie die Staatsanwälte auf, und die Staatsanwälte sind klein und häßlich und kaum zu sehen. Die Richtersprüche entsprechend.

Das große Wort vom 'Landfriedensbruch' hat hier keine Geltung: und wenn eine ganze Stadt von Hitlerbanden auf den Kopf gestellt wird, so erscheint das in den Begründungen der Freisprüche als harmlose Bierhausprügelei. Kein Wunder, wenn diesen Knaben der Kamm schwillt: sie riskieren ja nichts.

Um so mehr riskiert der Arbeiter. Eifrige Polizeipräsidenten verhängen über ihren Machtbereich jedesmal einen kleinen privaten Belagerungszustand, wenn es bei einem Fabrikstreit Randale gibt, und wie da gehauen, geprügelt, verhaftet wird, daran ändert auch das Vokabular nichts, das dann von 'zwangsgestellt' spricht. Der Zörgiebels gibt es so viele im Reich, und alle, alle sehen nur nach links. Von rechts her scheint keine Gefahr zu drohen. Die Redakteure der 'Roten Fahne' verfügen über ein reiches Schimpfwörterbuch, die Hitlergarden verfügen über Waffen, Autos und Geld... das ist der Unterschied. Der Landfrieden aber wird bei uns nur von links her gebrochen. Es ist eine Schande."

Wir wohnten noch immer über der Arbeiterkneipe, in die man mich als Knirps mit blutendem Kinn getragen hatte. Hier trafen sich Genossen der KPD, Sympathisanten, Männer, die dem inzwischen verbotenen Roten Frontkämpferbund angehört hatten. Die meisten trugen das Abzeichen der Antifaschistischen Aktion, einer Bewegung der Einheitsfront. Oft gesellte ich mich zu ihnen.

An einem warmen Juliabend 1932, der Tag hatte mich müde gemacht, ging ich frühzeitig zu Bett. Mein Fenster war weit offen, doch die Luft im Zimmer blieb stickig. Als ich kaum eingeschlafen war, weckte mich ein gewaltiger Donnerschlag. Erschreckt sprang ich hoch und rannte zum Fenster. Ich sah uniformierte Nazis und das Mündungsfeuer von Pistolen, hörte die aufeinanderfolgenden Salven, das Aufheulen eines Automotors: Ein in schnellem Tempo abfahrendes Auto verschwand fluchtartig. Durch die Lokaltür rechts unter mir flog zur Abwehr eines erwarteten Angriffs ein Stuhl auf die Straße. Die Rolläden prasselten herunter. Einige Augenblicke herrschte bedrückende Stille. Dann wurde es lebendig. Die Gäste kamen auf die Straße. Alle waren sehr erregt. Zehn Minuten später war die Polizei da. Sie ließ sich von allem berichten.

Wie durch ein Wunder war niemand verletzt worden. Die Kugeln waren entweder zu tief oder zu hoch eingeschlagen. Der Holzpfahl, der die Treppen am Podium zierte, war von einer Kugel durchschossen. Wie oft hatte gerade an diesem Balken jemand gelehnt. Die Polizei kehrte ins Revier zurück, unternommen wurde nichts. Wir hätten ihnen sagen können, wo die Täter zu finden waren. Neues hätte es für sie kaum bedeutet. Am nächsten Tag stand im "Lokalanzeiger": "Kommunisten überfallen gutbürgerliches Lokal!"

In der alten Dorfschänke hatten sich die Nazis eingerichtet. An die Wand dieses Lokals schrieb ich mit roter Ölfarbe: Hitler verrecke! Das allein genügte uns nicht. Erbittert zogen wir am späten Abend in geschlossenen Reihen mit einem Kampflied an ihrer Höhle vorbei. Sicher glaubten sie, daß wir nun aus Rache ihr Lokal demolieren wollten. Sie ließen die Rolläden herunter und verhielten sich ruhig. Wir marschierten singend zurück und hatten uns etwa zweihundert Meter entfernt. Da hörten wir sie brüllen. Als wir uns umdrehten, sahen wir Nazis und Polizisten gegen uns anstürmen. Wir flitzten in die Königstraße hinein. Schüsse krachten, die Kugeln pfiffen an uns vorbei. Sie trauten sich nicht in das ungewisse Dunkel, wo hinter jedem Baum einer von uns stehen konnte. Wir dachten jedoch nur daran, unsere Haut zu retten. Ein verschlossener Torbogen gab unserem gemeinsamen Druck nach. Wir waren vier oder fünf, die diesen Fluchtweg eingeschlagen hatten. Der Hof war nach drei Seiten umbaut und nach der vierten von einer etwa zwei Meter hohen Mauer mit einem Zaunaufsatz begrenzt. Wir kamen über diesen Zaun, wie weiß ich nicht. Dann fand ich einen Stein auf dem Acker. Merkwürdig, welche beruhigende Kraft von diesem Stein in meiner Hand ausging. Ich fühlte mich gewappnet.

Ich sah uniformierte Nazis und das Mündungsfeuer von Pistolen

Als wir uns umdrehten, sahen wir Nazis und Polizisten gegen uns anstürmen

Am 5. November 1932 war ich sehr früh auf den Beinen. Seit drei Tagen streikten die Arbeiter und Angestellten der BVG (Berliner Verkehrsgesellschaft). Ich ging zu den Streikposten, die vor dem Straßenbahn-Betriebshof standen und allen Streikbrechern den Zugang verwehrten. Der Winter hatte früh eingesetzt. Ich fror in meinem dünnen Übergangsmantel. Die Straßen waren um diese Zeit wie leergefegt. Kein Mensch, kein Auto und natürlich auch keine Straßenbahn waren zu sehen. Die Kumpel waren verdrossen. Die reformistischen Gewerkschaftsführer hatten zur Annahme des Lohndiktats der Regierung und zur Wiederaufnahme der Arbeit aufgefordert.

Noch folgten die Kollegen ihrem gewählten Streikkomitee. In ihm waren alle gewerkschaftlichen und politischen Gruppen vertreten, sogar Nazis. Die Polizei verhaftete Streikposten, um den geworbenen Streikbrechern den Weg frei zu machen. Als die ersten Triebwagen fahren wollten, wurden sie von den Streikposten aufgehalten. Sie schütteten Pflastersteine auf die Schienen, kippten sogar am Tempelhofer Park einen Straßenbahnwagen um und zerstörten Stromverteilerkästen. Doch zu diesem Zeitpunkt war die Streikfront schon ins Wanken geraten. Die Stimmung wurde durch die bürgerliche Presse manipuliert. Sie schmähte die Streikenden als gewissenlose Aufrührer. Die Arbeiterzeitungen "Die Rote Fahne" und "Die Welt am Abend" waren verboten. Schnellgerichte verurteilten Streikposten. Die Polizei ging mit brutaler Gewalt vor. Die Nazis, die sich vorübergehend dem Streik angeschlossen hatten, um Stimmen für die bevorstehenden Wahlen zu gewinnen, stellten sich im entscheidenden Moment auf die Seite der Lohnräuber. Sie forderten zum Streikabbruch auf, weil der Streik angeblich verloren war.

Ein Polizeispitzel, als Streikhelfer getarnt, gesellte sich zu der Gruppe, in der ich mich befand. Er hatte sich einen alten Filzhut mit ausgefranster Krempe aufgestülpt. Seine blaue Arbeitsjacke stand im sonderbar, obwohl sie alt und schmutzig war. Wenn bei den Sozialdemokraten zur Zeit des Sozialistengesetzes so ein Spitzel auftauchte, pflegten sie zu sagen: "Es riecht nach Ochsenfleisch!" Damit waren alle gewarnt. Auch wir rochen den Bullen unter uns, doch es war schwer, ihn abzuschütteln. Als ich mit dem Fahrrad wegfuhr, hängte er sich an mich wie eine Klette. Ich fuhr durch Laubenkolonien und führte ihn vom Schauplatz der Ereignisse weg. In einer Straße überholte uns ein Polizei-Mannschaftswagen. Er war dumm genug, seinen Leuten Zeichen zu machen. Ich war mir nun ganz sicher und verbat mir seine Anhänglichkeit. Immerhin war er recht nutzlos einige Zeit mit mir weit vom Schuß herumgeradelt. Während der Streiktage wurden drei Arbeiter von Polizisten erschossen, fünfhundert Streikposten wurden festgenommen und vor Gericht gestellt. Es blieb beim Lohndiktat der Regierung von Papen.

III. Unter der Knute der Faschisten

Das Jahr 1933 hatte seinen Unheil verkündenden Anfang genommen. Der junge Arbeiter Erich Hermann war in der ersten Stunde des neuen Jahres in Lichtenrade ermordet worden. SA-Leute hatten in der Dunkelheit gelauert, bis einer von der "Kommune" die Sylvesterfeier verließ. Sie waren über ihn hergefallen und hatten ihn niedergestochen. Dann waren sie geflohen. Ihr Opfer, an der Halsschlagader getroffen, verblutete hilflos auf der Straße. Wir, die wir ihn gekannt hatten, waren erschüttert. Die Empörung ergriff auch Sozialdemokraten und Reichsbannerleute. Auf der Protestkundgebung, die von zweitausend Arbeitern und Bürgern unseres Bezirks besucht war, wurde ein Kampfausschuß gebildet. Ihm gehörten drei SPD- und drei KPD-Mitglieder an. Dieser Kampfausschuß sollte Massenproteste gegen die faschistischen Mörder organisieren. Zur Beisetzung Erich Hermanns strömten zehntausend Menschen im Vorort Lichtenrade zusammen.

Der Januar brachte, außer der bitteren Kälte, Hungerrevolten und Plünderungen von Lebensmittelgeschäften, weitere Mordtaten und Provokationen der braunen Gesellen. Die Polizei schützte den Aufmarsch der SA vor dem Karl-Liebknecht-Haus in Berlin, dem Sitz des Zentralkomitees der KPD. Mit Knüppeln schlug die Polizei der SA den Weg frei. Als Antwort marschierten drei Tage danach hundertdreißigtausend Menschen bei achtzehn Grad Kälte drei Stunden lang am Vorsitzenden der KPD, Ernst Thälmann, und anderen Mitgliedern des Zentralkomitees vorbei.

Am 30. Januar arbeitete ich in der Wohnung eines kleinen Gemüsehändlers. Das Radio lief auf voller Lautstärke und verkündete die Siegesmeldungen: "Hitler vom Reichspräsidenten Hindenburg zum Kanzler des Deutschen Reiches ernannt". In meiner Erregung meinte ich, es müßte ein Sturm losbrechen, ein Blitz aus dunkler Wolke fahren, ein Donnerschlag ertönen und das verfluchte Gedröhn aus dem Radio zum Schweigen bringen. Der freundliche Gemüsemann, der, wie mir schien, in Feiertagsstimmung war, ernüchterte mich. Auf dem Nachhauseweg traf ich den Sohn eines guten Bekannten meiner Eltern. Er war Primaner und verteidigte die SPD-Führung samt Noske und Zörgiebel. Wenn ich ihm Marx entgegenhielt, warf er mir doktrinäres Denken vor.

"Was sagst du jetzt?" sprach ich ihn an, "Hitler ist Reichskanzler". "Die Großschnauze", sagte er verächtlich, "wird bald abgewirtschaftet haben!" "Ein Generalstreik müßte kommen, dann würde er schneller abwirtschaften!" "Ihr Kommunisten wollt immer mit dem Kopf durch die Wand. Werdet euch noch den Schädel einrennen!" Weg war er. Ich kam nicht dazu, ihm "seinen Hindenburg" vorzuhalten, den Präsidentschaftskandidaten der SPD, den "Garanten der Republik".

Am gleichen Abend traf ich mich mit Jumbo, unserem Polit-Leiter. Jumbo sagte, daß am nächsten Morgen Flugblätter verteilt werden. Wir sollten Jugendliche mobilisieren, um die Partei bei der Aktion zu unterstützen. Unser dritter Mann im Sekretariat, Teddy, war nicht zum Treffpunkt erschienen. Teddy war eigentlich ein dufter Kumpel, hilfsbereit und immer aktiv, eine gute Portion Berliner Humor überdeckte sein etwas zu selbstbewußtes Auftreten. Warum war Teddy nicht gekommen? Jumbo machte dunkle Andeutungen. Sprach Vermutungen aus. Er sei vielleicht unter Druck gesetzt worden. Jedenfalls habe er sich verändert. Dem mußte ich zustimmen, wenn ich an die letzte Aktion vor vierzehn Tagen dachte. Es war uns zum ersten Mal gelungen, als Vertreter der KJ an einem Heimabend der Hitler-Jugend teilzunehmen. Bitter genug war der Gedanke daran, daß uns bei der SAJ immer der Zugang verwehrt worden war. Nun, mit dem freien Wort bei der Nazi-Jugend war es nicht weit her.

Davon zeugten schon die SA-Leute, die sie sich zum Schutz gegen die wenigen Kommunisten geholt hatten. Die groben ungeschliffenen Kerle lauerten darauf, daß wir ihr provozierendes Verhalten unüberlegt beantworteten. Angeführt wurden sie von einem vornehm wirkenden schmalbrüstigen Adligen, einem raffinierten Demagogen. Was Teddy da politisch geäußert hatte, war schwach, ein Appell an die Humanität. "Man sollte politische Meinungsverschiedenheiten doch friedlich austragen." Das paßte überhaupt nicht zu seinem sonstigen draufgängerischem Gehabe. Wie antworteten die Nazis auf das "Friedensangebot"? "Für jeden, den ihr von uns totschlagt, schlagen wir vier von euch tot!" Sie unterstellten uns Mordabsichten, um eine Begründung für ihre Morde zu haben. Am nächsten Tag trat ein Hitlerjunge zum Kommunistischen Jugendverband über. Das war ein Erfolg für uns, der sich auch aus der allgemeinen Situation erklärte. In den Novemberwahlen 1932 hatte die Nazipartei zwei Millionen Stimmen verloren. Der Rückwärtstrend wurde erst wieder am 30. Januar 1933 gestoppt, am Tage ihrer angeblich nationalen Revolution.

In der Frühe des 31. Januar war ich dabei, als viele Genossinnen und Genossen Flugblätter vor allen Großbetrieben unseres Bezirks verteilten. Die KPD und die RGO (Revolutionäre Gewerkschaftsopposition) riefen zum Generalstreik auf. An diesem Morgen waren keine Nazis zu sehen. Die Polizisten ließen uns gewähren. Sie taten unbeteiligt. Neunzig Prozent der Berliner Polizisten waren gewerkschaftlich organisiert. Der größte Teil stand unter sozialdemokratischem Einfluß, so wie die Arbeiter auch. Sie wollten den Hitler nicht.

Die Menschen waren in gedrückter Stimmung. Schlechtes Wetter und die vom Glatteis spiegelglatten Straßen waren nicht die alleinige Ursache dafür.

Wieviele von ihnen hatten Hindenburg gewählt? Wieviele hatten in ihm den Retter der Republik gesehen? Hitler als Kanzler war eine böse Überraschung und eine tiefe Enttäuschung. Und da kamen die Kommunisten und verlangten zu kämpfen: Generalstreik! Die Gewerkschaftsbürokratie war ganz anderer Meinung, man solle die Entwicklung in Ruhe abwarten.

Seit dem 30. Januar hingen mehr Hakenkreuzfahnen aus den Fenstern. Es wimmelte plötzlich von braunen Uniformen. Auch unser Nachbarjunge Walter trug so eine. Jumbo und ich versuchten in diesen Tagen, die Organisation auf die bevorstehende Illegalität vorzubereiten. Wir rechneten mit dem Verbot der KPD und des KJVD. Unsere Illusionen über das Mieten eines Kellers oder eines als Geschäftsraum getarnten Büros des Jugendverbandes zerstoben vor der harten Realität. Von der Parteileitung wurden wir gewarnt: Die Nazis planen eine großangelegte Provokation. Seid auf der Hut! Laßt euch nicht greifen! Macht euch unsichtbar, wenn sie losschlagen.

Die Nachricht vom Reichstagsbrand schlug acht Tage vor der Reichstagswahl wie eine Bombe ein. Das war sie, die Provokation. Wir zweifelten nicht, die Faschisten selbst hatten das Feuer gelegt. Wem nutzte der Brand? Die Antwort war klar und wurde von den Faschisten durch ihre wütenden Aktionen gegen Kommunisten und Sozialisten täglich neu gegeben. Haussuchungen, Verhaftungen, Verfolgungen und Überfälle rissen Lücken in unsere Reihen. Die Opfer wurden in SA-Lokale, Keller und Kasernen geschleppt und furchtbar zugerichtet. Jetzt war es besonders wichtig, unsere Pflicht zu tun. Wir stellten ein Flugblatt her. Darin verglichen wir Hitler mit Nero, den Brandstifter des Reichstages mit dem Brandstifter Roms:

Im Jahre 64 Christenverfolgung
Im Jahre 1933 Verfolgung der Kommunisten!

Bei einem Jugendgenossen in Marienfelde wurde bei einer Haussuchung eines dieser Flugblätter gefunden. Die Gestapoleute zerrten an seinen Haaren, rissen ihm ganze Bündel auf einmal aus. Er aber blieb fest, verriet nichts.

In der Nacht zum 5. März kletterten wir über unsere Bodentreppe auf das Dach des vierstöckigen Nachbarhauses. Von dort aus ließ sich Siegfried mit einem Strick an der steilen Wand ein Stück herab. Er malte mit weißer Farbe: Wählt KPD! Mit zwei anderen hielt ich den Strick. Ich zitterte vor Angst um Siegfried und überhaupt, die Wahlnacht war unruhig. Die SA, mit Karabinern und Pistolen ausgerüstet, patrouillierte auf den Straßen, Signalpfeifen ertönten, Lampen blitzten auf. Dort unten standen sie unter der Laterne und luden ihre Waffen durch. Wir schlichen über die Dächer zurück, die Teerpappe unter unseren Füßen knarrte laut. Jeden Augenblick glaubte ich, sie müßten uns entdecken. Doch ungesehen konnten die Genossen ihre Wohnung erreichen.

Dort unten standen sie unter der Laterne und luden ihre Waffen durch. Wir schlichen über die Dächer zurück

Am nächsten Tag klopfte es an der Wohnungstür, der Portier brachte uns den Strick, den wir bei unserem Rückzug vom Dach liegengelassen hatten. Er zweifelte nicht daran, daß er uns gehörte. Wir nahmen ihm den Strick ab, und er ging sichtlich erleichtert davon. An diesem Tag war Reichstagswahl. Die schwerbewaffnete SA, als Hilfspolizei deklariert, hatte vor und in allen Wahllokalen Stellung bezogen, um alle Zaghaften einzuschüchtern. Trotz allem gelang es der NSDAP nicht, die Mehrheit aller Stimmen zu erhalten, um die Republik mit legalen Mitteln zu erwürgen. – Kommunisten und Sozialdemokraten erhielten zusammen dreißig Prozent, das Zentrum vierzehn Prozent. Damit bekamen diese drei Parteien einige tausend Stimmen mehr als die Nazipartei und 293 gegen 288 Naziabgeordnete.

Nach der Wahl bestätigte sich die Nachricht, die wir Genossen nicht glauben wollten, Ernst Thälmann war von den Nazis am 3. März unter Bruch der Gesetze verhaftet worden. Bekanntlich waren Reichstagsabgeordnete immun und dadurch vor Übergriffen der Polizei geschützt. Spätestens mit dem Brand des Reichstags wußte jeder, wie es die Nazis mit der Gesetzlichkeit hielten. Ernst Thälmann hielt sich verborgen. Ein Spitzel verdiente sich den Judaslohn. Zwei Tage bevor Ernst mit achtzig anderen Kommunisten als Abgeordneter in den Reichstag gewählt wurde, hatten sie ihn ins Gefängnis geworfen. Vertuscht wurde dieses Verbrechen mit der Behauptung, es seien Aufstandspläne im Karl-Liebknecht-Haus gefunden worden.

Ursprünglich wollten die Nazis einen großen Hochverratsprozeß gegen Thälmann führen. Doch die Niederlage, die sie im Reichstagsbrandprozeß gegen Dimitroff hinnehmen mußten, schreckte sie ab. Sie zitterten vor dem gefangenen Kommunisten. Bei dem Versuch, Ernst Thälmann zu kaufen, holte sich Göring eine Abfuhr. Er versprach ihm höchste Staatsfunktionen, Ruhm und goldene Berge. Er ließ ihn foltern, in Ketten legen und elf Jahre in Isolationshaft schmachten. Ernst Thälmann blieb der standhafte Arbeiterführer, der kommunistischen Sache treu ergeben.

Im Verlaufe des Monats März nahm der Terror immer größere Ausmaße an. Weniger bewußte Genossen verschwanden plötzlich aus unserem Gesichtskreis. Zu Hause ließen sie sich bei Nachfragen verleugnen. Bei der Roten Jungfront gab es einen Burschen, der wegen seiner großen Klappe den Spitznamen Dakkel trug. Dackel lief plötzlich mit der braunen Uniform herum. Eines Tages erfuhren wir, daß auch Teddy zu den Nazis übergelaufen war. Man hatte ihm die Pistole auf die Brust gesetzt und er hatte kapituliert. Genauso der rote Gastwirt in unserem Hause, der noch kurz zuvor erklärt hatte, er würde nicht mehr in den Spiegel sehen können, wenn er den Angeboten der Nazis nachgäbe. Sie beugten sich vor Morddrohungen. Die Angst um ihre Existenz ließ sie zum

Hakenkreuz kriechen. Die Nazis nannten die, die sie zum Überlaufen gepreßt hatten, spöttisch "die Märzgefallenen". Es ist nicht neu, daß Niederlagen Kapitulantentum und Verrat im Gefolge haben.

Die Bezirksleitung des KJVD sah diesen Ereignissen, die in anderen Unterbezirken ähnlich sein mochten, nicht tatenlos zu. Sie tauschte Funktionäre aus, setzte sie dort ein, wo sie unbekannt waren. Die Gefahr des Verrats verringerte sich damit. Ich wurde in den Unterbezirk Kreuzberg geschickt, als Leiter von drei Fünfergruppen des Wohngebiets. Wir druckten mit den primitivsten Mitteln Hand- und Klebezettel, auch eine Häuserblockzeitung. Für den Kopf der Zeitung stellte ich ein Linoleum-Klischee her.

In dieser Zeit führten wir Schulungen über " Lenin: Der Imperialismus als höchstes Stadium des Kapitalismus" durch. Notizen, ohne die ich nicht auskam, schrieb ich in kleinster Schrift und versteckte den Zettel in meinem Taschenuhrfutteral. Auch Wochenendfahrten benutzten wir zur Schulung und Diskussion. Unsere organisatorischen Besprechungen zu zweit oder dritt führten wir im Park am Engelufer durch. Oft waren wir in der Markgrafenstraße bei der Mutter von Lisbeth S.

Neben unseren Beratungen sangen wir Lieder, klimperten auf der Gitarre, erzählten oder lasen Geschichten. Anleitung erhielt ich aus der Bezirksleitung von Franz, auch Bombe genannt. Er war groß, breitschultrig. Er sagte einmal, er würde sich eher die Zunge abbeißen, als einen Genossen zu verraten. "Zufällig" trafen wir Grete Walter. Ich hatte keine Ahnung, daß sie seit März 1933 Mitglied im Zentralkomitee des KJVD war. Franz stellte mich ihr als "den neuen Mann" vor. Sie musterte mich mit kritischem Blick. Ich kannte sie flüchtig aus der legalen Zeit unter dem sonderbaren Namen "Pferdchen". Ein Kosename, den junge Pioniere ihrer Leiterin gegeben hatten. Ein sagenhafter Ruf ging ihr voraus. Bei zentralen Veranstaltungen bemerkte ich, daß Pferdchen stets umschwärmter Mittelpunkt ihrer Gruppe war. Auch mich hat sie stark beeindruckt. Ich sah sie nie wieder.

Im Oktober 1935 wurde Grete Walter, die zu dieser Zeit als Landhelferin dienstverpflichtet war, von der Gestapo festgenommen. Nach grausamen Mißhandlungen sprang sie, als man sie erneut zur "Vernehmung" brachte, vom dritten Stock in einen Lichtschacht, um den Erpressungen zu entgehen.

Am 1. August 1933, es war der traditionelle Antikriegstag, polterte es in den frühen Morgenstunden an unserer Tür: Haussuchung! Hinter der Korridortür lag ein großer Stapel Flugblätter. Die SA-Leute stürzten gierig darauf. "Aufruf der Malerinnung gegen Schwarzarbeit". Das war eine nette Enttäuschung für sie. Augenfällig war das Interesse dafür, ob unsere Familie vollzählig zu

Hause sei. Sie hatten uns unter Verdacht, mit einer Malkolonne unterwegs zu sein. Um nicht völlig ergebnislos abzuziehen, beschlagnahmten sie einige Bücher und verschwanden. In diesem Fall erwies es sich als günstig, daß mein Bruder und ich unser illegales Quartier aufgegeben hatten.

Übrigens kam dieser "Besuch" für uns nicht überraschend. Siegfried wurde beim freihändigen Radfahren von einem Polizisten erwischt: "Na warte, Freundchen, zu euch kommen wir auch noch!" Die freundschaftliche gut getarnte Warnung wurde verstanden. Einige Tage später trafen wir uns bei dem Genossen Erwin Schmidt auf der Laubenkolonie Buckow-West.

Wir beschlossen für den 11. August eine Malaktion. Als wir mit unserer Besprechung fertig waren, alberten wir herum. Ich sah auf dem Tisch einen Papprevolver liegen, der zum Aufwickeln von Wolle diente. Ich ergriff diese Attrappe und sagte: "Wenn jetzt die SA hereinkommt, schieße ich sie über den Haufen!" Dabei richtete ich das Ding auf die Tür. In diesem Augenblick ging die Tür auf, und ein SA-Mann stand wie eingerahmt im Eingang. – Ich glaube, ich wurde blaß. Man soll den Teufel nicht an die Wand malen, sagen die Abergläubigen. Schnell faßten sich unsere Genossen. Die SA, so stellte sich heraus, führte in der Kolonie eine Razzia durch, sie galt jedoch nicht uns.

Mein engster Mitarbeiter war Genosse Max. Einmal hatten wir einen großen Stapel "Rote Fahnen" zum Verteilen erhalten. Wir beschlossen, einen Teil dieser Zeitungen aus dem Warenhaus auf die Straße zu werfen. Ein Toilettenfenster im vierten Stock lag zur Straßenseite. Mit einer Flachzange ließ sich der Riegel öffnen. Ich warf die Zeitungen hinaus. Einen Moment sah ich noch, wie sich der Stapel entfaltete und wie die Blätter langsam zur Erde wirbelten. Schnell schloß ich das Fenster. Max, der an der Tür gestanden hatte, beeilte sich, noch vor dem Blätterregen unten zu sein. Ich setzte mich in den Erfrischungsraum und bestellte mir Kaffee. Als ich dann gemächlich die Treppe hinunterging, stürmten zwei SA-Männer die Treppe hinauf an mir vorbei. Das Leben auf der Straße hatte sich inzwischen wieder normalisiert. An der Ecke stand Max und griente. Es war allerhand los gewesen. Die Menschen griffen hastig nach den fliegenden Blättern und verdrückten sich mit der Beute. SA-Leute brüllten: "Liegenlassen!" und jagten ihrerseits jedem Exemplar nach.

Hinter Gittern

Zum 11. August hatte ich Farben und Pinsel besorgt, und natürlich fiel mir als Maler die Aufgabe des Malens zu. Erwin und Lisbeth, sie hatte an dem Tag Geburtstag, waren das eine Aufpasserpaar; Werner Schellenberg und Eva das zweite. Ich war mit dem Fahrrad gekommen. Wir hatten uns eine große, fast glatte Wand der Brauerei in der heutigen Methfesselstraße ausgesucht. Die Straße war gegen zwölf Uhr nachts menschenleer. Schnell und mit großer Vorsicht, um mich nicht zu bespritzen, malte ich an die Wand: Nieder mit Hitler! KPD lebt! Rot Front!

Dann übergab ich meinem Genossen Werner den Pinsel, mit dem Auftrag, ihn bei Gefahr ins Gebüsch zu werfen. Sein Weg führte durch den Park, während ich die kahle Straße vor mir hatte. Er zögerte, ich bestand darauf. Dann sauste ich mit dem Rad die ziemlich steile Straße bergab. Bis hier war es gut gegangen. Schon frohlockte ich, noch fünfzig Meter, und ich konnte um die Ecke sausen. Da öffnete sich an Ende der Straße die Tür zu einer Kneipe, und die SA stürmte heraus.

Sie stellten sich mir in den Weg, ich mußte bremsen. Sie griffen mir in die Tasche: "Hier haben wir's ja schon!" rief einer triumphierend, "Was denn", sagte ich, "das ist doch mein Brillenetui". Enttäuscht, daß es kein Revolver war, schleiften sie mich ins Lokal. Meine Eltern zeigten mir später eine Lokalnotiz: "Der kommunistische Rowdy W. S. wurde nach einem Feuergefecht mit der SA dingfest gemacht." Ich mußte alles daransetzen, um sie zu täuschen. Es schien zu gelingen. Ein baumlanger Kerl musterte mich und sagte: "Den können wir laufen lassen, der sieht unschuldig aus!"

"Was bist du von Beruf?" fragte einer. Was sollte ich sagen, Maler, oder lieber Tischler? Die Lüge würde zum Eingeständnis werden. "Maler", sagte ich ziemlich harmlos. "Maler!" schrie der Lange auf, "dann bist du's gewesen, das hat ein Fachmann gemalt!" Ich jammerte los, was ich denn gewesen sein soll. Ich war mit meiner Freundin im Park und nun auf dem Weg nach Hause. Sie lieferten mich bei der Polizei ab.

Auf der Wache war ich kurze Zeit später mit zwei Polizisten allein: "Der müßte ja ein schöner Dussel sein, wenn er etwas zugeben würde!" sagte der eine zum anderen. Ich merkte, sie wollten mir den Rücken stärken. Die SA kam zurück mit ihrem Anführer. "Wer waren die anderen?" brüllte er und schlug auf mich ein. "Ich kenne keine anderen!" sagte ich. Er wurde wütend, zog die Pistole, setzte sie auf meine Brust und schrie immer wieder: "Wer waren die anderen?" dann brach er plötzlich ab und verhandelte mit den Polizisten. Ich hörte sie sagen: "Nein, das können wir nicht, er ist bei uns eingeliefert worden und wir müssen den Dienstweg einhalten". Dann besann sich der Kerl und befahl mir auf einen Stuhl zu steigen. Er suchte auf meiner Hose Farbspritzer. "Da können sie ruhig 'ne Lupe nehmen", sagte ich frech, "da werden sie keine Farbe finden!" "Schnauze!" Der Himmel selbst hatte Erbarmen mit mir. Es gab wirklich keinen Spritzer. In diesem Moment ging die Tür auf, und Erwin und

Der Mann der schwieg

Lisbeth wurden hereingeschubst. Wir kannten uns nicht. Das Gegenteil war nicht zu beweisen. Lisbeth heulte ohne Pause. Ich sagte: "Aber Fräulein, wenn Sie mit der Sache nichts zu tun haben, kommen Sie bald wieder frei. Mich muß man auch freilassen." "Fresse halten!" fauchte einer.

Erwin und ich wurden in ein Auto geladen und zur Prinz-Albrecht-Straße, Hauptquartier der Gestapo, gebracht. Dort empfing uns ein zwergenhaftes Männchen. Mit wutverzerrtem Gesicht baute es sich vor mir auf und trat mir mit gestrecktem Bein in die Hoden. Ich hatte aber reaktionsfähig meine Schenkel zusammengeklappt und seinen Tritt abgefangen. Ich tat, als ob er mich getroffen hätte. Befriedigt ließ er nach einem zweiten Versuch von mir ab.

Wir wurden mit dem Gesicht zur Wand gestellt. Inzwischen graute der Morgen. Uniformierte gingen und kamen. Einem mußten wir die Stiefel putzen, ein anderer holte uns zum Autowaschen. Er gab Erwin und mir heimlich eine Stulle. Wieder wurden wir an die Wand gestellt. Neue Gefangene wurden gebracht. Bald standen fünfzehn Leidensgenossen neben uns, darunter eine Frau, nun mit dem Rücken zur Wand. Ein Breitfressiger mit Affenarmen und klobigen Händen trat an den ersten Gefangenen heran, grinste böse und schlug ihn mit seiner Rechten zu Boden. Dann trieb er sein Opfer mit Fußtritten wieder hoch und schmetterte es mit der Linken nieder. So schlug er einen nach dem anderen um. Ich war der Vorletzte in der Reihe. Mich traf es wie mit einem Hammer. Der Hieb nahm mir für einen Augenblick die Besinnung. Sonderbar – ich spürte keinen Schmerz. Aber sonst war ich in einer üblen Verfassung. Der Magen krampfte sich zusammen. Die Angst saß mir in den Gliedern.

Die Verhöre gingen los. Ein Mann, er konnte etwa fünfunddreißig sein, wurde vernommen. Er hatte in einem Lastauto dreißig Pakete "Die Rote Fahne", das Zentralorgan der KPD, transportiert. Sicher war es ihm gelungen, seine Genossen zu warnen. Nun wollte die Gestapo ihn erpressen, seine Verbindungsleute zu nennen. Er wurde geschlagen und immer wieder geschlagen. Er jedoch schwieg. Wir mußten seine Qualen mit stummem Entsetzen ansehen. "Ihr kommt auch gleich dran!" wurde uns einige Male versichert.

Die Prügelszenen erstreckten sich über Stunden. Die Henkersknechte wechselten einander ab. Endlich schienen sie Feierabend zu haben. Ein anderer setzte sich auf den Richterstuhl, wühlte in den Papieren, nannte Namen, stellte Fragen, telefonierte, schrieb in den Akten, stellte Transporte zusammen. SS-Leute kamen, jagten uns auf einen Lastwagen. Es ging zum Columbiahaus in der Friesenstraße.

Dort standen wir in "doppelter Stirnreihe" vor dem SS-Chef. Er hatte eine mir bekannte Broschüre der Roten Hilfe in der Hand: "Wie verteidigt sich der Proletarier vor Gericht". Er las uns den Abschnitt "Wie verhalte ich mich bei der Polizei" vor. Mit geheuchelter Liebenswürdigkeit fragte er: "Wer von euch Galgenvögeln will denn die Anweisungen befolgen?" Neben mir in der zweiten Reihe stand der Mann, der die "Rote Fahne" transportiert hatte. Hatte er meine Gedanken, meinen naiven Trotz erraten, oder das Zucken in meinen Gliedern gespürt? Er ergriff meine Hand und drückte sie nach unten. Bis zum heutigen Tag bin ich dem unbekannten Genossen dafür dankbar. Viele Jahre später malte ich sein Bild. Ich nannte es: "Der Mann, der schwieg".

Die Zelle enthielt nur eine Pritsche. Jetzt taten mir die Kinnladen von den Schlägen weh. Immer wieder erwachte ich von dem Wimmern und Stöhnen, das aus anderen Zellen zu mir drang. "Oh mein Bauch, mein Bauch", jammerte es. Ich verschloß meine Ohren. Franz und sein Ausspruch fiel mir ein: "Lieber die Zunge abbeißen als einen Genossen verraten!" Die Angst, die mich gepackt hatte, machte den Überlegungen Platz. Ich mußte alles abstreiten, wenn ich A sagen würde, würden sie das ganze ABC aus mir herausprügeln. Der nächste Tag begann mit Essenempfang. Trockenes Brot und Kaffeelorke. Das Kauen war schmerzhaft, aber es brachte Erleichterung. Eine Toilette oder einen Kübel gab es in der Zelle nicht. Wer austreten mußte, konnte die Fahne werfen, eine Metallscheibe, die sich durch die Wand auf den Gang schieben ließ. Die Fahnen wurden geworfen. Die SS-Wache reagierte, wann sie wollte, selten, wenn ein Gefangener mußte. Das wurde zu einer zusätzlichen Folter.

Am zweiten Tag wurde die Tür von einem dicken Mann aufgeschlossen, den ich als Maurerpolier einschätzte: "Was bist du von Beruf?" "Maler." "Was hast du gemacht?" "Ich soll gemalt haben." "Hast du gemalt?" "Nein." "Komm raus!" Zu meinem Glück brauchte man Maler, um Büroräume, Gänge und Toiletten zu streichen. Von nun an wurde ich jeden Tag zum Arbeiten aus meiner Zelle geholt. Dabei bekam ich viele aufschlußreiche Dinge zu erfahren. So gab es eine Gefangenenkapelle mit Pauken und Trompeten. Die mußten spielen, um die Schreie der Gefolterten zu übertönen. Immer dasselbe: "Wenn am Sonntagabend die Dorfmusik spielt!" In dem Zimmer des "Vernehmungsrichters", wie er von anderen Mitgefangenen genannt wurde, hingen Ochsenziemer, Siebenstriemer, ein vierkantiges Stuhlbein, Stahlruten. Getrocknetes Blut und Haare klebten an ihnen. Im Keller gab es Zellen, in denen die Gefangenen strenger bewacht waren. Sie durften sich nicht setzen.

Eines Tages wurden alle arbeitenden Gefangenen zu ungewöhnlicher Zeit in ihre Zellen gesperrt. Ich arbeitete in der Toilette und war übersehen worden. Ich verhielt mich mucksmäuschenstill. Auf dem Hof waren alle SS-Leute versammelt. Einer ihrer Hauptmänner hielt eine Ansprache: "Alle herhören! Die Neuzugänge, die heute eintreffen, sind forsch und hart anzupacken! Schluß mit der Humanitätsduselei. Wir sind hier nicht im Kindergarten! Ich denke, ich bin verstanden worden!" Der SS-Führung genügten die bisher verübten Grausamkeiten nicht. Es paßte ihr nicht, daß es in ihren Reihen noch Menschen gab, die ein mitfühlendes Herz hatten, die das Zusammenschlagen wehrloser Gefangener als Feigheit verabscheuten. Mancher kam mit seinen nationalen Ehrbegriffen vom tapferen, ehrlichen, großmütigen Deutschen in Konflikt. Andere hatten sich den Nationalsozialismus als Sozialismus vorgestellt, als Kampf gegen die "Plutokraten" und nicht gegen den Mann auf der Straße.

Wie anders wäre es zu erklären, daß mir einer heimlich von seinem belegten Frühstücksbrot gab, ein anderer eine brennende Kippe liegenließ, ein dritter ein freundschaftliches Gespräch anfing. Oder daß man den "Vernehmungsrichter" auf meine gute Arbeit aufmerksam machte. Dieser, in einer Anwandlung von Großmut, sagte, ich dürfe um eine Vergünstigung bitten. Es stellte sich heraus, daß nur eine Vergünstigung möglich war: Die Raucherlaubnis. Da ich Nichtraucher war, vermutete man in mir irgendeine Art verschrobenen Idealisten. Ich bestärkte diese Auffassung, indem ich mich als Einzelgänger, Naturliebhaber, harmlosen Wanderer vorstellte. Ich glaube, daß mir dieses kurze Gespräch mit dem Herrn über Leben und Tod sehr von Nutzen wurde.

Am nächsten Tag arbeitete ich in dem Zimmer mit den Prügelstöcken an der Wand. Das Telefon klingelte. Der Wachhabende hob ab. "Wen wollt ihr haben? Szepansky? Gut!" Er ging hinaus. Mir schwand alles Blut aus meinem Herzen. Ich glaube, es setzte vor Schreck einige Schläge aus. Ich mußte mich an die Wand lehnen. Einige Zeit verging, man suchte nach mir. Dann wurde ich dem Vernehmungsrichter vorgeführt. Inzwischen war ich gefaßt. "Nein, ich bin das nicht gewesen!" Sein Wohlwollen schien verschwunden: "Fünfundzwanzig auf den Arsch haben schon manchen zum Reden gebracht!" "Das würde nichts ändern, ich bin unschuldig." Ich kam ohne Prügel in das Polizeigefängnis Alexanderplatz.

Man sperrte mich in eine überfüllte Massenzelle, die mit etwa vierzig Gefangenen besetzt war. Alle waren sie von einem Tag auf den anderen aus ihrem täglichen Familienleben herausgerissen worden. Mancher hatte schon diesen oder jenen Schreckensort der SA oder SS als Durchgangsstation kennengelernt. Beulen oder blaue Flecken wurden als Beweis gezeigt. Für andere war diese Zelle die Anfangsstation. Man kam ins Gespräch. "Ich bin schon drei Tage hier, ohne Vernehmung, ich weiß nicht, was die von mir wollen!" Sicher war das ein völlig unpolitischer Mensch, dem es als Unbescholtenen unfaßbar sein mochte, daß er in die Fänge der Polizei geraten war, daß sein beschauliches Leben jäh beendet, seine bisherige Sicherheit vorbei war. Schrecken und ein Gefühl der Hilflosigkeit erfüllten sein Herz und seine Sinne.

Ein anderer: "Ich bin schon sechs Wochen hier. Die scheinen mich vergessen zu haben!" Viele erzählten ihre Erlebnisse, andere trugen schweigend ihr Leid. Es wurde über gutes Essen und immer wieder über gutes Essen, über Frauen und nochmal über Frauen gesprochen, und natürlich warf man sich gegenseitig Fehler vor, die die Arbeiterparteien gemacht hatten.

Der Vorsitzende des Ido-Vereins (Ido, eine Weltsprache, mit Esperanto vergleichbar) erzählte mir, daß die Gestapo seine ganze Bibliothek von 2.000 Büchern beschlagnahmt hatte. Sein weiteres Schicksal blieb ungewiß. Eine Anzahl junger Juden sang ein Lied mit einer sentimentalen volkstümlichen Melodie, die mir in dieser Situation in die Seele drang.

Im tiefen Kerker bin ich gefangen,
die Freiheit ist mir dahingegangen.
Im tiefen Kerker sperrt man mich ein,
warum soll ich gefangen sein?
Und vor den Richter, da soll ich treten,
Drei Vaterunser, die soll ich beten,
Drei Vaterunser, die bet ich nicht,
ich schau dem Tod ins Angesicht!

Ahnten die jungen Juden ihr Schicksal voraus? Trotz des düsteren, traurigen Textes und der schwermütigen Melodie empfand ich Trost. Vielleicht fühlte ich mich selbst ein bißchen als Märtyrer. Sie imponierten mir und sie gaben mir Kraft. Im Gefängnis singen, dazu gehörte Kampfgeist. Wenn ich diese Burschen verglich mit dem, der sich über seine drei Tage nicht beruhigen konnte.

Nach vierzehn Tagen wurde ich in eine Zwölf-Mann-Zelle verlegt. Hier herrschte noch etwas vom Geist des republikanischen Strafvollzugs: Die Wachtmeister, streng, aber gerecht, gestatteten kleine Vergünstigungen bei guter Führung: Die Erlaubnis zum Lesen, Rauchen und Schreiben, natürlich in begrenztem Rahmen, Paketempfang; eine Viertelstunde Besuchszeit im Monat für die Angehörigen auf deren Antrag hin; Essensnachschlag, wenn es der Küchenbulle mal gut gemeint hatte; Spaziergang im Hof, auch Bärentanz genannt, weil die Gefangenen ohne zu sprechen hintereinander im Kreis herumlaufen mußten.

Es war ein wunderbarer September. Durch die kleinen hochliegenden Fenster konnten wir Tag für Tag ein Stückchen klaren blauen Himmel sehen. Der obere Teil des roten Backsteinbaus gegenüber war von dem Licht der Herbstsonne beschienen und strahlte selbst in einem warmen Orange. Dennoch war mir unbehaglich kalt. Ich trug nur ein Hemd und eine Hose. Gerade das, was ich in der lauen Sommernacht anhatte, als ich gefangen wurde. Eine interes-

Hier herrschte noch etwas vom Geist republikanischen Strafvollzuges

sante Gesellschaft war hier versammelt. Da war ein echter Hauptmann der Kaiserlichen Armee. Hauptmann a. D. von Behrens war im ersten Weltkrieg zum Pazifisten und im Verlauf der Revolution zum Sozialisten geworden. Er hatte zum Arbeiter- und Soldatenrat gehört, wurde der Reaktion ein Dorn im Auge. Mit ihm konnte man stundenlang debattieren. Robert Stamm, ein Neuköllner Arbeiter, war ein guter Kamerad mit Verstand, Schnauze und Herz. Von ihm wurde ich Pinsel oder liebevoll Mozart gerufen. Den Spitznamen Pinsel erhielt ich, weil mir meine Mutter mit der Wäsche zum Wechseln Zeichenblock und Bleistift mitgebracht hatte und ich ein wenig zeichnete.

Zwei Männer flößten mir Mißtrauen ein. Der eine hatte einen kahlgeschorenen Kopf, seine Kleidung bestand aus einem Hemd und einer SA-Hose mit dazugehörigen Langschäftern. Er fügte sich aber gut in unsere Gemeinschaft ein, was er sagte, war vernünftig. Dem anderen guckte seine Dummheit aus den Augen, er war eigensinnig und streitsüchtig. Robert Stamm warnte mich: "Sei vorsichtig mit dem, der kriegt es fertig und verpfeift uns alle!" Was gab es zu verpfeifen? Er konnte uns etwas anhängen, etwas unterstellen, uns alle als Antifaschisten angeben. Möglicherweise war das sogar seine Aufgabe.

Den Spitznamen Pinsel erhielt ich, weil mir meine Mutter mit der Wäsche zum Wechseln Zeichenblock und Bleistift mitgebracht hatte

Die Schachspiele stammten wahrscheinlich aus der Weimarer Zeit

Da es zu dieser Zeit noch keine Abhörgeräte gab, bedienten sich die Nazis der übelsten Subjekte, die als Gefangene getarnt, die anderen aushorchten. Daß wir gegen die Nazis waren, konnte keiner von uns leugnen. Damals war ich noch naiv genug, um zu glauben, daß nur Straftaten, nicht aber Gesinnung belastend sei. Was mir gefährlich schien, verschwieg ich!

Wir waren einer strengen Gefängnisordnung unterworfen, lebten in übelriechender Luft, bekamen minderwertiges Essen, das uns nicht satt machte, schliefen auf plattgedrückten, ausgebeuteten Strohsäcken, entbehrten der vielen Kleinigkeiten, die das Leben angenehm machen. Schmerzlich empfand ich die Trennung von meinen Lieben. Trotz dieser üblen Lage gelang es mir doch, dieser Situation lebenswerte Stunden abzuringen. Dazu gehörten die kameradschaftliche Verbundenheit, die mit Leidenschaft geführten ideologischen Auseinandersetzungen und das Schachspielen. Die Schachspiele stammten wahrscheinlich noch aus der Weimarer Zeit. Mit dem Hauptmann und dem Kahlkopf hatte ich manchen Kampf zu bestehen. Mit dem Dummkopf dagegen spielten alle nur, um ihn nicht aus der Gemeinschaft auszuschließen. Da gab es oft Ärger, denn obwohl er kaum spielen konnte, fing er obendrein noch an zu streiten. Dann blickte er sein Gegenüber drohend und zugleich strafend an.

Eines Tages hieß es für mich: Sachenpacken und raustreten. Das Langerhoffte geschah, ich wurde entlassen, zusammen mit Erwin Schmidt, der die ganze Zeit in Einzelhaft zugebracht hatte. Mein Geld, mein Fahrrad, meine Uhr bekam ich nicht wieder. Das alles war an den klebrigen Händen der SA-Leute hängengeblieben. (Zum Glück waren gerade keine Notizen in dem Uhrfutteral versteckt.) Auch Erwin hatte persönliche Sachen eingebüßt. Mit unseren Wäschepappkartons liefen wir nach Hause. Gegen neun Uhr abends stand ich vor der verschlossenen Haustür. Zwei SA-Leute kamen vorbei, stutzten und kamen heran. Ich war von tiefer Abneigung, ja Haß gegen alles erfüllt, was braune oder schwarze Uniformen trug. Da erkannte ich in dem einen Fritz Wischinski, einen meiner besten Spielkameraden von der Steinerwiese. Wie hatten wir immer dufte Trapper und Indianer und Zirkus gespielt, und Birnen vom Gemeindespielplatz geklaut, den Wächter und natürlich auch unsere Portiersche gemeinsam geärgert. Seine Mutter war eine Frau, die mir imponierte, als sie sagte: "Klauen ist erlaubt, nur das Kriegenlassen nicht!"

Meine Mutter entsetzte sich allerdings über diese Räubermoral und schüttelte den Kopf. Hatte die leichtfertige Erziehung dem Arbeiterjungen den Weg in die SA geebnet? Nun war er dort, wo Beute gemacht wurde und wo der Mord an Arbeitern durch Straffreiheit und Beförderung belohnt wurde. Fritz stellte mitfühlend ein paar Fragen. – Warum dieses Mitleid? Waren es unsere gemeinsamen Kindheitserlebnisse, die ihn dazu veranlaßten? Er zog einen Dietrich aus der Tasche und schloß mir damit mühelos die für ihn fremde Tür auf.

Ich war wieder zu Hause. Das Leben verlief nun normal. Meine illegale Tätigkeit hatte ich, was direkte Aktionen betraf, eingestellt, die Verbindungen zu Jugendgenossen bestanden weiter. Ich arbeitete wieder bei meinem Vater im Malerberuf. Der hatte inzwischen einen Auftrag von einem Fabrikbesitzer erhalten. Diesen Mann nannten alle "den Türken". Er besaß eine schöne Villa. Er war sehr freundlich, vergaß nie, "guten Tag" zu sagen.

Eines Tages fragte er meinen Vater: "Herr Szepansky, sind Sie in der Partei? Nein? Dann darf ich ihnen eigentlich gar keine Arbeit geben. Sind ihre Söhne wenigstens in der SA? Auch nicht? Na so etwas." Mein Vater erläuterte seinen Standpunkt: "Es gefällt uns nicht, wie die Juden von den Parteigenossen behandelt werden." Eine härtere Kritik war nicht angebracht. Der "Türke" hatte offenbar höchste Beziehungen. Immerhin war in einer Berliner Illustrierten ein aufschlußreiches Foto erschienen: Die Kinder des "Türken" bei einem gemeinsamen Spiel im Park mit den Kindern von Josef Goebbels.

Der "Türke" hörte den Ausspruch meines Vaters mit ernstem Nachdenken an, sagte "So, so!" und ließ alles beim alten, bis in das Jahr 1938. Dann endete das Arbeitsverhältnis sehr abrupt und etwas abenteuerlich. Doch das wurde mir viele Jahre später erzählt: Eines Tages ließ der "Türke" meinen Vater zu sich rufen: "Bitte überstreichen Sie mir morgen mein eichenes Holzpaneel mit einer schönen grauen Ölfarbe!" Mein Vater war zuerst sprachlos. Dann sagte er beschwörend: "Aber ich bitte Sie, ein feingemasertes Holzpaneel darf man nicht mit Ölfarbe verderben." Der "Türke" blieb fest. Er bezahlte die Arbeit im voraus und beglich seine übrigen Schulden. Danach verreiste er und kam nicht mehr zurück. Nun erst wurde bekannt, daß der "Türke" ein Jude war. Den Fabrikbesitzer hatten seine hohen Freunde rechtzeitig von dem beabsichtigten Zugriff der Gestapo gewarnt. Sein Leben und das seiner Frau konnte er retten, seine Fabrik und sein schönes Haus bekamen die Nazis mitsamt dem verdorbenen Holzpaneel.

Die Tage verliefen im normalen Rhythmus. Dann trafen uns schlimme Nachrichten. Genossen Kurt Schadrowski aus dem Nachbarhaus hatten die SA-Banden in einem illegalen Quartier ausfindig gemacht. Er hatte Selbstmord in der Gestapozentrale verübt. Viel später erfuhren wir, daß er das tat, um seine Kameraden nicht zu verraten.

Viele Genossen nahmen an seiner Beisetzung teil, obwohl es einem Bekenntnis zur KPD gleichkam. Der Genosse Maus hielt eine Ansprache, wohl wissend, daß sich Gestapoleute unter die Trauergäste gemischt hatten. Wir aus dem Nebenhaus hatten ein Alibi, wir waren eben Nachbarn. Die Genossen, die weit ab wohnten, hatten keines. Sie kamen trotzdem.

IV. Emigrantenalltag

Im Dezember nahm ich an einer illegalen Wochenendschulung des KJVD in der Jugendherberge in Zossen teil. Hier war ich unter anderen mit Herbert Ansbach und Bernhard Behnke zusammen. Jeder trug einen Decknamen. Ihre richtigen Namen erfuhr ich erst viele Jahre später. Ich war ihnen nur unter dem Namen Hans bekannt.

Als ich nach Hause kam, waren meine Eltern sehr bedrückt. Sie zeigten mir eine gegen mich erhobene Anklageschrift. Es sah böse aus. Am 30.01.1934 war der Verhandlungstermin angesetzt. Die Anschuldigungen hatten es in sich. "Fortführung des verbotenen Roten Frontkämpferbundes", hieß es, und "Aufhetzung gegen eine Person". Die Anklage stützte sich auf Paragraphen aus dem Gesetz zum Schutz der Republik von 1929. Es war der reine Hohn! Die Nazis stürzten die Republik und benutzten das Republikschutzgesetz, um tausende Republikaner in die Zuchthäuser zu schicken.

Lange Zeit überlegte ich mit Freunden und Eltern, bis ich mich zu einem schwerwiegenden Entschluß durchrang. Ich ging auf die Ratschläge der Bezirksleitung des KJVD ein, in die Emigration nach Holland zu gehen. Erich Gebauer, Mitglied der Bezirksleitung des KJVD, der wegen seiner überdurchschnittlichen Größe "Krümel" genannt wurde, beschrieb mir den Weg über die Grenze. In Amsterdam sollte ich einer bestimmten Person die Grüße von "Äpfelchen" überbringen.

Ein alter Genosse brachte mir fünf holländische Gulden. Er wünschte mir Glück und warnte mich zugleich: "Die Emigration ist kein Zuckerlecken!" Das sollte ich am eigenen Leibe zu spüren bekommen. Holland war für mich eine neue, aber keine heile Welt. Für die deutschen Emigranten gab es keine Aufenthaltserlaubnis, keine Arbeitserlaubnis, keine gültigen Ausweispapiere, keinen Rechtsschutz, keine Krankenkasse, mit einem Wort: keine Existenzberechtigung. Die holländische Regierung behandelte die deutschen Emigranten nicht nach demokratischen Grundsätzen. Sie ließ sie von ihrer Polizei aufspüren und ausweisen; im günstigsten Fall nach Belgien. Oft gab es eine direkte Zusammenarbeit mit der Gestapo: Verhaftung, Auslieferungsantrag, Auslieferung. Der Fall Hein Schmidt wurde mir später durch ihn persönlich bekannt. Nach seiner Auslieferung mußte er neun Jahre im KZ verbringen. Von alledem, was mir in Holland blühen konnte, wußte ich nur "kein Zuckerlecken".

Siegfried begleitete mich bis zur Grenze. Mit seinen scharfen Augen hatte er eine Lücke in den Grenzkontrollen entdeckt. Spät abend kam ich in Amsterdam an. Auf dem Bahnhof konnte ich mich aufhalten, bis er nachts geschlossen wurde. In ein Hotel zu gehen hatte ich Angst wegen der Meldepflicht. So lief ich am 1. Januar 1934 durch die Straßen des nächtlichen Amsterdam. Durch enge Gassen, über kleine und große Brücken, an geheimnisvollen dunklen Ufern entlang. Es war kalt und feucht. Die Straßen waren menschenleer. Nach Stunden kam mir einer in die Quere, ein Kellner eines kleinen Hotels. Er besorgte mir ein Zimmer. Der Lärm der Straße weckte mich am nächsten Vormittag. Ich bezahlte einen Gulden und zehn Cent und verließ aus Gründen der Sparsamkeit ohne Frühstück das Haus. Amsterdam war eine quirlende, verwirrende Stadt. Die schmalen Straßen an den Grachten standen noch nicht wie heutzutage voller Autos. Dafür wimmelte es von Radfahrern. Sie beherrschten das Stadtbild. Die Zugbrücken faszinierten mich. Ich kam an die Amstel. Eine Brücke wurde von ihrem Wächter für den Straßenverkehr geschlossen. Menschenmassen stauten sich an beiden Seiten des Ufers. Die Brücke wurde hochgezogen. Das Schiff konnte passieren. Mit einem Beutel an einer langen Stange kassierte der Brückenmeister vom Kapitän das Passagegeld.

Die Brücke wurde wieder heruntergekurbelt, die Schranken, die den Zugang zur Brücke gesperrt hatten, wurden geöffnet. Von beiden Uferseiten kam nun die Welle der Fußgänger, der Radfahrer, der Transportkarren aufeinander zu, verzahnte sich für kurze Zeit und löste sich in entgegengesetzter Richtung. Der Amstel entlang wurden Schiffe be- und entladen. Jetzt wurde mir auch die Bedeutung des Balkens klar, der über jedem obersten Giebelfenster hervorragte. Alle Fracht- und Möbelstücke wurden durch die großen Fenster, oder bei Speichern durch die dafür vorgesehenen Luken in das Haus transportiert. Zu diesem Zweck wurde ein Flaschenzug oder Zugseil in den Balken eingehängt. Als ich später die Häuser von innen kennenlernte, sah ich, daß man über diese engen und steilen Stiegen keine Möbel tragen konnte.

Ich fand die mir in Berlin gegebene Adresse. Der Genosse Siegfried, der sehr gut deutsch sprach, fragte mir die Seele aus dem Leib. Dann holte mich der jüdische Genosse Jan in seine Wohnung. Da ich im Besitz von zweihundert Mark war, konnte ich zwei Gulden fünfzig in der Woche für meine Verpflegung beisteuern.

Bevor man mich in die Parteiarbeit einweihte, wurde ich von Genossen der Emigrationsleitung überprüft. Unsere politische Tätigkeit teilte sich in zwei große Gebiete, in Propaganda und Agitation. Die Propaganda betraf die Schulung der Emigranten. Wir kamen in kleinen Zirkeln zur politischen Weiterbildung zusammen. In den einzelnen Wohngegenden, im Jordan, in der Kinkerbuurt, in Oost, West, Zuid und Noord in der Joodenbuurt waren die Emigranten in Gruppen zusammengefaßt. Außerdem gab es eine Jugendorganisation, deren Mitglieder über die ganze Stadt verstreut wohnten. Ihr Tagungsort, die

Wohnung von Sympathisanten, wechselte. Auch ich gehörte zum Jugendaktiv, fast täglich durchquerte ich die Stadt zu Fuß von einem zum anderen Ende.

Die Agitation umfaßte die Aufklärungs- und Informationstätigkeit unter unseren holländischen Freunden und Genossen mit dem Ziel, sie zur Unterstützung unseres illegalen Kampfes in Deutschland zu gewinnen. Um diese Unterstützung in klingende Gulden und diese Gulden in Zeitungen, Flugblätter, Broschüren umwandeln zu können, wurden Patenschaften für das Zentralorgan der KPD "Die Rote Fahne" abgeschlossen. "Die Rote Fahne" wurde als Miniaturausgabe im DIN-A5-Format, für gesunde Augen noch gut lesbar, auf dünnem Papier gedruckt. Sie gelangte in vielen tausend Exemplaren durch verschiedene geheime Wege ins Reich. Einige Werbeexemplare versahen wir mit dem Stempel "1 Gulden". Sie wurden als Quittungen für die erfolgte Patenschaft dem Spender überreicht. Es gab Emigranten, die mehrere Dutzend Patenschaften abschlossen und auf diesem Wege bis siebzig Gulden im Monat für den Kampf gegen den Faschismus aufbrachten. Ein Genosse stand an der Spitze der Favoriten, obwohl es ihm in mancher Hinsicht an politischem Grundwissen fehlte. Die Werbung ging folgendermaßen vor sich: Von einem holländischen Genossen oder Bekannten bekamen wir die Adresse eines Wohlgesinnten. Der wurde aufgesucht. Als Emigrant wurde man meist eingelassen. Nun mußte man reden und siegessicher und wortreich auf sein Ziel losgehen.

Ich war auf diesem Gebiet eine absolute Niete, trotz meiner verhältnismäßig guten marxistischen Kenntnisse. Das ganze Abhängigkeitsverhältnis des Emigranten deprimierte mich. In diesem Zustand wagte ich kaum, eine Bitte auszusprechen. Für andere Aufgaben eignete ich mich besser. Zum Beispiel, Vorträge im Zirkel zu halten und Seminare durchzuführen. Einmal erarbeitete ich ein Material über Franz Mehring. Mit großem Eifer ging ich ein paar Wochen hintereinander in den Leseraum der holländischen Staatsbibliothek. Hier studierte ich in seinem Werk über deutsche Literatur.

Eine politische Aufgabe war der Kampf für die Zurücknahme der verhängten Todesurteile. Eine große Kampagne führten wir, um Etkar André zu retten. Auch für die Freilassung Ernst Thälmanns organisierten wir Briefe an die Staatsanwaltschaft. Tausende Grußadressen wurden durch unser Einwirken von der holländischen Bevölkerung an Ernst Thälmann geschickt. Es ist bekannt, daß das große Interesse der Weltöffentlichkeit an dem Schicksal Thälmanns ihm zumindest geringe Hafterleichterungen brachte.

Als Vertreter unserer Jugendgruppe wurde ich zu den Sitzungen des Gremiums der Amsterdamer Emigrantenorganisation hinzugezogen. Bei einer wichtigen Beratung in der Wohnung eines holländischen Genossen passierte folgendes Malheur. Die Hausfrau riß ganz unvermittelt die Stubentür auf, es war

Ich war an der Spitze derjenigen, die einen Ausweg suchten

eine knarrende Schiebetür, und rief entsetzt: "Polizei!" Die Genossen zerrissen und verbrannten im Aschenbecher ihre wichtigsten Aufzeichnungen. Ich war an der Spitze derjenigen, die einen Ausweg suchten. Wir gingen auf den Balkon. Vom zweiten Stockwerk blickten wir auf das "Platje", also auf das eine Etage tiefer liegende Dach herab. Dort war die Nachbarin dabei, ihre Wäsche aufzuhängen. Viele Dächer Amsterdams sind zugleich Dachgärten. Die Frau staunte nicht schlecht, als sich fünf Männer auf dem Balkon drängten.

Da standen die älteren Genossen nun zögernd, im Rücken die Polizei, vor sich einen ungewissen Fluchtweg, der nur mit Kletterkünsten möglich war. Ich sah ihre Unbeholfenheit, wollte ihnen zeigen, wie man über die Brüstung steigt und den Stützbalken hinunterrutscht. Für lange Erklärungen war keine Zeit. Ich machte den Anfang und dachte, sie würden meinem Beispiel folgen. Die Frau hatte die Arme sinken lassen, sie starrte mich an wie einen Menschen, der von einem anderen Planeten kommt. Ich ging beschwichtigend auf sie zu und erklärte ihr in meinem schlechten Holländisch die Situation. Als ich mich nach meinen Genossen umsah, hatte sich die Lage wieder verändert. Unsere Gastgeberin stand sichtlich beruhigt oben und winkte mich zurück. Den Rückweg nahm ich über die Treppe. Wo war die Polizei? Sie war gar nicht dagewesen. Ein harmloser Krankenwagen mit Blaulicht hatte die Panik ausgelöst.

Meine jugendliche Entschlossenheit brachte mir sofort die herbe Kritik meiner Genossen ein. Einer sagte: "Das Vorgehen der Jugend kann nicht darin bestehen, daß sie bei Gefahr am ehesten die Flucht ergreift." Einer meinte: "Du hättest der Nachbarin nicht sagen dürfen, daß wir Emigranten sind." Mein

Verhalten gegenüber der Frau wurde von den leitenden Genossen aber als das einzig richtige bezeichnet.

Der politische Alltag brachte viel Arbeit, Aufregung, Hoffnung und Enttäuschung. Der 30. Juli 1934 weckte bei unserem Genossen Hein, einem Emigranten aus Köln, große Illusionen vom Zusammenbruch des Faschismus oder von seiner Selbstzerfleischung. Bald mußte er seinen Irrtum erkennen. Die auf Befehl Hitlers erfolgte heimtückische Niedermetzelung von über tausend Personen, darunter Dr. Erich Klausener, Führer der Katholischen Aktion; Stabschef der SA Ernst Röhm, General der Infanterie a. D. von Schleicher, brachte die Schwächung der SA, aber eine Stärkung der SS. Den finanzgewaltigen Herren der Industrie konnte die weitere Festigung der Nazipartei und die wachsende Autorität Hitlers nur recht sein. Sie waren die Nutznießer der beschleunigt einsetzenden Aufrüstung. –

Bei der Emigrationsjugend tauchte plötzlich bei einer größeren Zusammenkunft in einer Wohnung ein früherer Literaturobmann des KJVD auf. Er hielt ein Referat, das recht verworren war. Zumindest schien er mir schlecht informiert. Seine Neugier machte mich mißtrauisch. Seine vielen Fragen beantwortete ich mit Achselzucken. Einige Zeit später wurde er als Spitzel entlarvt.

Ich blieb ein paar Wochen bei Jan. Dann kam ich zum Genossen Max. Er war Schneidermeister und bewohnte ein großes altes Haus auf dem Zwanenburgwal. Das erste Stockwerk des Vorderhauses und das zweite des Hinterhauses bildeten seine Wohnung. Im Hinterhaus war auch seine Schneiderwerkstatt, ein fast leeres Zimmer ihr gegenüber wurde mein Quartier. Es ergab sich von selbst, daß die Hausfrau Selma in diesem großen Haus meine Hilfe gern in Anspruch nahm, und so wurde mir die Hausarbeit langsam aber sicher zu einer Verpflichtung, die einen großen Teil meiner Zeit forderte. Selma war indessen sehr besorgt um mich. Sie lebte in der Furcht, die Polizei könnte mich aufgreifen.

Als eines Tages Unbekannte an der Tür klingelten, dachte sie an Verhaftung. Ich kletterte aus dem Bodenfenster und verbarg mich auf dem Dach, bis sie mich zurückrief. Sie hatte ein Auge auf mich geworfen, und es wäre mir ein leichtes gewesen, meinem Beschützer Hörner aufzusetzen. Sie war zwar bedeutend älter als ich, aber immerhin noch eine ansehnliche, wenn auch etwas dickliche junge Frau. Max hingegen war zwanzig Jahre älter als sie. Sie zankten sich oft in meinem Beisein, und jeder meinte, ich müßte für ihn Partei ergreifen, was mir sehr peinlich war. Aus dieser Atmosphäre der Hausarbeit, der Uneinigkeit und der Vertraulichkeit meiner Wirtin rettete mich der holländische Genosse Simon Hen. Er brachte mich zu seinen Eltern, die mich mit großem Verständnis aufnahmen.

Im Haushalt dieser Familie herrschte peinliche Sauberkeit. Dafür sorgte ein jungfräulicher Putzteufel in Gestalt von Jettchen, der siebzehn Jahre alten Tochter. Jeden Donnerstag stellte sie alles, was beweglich war, auf den Kopf. Sie ruhte nicht eher, bis Stuben und Küche blitzblank waren, einschließlich der Fensterscheiben. Dieses Saubermachen war mein erster unauslöschlicher Eindruck. Ihr Vater fuhr als Melkbur, d. h. Milchmann, mit einem Karren von Tür zu Tür, um seine Kunden zu bedienen. Er war ein Mann um die fünfzig, von Statur klein, mit Stirnglatze und Schnurrbärtchen. Es verging kaum ein Tag, an dem er nicht etwas Brauchbares fand, mal ein Feuerzeug, einen Kugelschreiber, ein Portemonnaie. Einmal hatte er ein goldenes Zwanzigguldenstück gefunden. Von der Arbeit nach Hause gekommen, war er unermüdlich geschäftig. Zum Leidwesen seiner jüngsten Tochter murkste er in der Küche herum. Sie mochte nicht, daß er sich in ihre Arbeit einmischte.

Oft beobachtete er durch einen am Fenster angebrachten Spiegel die gesamte Straße. Dabei berichtete er über alle Vorgänge, die sich dort zeigten: "Frau Fischer hat ein neues Kleid an, na, wie die manchmal rumläuft, der Hut steht ihr überhaupt nicht. – Die Verkäuferin aus dem Textilladen hat schon wieder einen dicken Bauch, ist bestimmt schon im siebten Monat. – Die Gören von Ter Haa treiben sich noch immer auf der Straße herum. Die Mutter sollte lieber zu Hause bleiben und auf die Lümmels aufpassen. – Der kleine Piet von nebenan ruft schon wieder seine Mutter ans Fenster. Hörst du, was er ruft? 'Moeder, ben ik een Meisje?' (Mutter, bin ich ein Mädchen?) Läßt er sich wohl immer wieder von den großen Bälgern einreden." – Solche und ähnliche Kommentare gab er im Selbstgespräch und als Bericht an seine kranke Frau.

Mutter Hen war eine sehr mitfühlende Frau, deren seelisches Gleichgewicht durch eine Nervenkrankheit gestört war. Dieses machte ihr zeitweise sehr zu schaffen und drückte sich gegenüber den vielen Erscheinungen des Lebens in einem tiefen Pessimismus aus. Sie behandelte mich mit großer Güte, sorgte sich immer, ob ich auch wirklich satt sei. Sie achtete auf meine Kleidung, nähte abgerissene Knöpfe an und machte mich auf meine ungeputzten Schuhe aufmerksam. Im Hause war noch Jets Schwester Anni, die fünf Jahre älter war als sie. Anni war verlobt. Bald sollte Hochzeit sein. Der Bräutigam Gerd arbeitete in Curaçao. Seine Rückkehr war für die nächsten Monate nicht möglich, darum wurde die "Vermählung mit dem Handschuh" durchgeführt und nach Kräften gefeiert.

Simon war der älteste von drei Kindern. Er war der einzige aus der Familie, der in der KP Hollands organisiert war. Mit seinen fünfundzwanzig Jahren war er außergewöhnlich ernst und in seinem Wesen zu alt. Er konnte wunderbar Geige spielen, so wurde behauptet. Gehört habe ich es nie. Die politischen Aufgaben ließen ihm vielleicht keine Zeit zum Spielen.

Ich wohnte einige Monate bei dieser liebenswerten jüdischen Familie im Barndesteeg, einem engen Gäßchen in der Nähe des historischen Gebäudes De Waag (die Waage), ein früheres Gerichtsgebäude, vor dessen Tür einst die Hinrichtungen der Verurteilten stattfanden. Der Barndesteeg war eine der vielen verrufenen Gassen, in denen sich das horizontale Gewerbe angesiedelt hatte. Er gehörte zum alten Hafenviertel und grenzte an die Joodenbuurt (Judenviertel). Das Einkommen vom Vater war gering. Sein Geschäft ging zurück. Die Arbeitslosigkeit war damals auch in Amsterdam groß. Die Familie mußte eine kleinere Wohnung in der Joodenbreestraat nehmen.

Das bedeutete für mich Quartierwechsel. Die Freunde in der Roten Hilfe sorgten weiter für mich. Ein

De Waag, Amsterdam

paar Wochen wohnte ich bei van den Berg, einem jungen jüdischen Ehepaar; der Genosse Berg war Frisör, besaß aber auch nur Aushilfsarbeit. Vierzehn Tage kam ich bei einer alten Dame, die in Deutschland das Sozialistengesetz Bismarcks miterlebt hatte, als angeblicher Verwandter unter. Dieser Schwindel war nötig, weil die Mitbewohner des Seniorenhauses sich für mich interessierten, was meine Sicherheit gefährdete. Ich durfte auf keinen Fall als Emigrant erkannt werden. Darum wurden allerlei Tricks angewandt. Hier wurde ich als Limburger vorgestellt, weil meine Aussprache dem Limburger Dialekt recht ähnlich war.

Je länger sich die Zeit der Emigration hinzog, desto mehr wuchs ich in die dortigen Bedingungen und Verhältnisse hinein. Fast in jedem Stadtteil kannte ich holländische Genossen oder Freunde, die mir mal halfen, bei denen ich für längere oder kürzere Zeit wohnen und leben durfte. Als meine Schuhe ganz abgelatscht waren, zog ein mir bekannter Kunstmaler seine Schuhe aus, damit ich sie anprobierte; sie paßten, und ich mußte sie gleich anbehalten. Das war ein Mann, der von seiner Kunst leben wollte, aber nicht wußte, wie er das schaffen sollte.

Eine Weile lebte ich mit Hein, einem Stettiner Emigranten, bei einer alten Dame, die jeden Morgen zwei steile Treppen hochkletterte und uns die Weißbrot-Schinkenstullen an das Bett brachte. Dann verkehrte ich viel bei der Familie Heerde, einer Mutter mit drei erwachsenen Söhnen. In diesem Haus wohnte der Emigrant Alex, der Redakteur einer deutschen Emigrantenzeitung. Mit einem ungarischen Emigranten lebte ich bei dem jüdischen Ehepaar Vischer. Wir schliefen zusammen in einem altmodischen Wandschrankbett. Wenn er nachts nicht schlafen konnte, setzte er sich an den Bettrand und rauchte eine Zigarette. Er war elf Jahre zuvor dem Terror der ungarischen faschistischen Regierung entflohen.

Die Emigranten entwickelten die Fähigkeit, sich allen Wechselfällen des Lebens anzupassen. Vielen gelang es, sich völlig zu assimilieren. Eine wenige beherrschten die Sprache sehr gut. Die Emigranten wurden in einigen Fällen völlig in die Familie aufgenommen. Das führte gelegentlich zu unerwünschten oder wenig gern gesehenen Liebschaften mit den Töchtern. Ganz fatal war es, wenn es zu Ehezerwürfnissen kam, weil die Hausfrau dem deutschen Gast zu großes Entgegenkommen zeigte. Die holländischen Freunde taten viel für uns Emigranten. Sie schützten uns vor Verhaftung und Auslieferung nach Deutschland. Sie unterstützten den Kampf gegen den Faschismus und gaben uns das tägliche Brot.

Was konnte ich, ein Emigrant, für Gegenleistungen erbringen? Nichts habe ich arbeiten können, über lange Monate hatte ich nur fünfundzwanzig Cent als letzte Reserve in der Tasche. Jede Hilfe mußte ich annehmen und hatte nur Worte des Dankes als Erwiderung. Für den oberflächlichen Betrachter mußte mein Leben einigermaßen normal erscheinen. Ich wurde satt und hatte ein schützendes Dach über dem Kopf. In Wirklichkeit war ich absolut mittellos und abhängig, und das deprimierte mich tief.

Mir half die politische Arbeit, die mir eine Perspektive für die nahe Zukunft verhieß: den Sturz der Hitlerregierung als das einzige Mittel, die sich zusammenballenden Wolken eines drohenden Krieges zu vertreiben. Das wäre gleichbedeutend mit dem Sieg der demokratischen Kräfte und der Rückkehr der Emigranten in ihre Heimat. Eine antifaschistische Ausstellung, an der ich mich beteiligte, stärkte mein Selbstvertrauen. Ich fertigte vier oder fünf fast lebensgroße Kohlezeichnungen von den braunen Henkern und ihren Opfern an. Außerdem ein Ölbild im Kleinformat mit der Darstellung einer Demonstration. Die Arbeiten wurden ausgestellt.

In Amsterdam arbeiteten viele deutsche Dienstmädchen. Wir stellten die Verbindung zu ihnen her, und es gelang mir, einen Zirkel über das Kommunistische Manifest durchzuführen. Bei dieser Gelegenheit lernte ich Käthe Roth kennen. Käthe war ein blasses, etwas unscheinbares Mädchen. Das Hübscheste an ihr waren die blonden Haare, die ihr bis auf die Schultern fielen. Eine modische Baskenmütze stand ihr gut. Ihre Heimatstadt war Nürnberg. Sie arbeitete in einem holländischen Haushalt und wohnte bei ihrer Herrschaft in einem Mansardenzimmer. Eines Tages lud sie mich zu sich ein. Niemand durfte von meinem Besuch etwas wissen. Ich schlich mit ihr im Gleichschritt die knarrende Treppe hinauf. Sie ging das Risiko der fristlosen Entlassung ein.

Mein Risiko war vielleicht noch größer, wenn man bedenkt, was für Verwicklungen hätten entstehen können. Auch für mich war der Rückweg in den Morgenstunden nicht so einfach. Nicht nur im fremden, auch im eigenen Haus durfte ich nicht auf der Treppe angetroffen werden. Aber alles ging gut. In den folgenden Wochen führte sie mich oft in ein Café mit Musik am Rembrandtplein. Ich war von Hause aus Caféhausbesuche nicht gewohnt. Ich war linkisch, meine Kleidung abgewetzt, Geld besaß ich nicht und sprechen wollte ich möglichst nicht, um nicht als Deutscher aufzufallen. Manchmal lud sie mich ins Kino ein. Käthe lernte durch mich einen anderen Emigranten kennen. Einen genauso armen Teufel wie mich. Er war älter, erfahrener und imponierte ihr sehr. Geradeheraus, ich zog den kürzeren. Manchmal schlich ich abends an dem Café vorbei, wo wir früher zusammen gesessen hatten. Nun saß sie dort mit Ewald, dem ich trotz allem sein Glück durchaus gönnte.

Bei dem häufigen Wechsel der Quartiere und Essensstellen kam ich zu einem Ehepaar, das in seinem Bücherbestand auch marxistische Schriften in deutscher Sprache hatte, die man mir bereitwillig zu lesen gab. Leider kochte die Hausfrau immer ein bißchen zu wenig Mittagessen. Ich war zu schüchtern, um mehr zu erbitten. So stand ich eben hungrig vom Tisch auf. Aus diesem Zustand wurde ich glücklich erlöst, als der Markthändler Jonas mich als Gast in seinem Hause aufnahm.

Beim Genossen Jonas bekam ich eine Bodenkammer, die ich mir mit einem Bett und einem aus Kisten gebauten Schränkchen wohnlich machte. Jonas war zum zweiten Mal verheiratet. Mit dieser Frau hatte er zwei Mädchen von sechs und acht Jahren, mit denen ich oft sang und spielte. Nur das Lied von Jan Hinnerk, der auf der Lammerstraat wohnte, durfte ich nicht singen, weil darin der Hollandsmann "Godverdorri" sagt, obwohl Frau Jonas im Zorn die ganze Reihe der saftigsten holländischen und jüdischen Flüche hervorsprudelte und kannte. Aus erster Ehe brachte Jonas seine Tochter Schontje in die Ehe mit, die inzwischen fünfzehn Jahre alt war. Ihr liederliches Verhalten war ein ewiger Anlaß zur Klage und führte auch zu Streitigkeiten der Eltern. Das Verhältnis zwischen Stiefmutter und -tochter spitzte sich ständig zu und nahm dramatische Formen an. Einmal wurde ich auf fatale Weise in die Auseinandersetzungen hineinge-

Meine Bodenkammer, 1938

zogen. Mutter Jonas vermißte ein Halsband. Alles Suchen blieb erfolglos. Ich erfuhr von der Sache sehr viel später. Mir fiel nicht einmal ihre Wortlosigkeit auf. Mutter Jonas ging zur Wahrsagerin, sie sollte ihr sagen, wo die Kette geblieben war. Das konnte die allerdings nicht. Aber eine fürchterliche Warnung sprach sie aus: "Hüten Sie sich vor einem blonden Mann, der über die Schwelle kommt." Schontje, die sich sehr eifrig an der Suche nach dem verlorenen Schmuck beteiligt hatte, sagte: "Mutter, denkst du wirklich, daß es Wolfgang war?"

Vater Jonas glaubte der Wahrsagerin nicht. Mit kriminalistischem Spürsinn ging er einer anderen Fährte nach. Er ließ seinen Marktkarren im Schuppen stehen und begab sich zu dem Arbeitsplatz seiner Tochter. Dort mußte er erfahren, daß sie schon vierzehn Tage nicht erschienen war. Das war eine Überraschung, denn sie hatte den Wochenlohn pünktlich zu Hause abgeliefert. Als er sie schließlich bei Freunden ausfindig machte, gab sie zu, den Schmuck geklaut und versetzt zu haben.

Bei Jonas war ich lange Zeit, und ich habe ihm viel mehr zu verdanken als die Aufklärung des Diebstahls, bei der er seine eigene Tochter überführen mußte. Auch auf Mutter Jonas lasse ich nichts kommen. In kleinbürgerlicher Beschränktheit erzogen, bedeutete für sie die Aufnahme eines Emigranten eine großherzige Tat. Aber was wäre geschehen, wenn sie zur Polizei gelaufen wäre?

Zu dieser Zeit lernte ich die schwarze Käthe kennen. Sie war Emigrantin. Unsere Arbeit führte uns oft zusammen. Käthe war ein guter Kamerad, aber wankelmütig und unzuverlässig. Eines Tages versprach sie mir, mich zu besuchen. Mein Quartiergeber Jonas war von dem Besuch verständigt. Er machte seine Anspielungen: Ob ich von der blonden zur schwarzen Käthe gewechselt hätte. Ich bereitete alles gründlich vor, besorgte irgendwoher Blumen. Mutter

Jonas backte Kuchen. Aber es kam keine Käthe. Ich war maßlos enttäuscht und blamiert. Am nächsten Tag war die schwarze Käthe für mich Luft. Es traf sie schwer. Ich brauchte mehrere Monate, um mein Verhältnis zu ihr zu normalisieren. Nie wieder wurde es so herzlich wie zuvor.

Obwohl ich bei Jonas wie der eigene Sohn behandelt wurde, bedrückte mich auch hier die Abhängigkeit. Ich besuchte zu dieser Zeit immer öfter die Familie Hen. Jet beeindruckte mich sehr, sorgte für eine angenehme Atmosphäre. Mutter Hen konnte sich gut in meine Lage hineindenken, und ich versuchte meinerseits, ihre, wie mir schien, unbegründete Niedergeschlagenheit zu vertreiben. Bei traulichem Lampenlicht malte ich Landschaftsaquarelle nach Zeichnungen aus meinem Skizzenbuch, während Jettchen vorlas oder alle der klassischen Musik aus dem Radio lauschten, denn dafür hatte die Familie eine Vorliebe, die ich in dieser Zeit nicht vorbehaltlos teilte. Gleichermaßen liebten sie alle die deutschen Volkslieder. Hier war ich anerkannter Experte. Wir sangen oft gemeinsam, Jettchen war eine gelehrige Schülerin. In dieser Familie beobachtete man sehr kritisch, was sich in Deutschland ereignete. Die Auswirkung der faschistischen Diktatur erkannte man am Schicksal der Emigranten, für die vorbehaltlos Partei ergriffen wurde. Die faschistische Diktatur, der Terror, die Bücherverbrennung, der Militarismus, die Konzentrationslager, das alles wurde entschieden verurteilt.

Zugleich liebte man die deutsche Sprache, deutsche Musik, "deutschen Fleiß", und "deutsche Sauberkeit". Eine allgemeine Deutschfreundlichkeit war weit verbreitet. Darum war es für viele Holländer unvorstellbar, daß diese gesitteten Deutschen eine Regierung von Brandstiftern und Mördern duldeten. Erst als der räuberische Überfall auf das eigene Land erfolgte und die Versklavung spürbar wurde, verwandelte sich die Sympathie in Haß gegen die fremden Eroberer.

Zuvor ahnte die holländische Bevölkerung einschließlich der Juden noch nicht, was ihr für Leid zugefügt werden sollte. Obwohl sich der politische Horizont immer mehr verfinsterte, kamen sich viele Holländer geborgen vor. Sie waren neutral und wollten es auch weiterhin bleiben. Im ersten Weltkrieg war der Sturm an ihnen vorübergegangen, und sie glaubten, im Ernstfall wäre das mächtige England auf ihrer Seite eine Friedensgarantie.

Solange das Empire Hitlerdeutschland nicht fürchtete, machten sich die meisten Holländer den Kopf nicht heiß. Die Eingliederung des Saargebietes in das großdeutsche Reich nach der Abstimmung im Januar 1935 war von der Presse als demokratischer Akt anerkannt und die Wiedereinführung der Wehrpflicht im März 1935 ohne allzu großes Aufsehen von den Siegermächten des

Amsterdam – Male Jacob

ersten Weltkrieges registriert worden. Im Juni 1935 wurde Deutschland die Flottenaufrüstung durch ein englisch-deutsches Abkommen ermöglicht. Hitler konnte nun mit Zustimmung der Westmächte die eigene Flotte auf fünfunddreißig Prozent der englischen Flottenstärke ausbauen. Im März 1936 erfolgte dann die Besetzung des Rheinlandes durch deutsche Truppen. Damit wurde der Bau der Siegfriedlinie eingeleitet, die eine direkte Bedrohung Frankreichs darstellte.

In allen diesen Fällen handelte es sich um eine flagrante Verletzung des Versailler Vertrages. Die französische Regierung begnügte sich mit lahmen Protesten, die Presse wiegelte ab. Die offenen Aggressionsakte der Hitlerregierung wurden verharmlost. Die Beschwichtigungspolitik der englischen Regierung gegenüber den imperialistischen Aktivitäten Hitlerdeutschlands wurde verschleiert. Auch die holländische Bevölkerung wurde in Sicherheit gewiegt. Einen großen Einfluß auf die Arbeiter und Kleinbürger besaßen die Rundfunkstationen, hinter denen große Parteien mit ihren Pressekonzernen standen. Das betraf vor allem die Katholische Volkspartei mit der Station KRO und die Sozialdemokratische Partij van der Arbeid mit der VARA. Ihre Politiker richteten sich nach der englischen Außenpolitik. Die Aufklärung über die faschistische Gefahr unterblieb. So fan-

Alt Amsterdam

den die Protestaktionen der Kommunisten nur geringes Echo. Gleichzeitig wurde die faschistische holländische Mussert-Bewegung geduldet, Hitlers fünfte Kolonne im Land. Angesichts der wachsenden Kriegsgefahr verstärkten die kommunistischen Emigranten ihre politische Tätigkeit zur Unterstützung des antifaschistischen Kampfes in Deutschland. Dabei wandte sich das ZK der KPD immer wieder an den Parteivorstand der SPD mit der Aufforderung, gemeinsam gegen den Faschismus zu kämpfen. Nach den Informationen, die wir durch die "Rote Fahne" erhielten, gab es in vielen Orten Deutschlands, vor allem im Ruhrgebiet, gemeinsame Aktionen von Kommunisten, Sozialdemokraten und Christen, die sich gegen die verschlechterten Arbeitsbedingungen, insbesondere gegen die verlängerte Arbeitszeit im Kohlebergbau richteten. Der Parteivorstand der SPD lehnte alle an ihn gerichteten Einheitsfrontangebote ab. Das erschwerte beträchtlich die Entstehung einer gemeinsamen Front gegen Hitler im Land selbst.

Jettchen und ich wurden unzertrennlich (1937)

Die Besuche bei der Familie Hen wurden für mein weiteres Leben von entscheidender Bedeutung. Jettchen und ich faßten eine tiefe Zuneigung zueinander. Alsbald siedelte ich ganz zur Familie Hen über. Den Dachboden, in dem man nur im Mittelstreifen von Einstiegsluke bis zum Fenster aufrecht gehen konnte, richtete ich als Zimmer für uns beide ein. Die Wände bestanden nur aus dem schrägen Dach, doch waren die Dachsparren mit gehobelten, gestrichenen Brettern verkleidet. Auch der Fußboden war gestrichen. In der Dachschräge hatte ein Bett und am Fenster eine Schreibplatte und ein Stuhl Platz. Zu diesem Dreiecksraum führte eine siebenstufige Wendeltreppe.

Ich versuchte krampfhaft, Geld zu verdienen. Meine Rechtlosigkeit wegen fehlender Papiere wurde skrupellos ausgenutzt. Ich arbeitete als Maler. Ich muß jedoch gestehen, daß die holländischen Maler im Vergleich zu den deutschen wahre Künstler ihres Fachs waren. Besondere Überlegenheit besaßen sie in ihrer Spachteltechnik und auf dem Gebiet der Lackarbeiten. Vom Spachteln hatte ich überhaupt keine Ahnung, so daß ich fürchterliche Blamagen erlebte. Außerdem hatte ich die mir von Kindheit anhaftende Langsamkeit noch immer nicht überwunden, obwohl ich mir die größte Mühe gab, so schnell wie möglich zu arbeiten.

Empörend empfand ich die mangelnden Sicherheitsvorschriften. Da die Fenster in den meisten Häusern nach außen aufgingen, wurden sie von Leitern aus gestrichen, diese wurden vom Dach aus an der Dachkante eingehängt. Das war ein waghalsiges Manöver. Ich stand an der Dachkante und mußte die Leiter zum nächsten Fenster hinüberrücken. Aus dem Fenster unter mir wurde zur Unterstützung die Leiter hochgedrückt. Das schlimmste war meine Angst, beim Vorbeugen kopfüber in die Tiefe zu stürzen. Mir blieb nichts anderes übrig, als dieses Gefühl zu überwinden und zu tun, was man von mir verlangte.

In eine andere Gefahr geriet ich, als ich mit einem Fahrrad-Transportkarren Farben, Töpfe, Leitern zur Werkstatt zu fahren hatte. Dieses Vehikel ist ein Dreirad. Man lenkt den Karren mit zwei Rädern vor sich her. Hierbei darf keine scharfe Kurve genommen werden, sonst kippt die ganze Chaise samt der Ladung um. Der beladene Kasten hat sein Gewicht, man muß mächtig in die Pedale treten, wenn man eine kleine Schräge hinauffahren will. Jedoch birgt das Herunterfahren besondere Tücken, denn nun geht es in voller Fahrt bergab, wobei die Pedale nicht mehr dem Druck der Füße gehorchen, sondern wie Windmühlenflügel im Sturm kreisen. Die Füße verlieren den Halt. Rettung liegt nur in der Fähigkeit, sich in dem Gewühl des Verkehrs durch alle Lücken erfolgreich durchzuwinden und die schnelle Fahrt mit der Handbremse etwas abzustoppen. Auf so ein Monstrum stieg ich leichtsinnigerweise. Ich hatte alle Materialien glücklich an Ort und Stelle abgeliefert. Wenn ich auch die Flüche der anderen Radfahrer, die ich beinahe über den Haufen gefahren hätte, mit verbissener Miene, ohne antworten zu dürfen, ertragen mußte.

In dieser Zeit machten es meine Eltern möglich, mich zu besuchen. Ein Wagnis, weil sie schließlich mit Repressalien rechnen mußten, wenn die Gestapo es erfahren würde. Sie hatten inzwischen einige Haussuchungen erlebt. Eines Tages erkundigten sich zwei Gestapoleute bei ihnen nach meiner Schwester. Sie hatte längst ein illegales Quartier bezogen und traf sich von Zeit zu Zeit unter größten Vorsichtsmaßnahmen im Erfrischungsraum eines Warenhauses mit meiner Mutter. Diese Sorgfalt war nötig, weil Luise wichtige Parteiaufträge ausführte.

Erst versuchten es die beiden Bullen bei meinen Eltern mit Härte: "Wenn Sie nicht wissen, wo Ihre Tochter steckt, nehmen wir Sie beide mit!" Mein Vater war im Malerkittel, meine Mutter sagte gefaßt: "Nun, Emil, dann zieh dich um, denn so können wir die Herren nicht begleiten." Mein Vater aber sprach: "Was haben Sie davon, wenn Sie uns wirklich mitnehmen? Wir wissen nicht, wo unsere Tochter ist und können Ihnen nicht helfen. Nachdem wir uns mit ihr verkrachten, ist sie weggezogen. Wir hoffen jedoch, daß das nicht endgültig ist!"

Darauf änderten die Burschen ihre Taktik. Sie wurden sehr freundlich und erklärten, daß es sich ja nur um eine Auskunft handele. Wenn die Tochter wiederkommt, möchte sie so freundlich sein und sich telefonisch melden. Sie brauche dann nur ein paar Fragen zu beantworten. Meine Eltern versprachen, die Botschaft, wenn möglich, zu übermitteln.

Am nächsten Tag wurde meine Schwester gewarnt. Sie blieb noch einige Wochen in Berlin und ging dann mit ihren beiden Töchtern Erika und Ursula auf einem abenteuerlichen Wege mit Unterstützung roter Bergsteiger in die Tschechoslowakei. Trotz großer Schwierigkeiten kamen sie über die Grenze. Die beiden Kleinen, die erst neun und elf Jahre alt waren, wuchsen in dem internationalen Kinderheim der Stadt Iwanowo in der UdSSR auf. Ihre Mutter arbeitete in den Reihen der deutschen Emigranten in Moskau, wechselte aber nach einiger Zeit in die französische Emigration über. Das war für alle Teile die beste Lösung. Die Kinder erlebten in fröhlicher Gemeinschaft mit anderen Kindern verfolgter Antifaschisten aus vielen Nationen eine glückliche Kindheit. Die Solidarität Iwanowoer Arbeiter und hervorragender Pädagogen machten es möglich. Luise war in Frankreich in der Résistance auf einem wichtigen Posten. So war ihr Emigrantenleben sinnerfüllt und ihre Kinder waren in guter Hut.

Wir Emigranten verfolgten mit großem Interesse alle politischen Nachrichten. Wir lasen von Verhaftungen und Terror, und unsere Sorgen wurden nicht geringer. Immerhin gab es auch gute Nachrichten. Mit großer Freude hörten wir, daß in Spanien die Volksfront einen Wahlsieg errungen und eine Regierung gebildet hatte.

Aus der Zusammenarbeit aller Antifaschisten, von den Kommunisten bis zu den bürgerlichen Liberalen und der niederen Geistlichkeit, erwuchs die Kraft, die allein fähig war, den Faschismus zu schlagen. Voraussetzung dafür war das enge Bündnis beider Arbeiterparteien. Schon vorher hatten die Franzosen 1934/35 der Welt gezeigt, wie die Volksfront über den Faschismus zu siegen vermochte. Die spanischen Arbeiter und Bauern gingen einen Schritt weiter. Sie begannen gegen den Willen der Großgrundbesitzer, der kirchlichen Hierarchie und der Großindustriellen die Besitzverhältnisse zu verändern. Sie verwirklichten die Bodenreform.

Unser Herz schlug hoffnungsvoll für die spanische Republik. Dort erhielt nun der Bauer das Land, auf dem er bisher für die Granden geschuftet hatte.

Eine neue demokratische Ordnung war im Entstehen. Doch die spanischen Reaktionäre aller Schattierungen stemmten sich gegen diese Entwicklung. So erfuhren wir am 18. Juli 1936 von dem Putsch der spanischen Generäle. An diesem Tag ahnten wir nicht, daß der zum Bürgerkrieg führende Putsch eine internationale faschistische Verschwörung war, und daß dieser Krieg für den deutschen Imperialismus die Generalprobe für den in Vorbereitung befindlichen Krieg um die Weltherrschaft bedeutete.

Die Volksfrontregierung mobilisierte die Volksmassen gegen die putschenden Generäle. Jene verfügten über gut ausgebildete Truppen aus Spanisch-Marokko, Moros, die auf Befehl ihrer Offiziere plündernd und mordend, mit modernsten deutschen Waffen einen grausamen Krieg führten und schnell auf Madrid vorrückten. Die niederländische Bevölkerung empörte sich über die Untaten dieser Soldateska. Doch zum Teil wohl auch über die Tatsache, daß Truppen aus einem Kolonialvolk gegen Bürger des "Mutterlandes" eingesetzt wurden, schließlich hatten die Niederlande ebenfalls beträchtlichen Koloniebesitz, nämlich in Lateinamerika und Südostasien.

Die in aller Eile zusammengestellten Volksmilizen stellten sich den Faschisten entgegen. "No pasaran! Sie kommen nicht durch!" war ihre Losung. Doch die Lage war hoffnungslos. Da half ihnen internationale Solidarität. In vielen Ländern entstanden Hilfsorganisationen für das republikanische Spanien. So auch in den Niederlanden. Um für die spanische Republik zu kämpfen, kamen aus 54 Ländern aller Kontinente 35.000 Freiwillige in die Internationalen Brigaden.

Obwohl sich die Sozialistische Arbeiter Internationale gegen die Zusammenarbeit mit Kommunisten wandte, kämpften sozialistische und kommunistische Genossen mit Christen und Parteilosen Schulter an Schulter mit den spanischen Antifaschisten zur Verteidigung der rechtmäßigen demokratischen Regierung. Unter ihnen Erich Kuttner, Ernst Busch und die bekannten Schriftsteller Ernest Hemingway, Pablo Neruda, Egon Erwin Kisch, Ludwig Renn, Erich Weinert und viele andere.

Kommunistische Emigranten, mit denen ich befreundet war, junge holländische Genossen, die ich kannte, meldeten sich zu den Interbrigaden. Ich lebte im Zwiespalt. Ich bejahte die Notwendigkeit, die spanische Republik mit der Waffe zu verteidigen. Doch konnte ich mich nicht zu diesem Schritt entschließen. So stark war mir noch die Abscheu gegen den Krieg eingeprägt.

Die Interbrigadisten kämpften heldenhaft. Sie schlugen die deutschen und italienischen Faschisten zurück. Die spanische Regierung wollte von dem britischen Staat und der französischen Republik Waffen kaufen. Doch diese verkündeten im August 1936 die Politik der Nichteinmischung. Das klang nach Neutralität. Doch mit dieser Politik verhinderten sie Waffenkäufe und Lieferungen für die spanische Republik. Selbst sanitäre Hilfeleistungen wurden in Frankreich blockiert.

Zu gleicher Zeit wurde die Stadt Guernica von deutschen Bombern in Schutt und Asche gelegt und die spanische Küste mit deutscher Schiffsartillerie beschossen. Immer mehr Soldaten, Munition, Tanks und Flugzeuge wurden von Italien und Deutschland, unbehindert von den "Nichteinmischern" an Franco geliefert. Die Armee der Volksfront hingegen besaß nur eine geringe militärische Ausrüstung.

In dem Lied vom Lincoln-Bataillon hieß es treffend:

*Zeigt uns, wie man mit alten Gewehren
einen Panzerangriff heil übersteht!
Zeigt uns, wie man in offener Feldschlacht
einem Tieffliegerangriff entgeht.*

Eine internationale Protestaktion ging um die Welt, die in Übereinstimmung mit der Sowjetunion die Beendigung der Nichteinmischung forderte. Doch die französische und englische Regierung beharrten auf einer Politik, die den Faschisten den Weg ebnete. Die Sowjetunion unterstützte jedoch die spanische Republik. Die Freiwilligen gingen mit der Hoffnung im Herzen, dem spanischen Volk die Leiden des Faschismus zu ersparen und Hitler in Spanien das Konzept zu verderben.

Ein Teil der Emigranten blieb zurück, um die Arbeit nach Deutschland hinein direkt oder indirekt fortzuführen. Wir mußten die in unseren Reihen entstandenen Lücken auffüllen. Ich übernahm den Auftrag, illegales Material für den Transport nach Deutschland versandfertig zu verpacken. Alle Zeitungen und Broschüren wurden aus sehr dünnem Papier hergestellt, um möglichst viele Exemplare in ein Paket zu bekommen. Die Broschüren hatten Tarnumschläge mit harmlos klingenden Titeln, z. B. "Wie unsere Kakteen richtig gepflegt werden müssen". Tatsächlich fand man auf den ersten drei Seiten Belehrungen über Kakteenbehandlung; danach aber: Resolution und Manifest der Brüsseler Konferenz der KPD.

Eine Jugendbroschüre, an der ich mitgearbeitet hatte, war als "Reclam-Heft" erschienen. Unter den zum Versand gehörenden Zeitungen waren "Die Rote Fahne", "Das Tribunal", "Die Rundschau", "Informationen", "Inprekor". Die Pakete waren für Köln, Dortmund, Essen, Düsseldorf, Elberfeld-Barmen und andere Städte des Rhein-Ruhr-Gebietes bestimmt. Sie wurden unter Lebensgefahr über die Grenze gebracht, zum Teil auf Binnenschiffen. Doch davon wußte ich damals nichts.

Die Illegalen

Der Raum, in dem ich die Pakete verschnürte, befand sich in einem Keller holländischer Genossen. Eines Tages wurde die Tür ruckartig aufgerissen. Ein kleiner rundlicher Kerl stand vor mir. "Gestapo!" sagte er und bemühte sich, ernst zu bleiben. Er wollte mich mit einem Scherz erschrecken. Dann lachte er laut und stellte sich als verantwortlicher Instrukteur vor. Er sei beauftragt, sich einen Überblick über den illegalen Versand zu verschaffen. Nach seinen ersten Worten schon erkannte ich seine Berliner Herkunft. Ein ungutes Gefühl hatte ich beim Wort Gestapo gespürt und ihm nur kurz geantwortet. Es gefiel mir nicht, daß keiner sich die Mühe gemacht hatte, mich mit ihm bekannt zu machen. Das entsprach nicht den Regeln der Konspiration, die jeder Illegale normalerweise beachtete. Am nächsten Tag berichtete ich meinem Kameraden Jan, von dem ich meine Aufträge bekam, von dem Besuch und meinem Eindruck. Jan aber beruhigte mich. Es wäre alles in Ordnung. Ich packte weiter meine Pakete. Vierzehn Tage später erzählte mir Jan, daß der kleine Dicke als Spitzel entlarvt worden sei. Glücklicherweise bevor er Kenntnis von Verbindungswegen bekommen hatte.

Inzwischen waren Jet und ich unzertrennlich geworden. Noch nie hatte ich jemand gefunden, der so sorgsam und umsichtig war. Sie besaß mit ihren neunzehn Lenzen natürliche Klugheit und Lebensgewandtheit. Ihre Kleider nähte sie selbst, wenn sie einen preiswerten Stoff auf dem Markt oder in einem der kleinen jüdischen Geschäfte erbeuten konnte. Ihre Modelle wirkten maßgeschneidert. Jet hatte schwarzes Haar, braune Augen, schön geschwungene schmale Brauen. Lange Wimpern unterstützten ein Strahlen, das von diesen Augen ausgehen konnte. Ihre Lippen waren so rot, daß die schwarze Käthe sie für angemalt hielt, und mich deshalb zur Rede stellte, mit welchen losen Mädchen ich Verbindung hätte. Im Gegensatz zu ihrer Mutter war Jet voll jugendlichem Optimismus und voller Lebensfreude. Dabei hatte sie den Haushalt zu führen und die oft Bettlägerige zu betreuen. Das war nicht leicht, die Mutter war nervenkrank. Einmal hatte sie ihre Tochter mit dem Beil bedroht, ein andermal war sie nur mit Mühe davon abzuhalten, sich aus dem Fenster zu stürzen. Dann kamen lichte Momente, die ihr jedoch nur die eigene verzweifelte Lage zum Bewußtsein brachten. Schließlich verlangte der Arzt die vorübergehende Einlieferung in eine Nervenheilanstalt. Sie kam nach Apeldoorn. Wir besuchten sie einige Male. Sie klagte ihr Leid, unter so vielen Verrückten leben zu müssen.

In dieser Zeit wurde unser Sohn Robert geboren. Als Jet zur Entbindung in ein Krankenhaus ging, konnte sie aus Gründen der Sicherheit mich nicht als Vater angeben. Eine unverheiratete Frau durfte keine männlichen Besucher empfangen. Wie wurde sie von den Schwestern gedemütigt und geächtet, so wie einst Hendrickj Stoffels durch die Pfaffen, weil sie Rembrandt von Rijn einen unehelichen Sohn gebar. Die mittelalterliche Tradition war noch immer lebendig bei den Kleinbürgern Amsterdams.

Das zur Welt drängende Menschlein brachte ihr Schmerzen, und doch war sie glücklich. Zehn Pfund wog unser Prachtjunge. Als sie nach vierzehn Tagen mit ihrem Säugling nach Hause kam, wurden sie von der wieder etwas gesünderen Mutter herzlich empfangen. "Moe" und "Pa" waren gute Großeltern.

Nun waren wir zu dritt. Wir mußten leben, aber wovon? Ich suchte nach einer Gelegenheitsarbeit. Da gab es einen Deutschen, der Marzipan herstellte.

Er nahm mich für kurze Zeit ins Geschäft. Ich machte nach seinem Rezept Marzipan, er versuchte es abzusetzen. Der ganze Handel rentierte sich nicht für zwei, ich mußte weitersehen. Irgendwer stellte Ledertaschen her, weihte mich in sein Geheimnis ein. So wurde ich für kurze Zeit Lederarbeiter. Dann versuchte ich Walt-Disney-Figuren auszusägen, sie zu bemalen, mit einem Abreißkalender zu versehen und zu verkaufen. Einige Leute kauften mir das Zeug ab, andere fanden es hübsch und beließen es dabei. Die Sorgen vermehrten sich, als wir eine eigene Wohnung nehmen mußten, weil sich Moe's Gesundheitszustand verschlechterte. Wir fanden eine für vier Gulden Miete im Monat. Eine billigere und ebenso schöne konnte Jet beim besten Willen nicht ausfindig machen.

Jetzt hatte ich Gelegenheit, den Balken über dem Giebelfenster selbst zum Umzug zu benutzen. Unser Pa stand in der Wohnung, hängte die Pakete ein. Ich bediente unten den Strick, mit dem ich die Gegenstände so balancieren mußte, daß sie nicht in die unteren Fenster stießen. Als Pa eine Zinkwanne mit vielen Kleinigkeiten vollgepackt hatte, ließ er sie herab. Ich schaute nach oben. Plötzlich löste sich die Wanne und sauste auf mich herunter. Ich spürte es zugleich am Strick, der auf einmal federleicht geworden war. Schnell machte ich einige Schritte nach hinten, wobei ich mich auf den Allerwertesten setzte. Die schwere Zinkwanne knallte vor mir auf, der Inhalt flog in der Gegend herum. Vater Hen schaute mit bleichem Antlitz herab. Der kleine Umzug glückte trotzdem, und wir wohnten nun im Jordan, der Arbeitergegend von Amsterdam.

Bisher hatte die Polizei nichts von mir gewußt. Das Flüchtlingskomitee unter dem Vorsitz von Mevrouw Peereboom setzte meine Legalisierung durch. Es änderte nichts an meiner wirtschaftlichen Lage. Ich mußte mich nun einmal in der Woche bei der Polizei melden. Von Regierungsseite gab es die Zusicherung, mich nicht abzuschieben oder einzusperren. Arbeitserlaubnis wurde ausdrücklich verweigert. In dieser schwierigen Situation setzte die Solidarität von mehreren Seiten zugleich ein. Vom Flüchtlingskomitee erhielten wir eine Erhöhung der Unterstützung, so daß die Mietzahlung gesichert war. Schwester Anni erhöhte das an Jet gezahlte Taschengeld. Meine Schwester, die inzwischen in Paris als Emigrantin lebte, schickte mir einige hundert Franken. Wie sie das in ihrem Hungerdasein fertigbrachte, war mir ein Rätsel. Auch meine Eltern schickten mir Geld, obwohl das aus politischen Gründen für sie selbst gefährlich war. Wir konnten nun unter Berücksichtigung größter Sparsamkeit einige notwendige Anschaffungen bestreiten. Ich kaufte Holz und baute Kinderbett, Tisch und Bank; andere Kleinigkeiten erhielten wir von Freunden.

Die politische Situation hatte sich weiter zugespitzt. Die Zugeständnisse der Westmächte an das offen zum Kriege treibende imperialistische Deutschland überstiegen alle für möglich gehaltenen Grenzen. Zum 13. März 1938 war in Österreich durch 1,6 Millionen Unterschriften eine Volksabstimmung über die nationale Unabhängigkeit erzwungen worden. Doch am 12. März begannen deutsche Truppen die gewaltsame Besetzung Österreichs, die, durch österreichische Faschisten begünstigt, schon am 13. März vollendet wurde.

In Emigrantenkreisen herrschte helle Empörung. Ein Bremer Jugendgenosse war sehr erregt und fragte immer wieder: "Warum geschieht nichts gegen die Unterwerfung eines ganzen Volkes?" Auch ich war von der Haltung Frankreichs und Englands enttäuscht. Sie begnügten sich mit papierenen Protestnoten. Das war eine berechnete, gewollte Ohnmacht, die den deutschen Imperialismus zu neuen Aggressionsakten ermunterte.

Zum Anlaß nahm Hitler die "furchtbare" Unterdrückung der Sudetendeutschen durch die "bösen" Tschechen. Mit verlogenen Nachrichten über das Nachbarvolk wurde die chauvinistische Stimmung angeheizt. Henlein, Führer der sudetendeutschen Nazis, der Komplize Hitlers, versuchte durch einen Putsch den Anschluß an das Reich zu erzwingen. Tschechische und deutsche Antifaschisten vereitelten den Anschlag. Nach Massenkundgebungen und Demonstrationen sah sich die tschechische Regierung zum Eingreifen gezwungen. Henlein flüchtete nach Deutschland. Dort organisierte er bewaffnete Freikorps, die für anhaltende Grenzkonflikte sorgten. Nun verkündete Hitler der Welt, daß es ihm nur um Freiheit und Recht einer unterdrückten Minderheit ginge. Das Sudetenland sei deutsch und müsse befreit werden. Das sei seine letzte territoriale Forderung.

Wir politischen Emigranten in Holland dachten an die Gefahren, denen das tschechische Volk und die dort lebenden Emigranten ausgesetzt waren. Wir begrüßten den Aufruf des ZK der KPD, in dem vor der gefährlichen Illusion gewarnt wurde, daß das Erfüllen der Annexionsforderungen Hitlers zur Erhaltung des Friedens beitragen könnte. Der Aufruf forderte die deutschen Arbeiter zur Solidarität mit dem tschechischen Volk auf, zur Sabotage an der Rüstungsproduktion und zum Zusammenschluß in der deutschen Volksfront.

Die Hitlerregierung konzentrierte große Truppenkontingente an den Grenzen zur Tschechei. Doch die Regierung in Prag kapitulierte nicht. Das Land verfügte über starke Grenzbefestigungen und eine kampfgewillte Bevölkerung. Außerdem gab es einen Beistandspakt mit Frankreich und mit der Sowjetunion und im Inneren Deutschlands eine Arbeiterklasse, die mit den Kriegsvorbereitungen Hitlers und den damit verbundenen ökonomischen Verhältnissen höchst unzufrieden war. Die Faschisten hatten keine Möglichkeit, einen Krieg zu beginnen. Da geschah das Unglaubliche. Hitler berief im September 1938 eine Konferenz nach München ein. Und sie kamen, die ersten Männer der großen "Demokratien", Chamberlain aus Großbritannien und Daladier aus Frankreich, zu den Aggressoren Hitler und Mussolini, um mit ihnen "den Frieden zu erhalten", wie behauptet wurde. Während die vier ein beispielloses Schandabkommen aushandelten, saß die tschechische Regierung im Vorzimmer und wartete auf das Ergebnis.

Das Resultat war niederschmetternd und ultimativ. Das Sudetengebiet mußte bis zum 10. Oktober 1938 mit allen militärischen Anlagen an Deutschland ausgeliefert werden. Garantien für den Bestand der neuen Grenzen wurden nicht gegeben, der Hilfspakt mit der Sowjetunion annulliert. Das Abkommen wurde von Hitler, Mussolini, Chamberlain und Daladier unterzeichnet.

"Der Frieden ist gerettet", das war die herrschende Meinung. Wir Emigranten wußten, daß Chamberlain und Daladier die Barrieren, die Hitlers Vormarsch hinderten, aus seinem Weg geräumt und so den Kriegsgegnern eine verhängnisvolle Niederlage bereitet hatten.

Die englische und französische Regierung feierten den "geretteten" Frieden in der Hoffnung, den tollwütigen Aggressor gegen den Osten zu lenken. Der Sowjetunion stand eine sich schnell bildende Allianz der Imperialisten gegenüber.

Das Hitlerregime hatte eine bedrohliche Krise überwunden. Es fühlte sich stark genug, Judenpogrome von bisher ungekannten Ausmaßen zu organisieren, und das im hochzivilisierten Deutschland, dem Gastland der Olympischen Spiele 1936.

Der Ausrottungsfeldzug gegen die Juden wurde am 9. November 1938 mit der Pogromnacht eröffnet. Synagogen brannten, jüdische Geschäfte wurden geplündert und demoliert. Arische Kapitalisten raubten jüdisches Kapital. Erbarmungslos wurden Juden in Viehwagen gepfercht und in Konzentrationslager verschleppt. Für den ihnen zugefügten Schaden mußten sie eine Milliarde Reichsmark Kontribution zahlen, weil sie den "Volkszorn" herausgefordert hatten. Die Nazis faselten von einem Vergeltungsschlag gegen das bolschewistische Weltjudentum, das Deutschland vernichten wollte. Die Auslandspresse reagierte empört, sie berichtete von vielen Protesten in der ganzen Welt. Die Regierungen der westlichen Länder blieben bei ihrer Beschwichtigungspolitik gegenüber Deutschland.

Zu den schlechten Nachrichten aus Deutschland kamen die schmerzlichen aus Spanien. Kameraden waren gefallen. Die Republik kämpfte gegen übermächtige Gegner: Gegen Franco und seine "Moros" aus Marokko und Algerien, gegen deutsche und italienische Söldner und Waffen und gegen die Nichteinmischungspolitik der Westmächte, die es den Faschisten ermöglichte, die spanische Republik langsam zu erdrosseln. Wie eisige Hagelschauer prasselten diese Hiobsbotschaften auf uns Emigranten nieder, und als im März 1939 die Slowakei als unabhängiger Teilstaat unter den "Schutz" Hitlerdeutschlands gestellt wurde und die tschechischen Gebiete Böhmen und Mähren zum Protektorat erklärt wurden, war uns klar, daß Hitler das Aufmarschgebiet für den kommenden Krieg abgesteckt hatte.

Ich kann nicht sagen, daß wir entmutigt waren. Noch immer gab es Möglichkeiten, den Krieg zu verhindern. An diese Möglichkeiten glaubten wir fest. Da war die Politik der kollektiven Sicherheit, die die Sowjetunion den europäischen Staaten vorschlug. Am Frieden sollte Hitler ersticken. Wenn es gelänge, den Frieden zu erhalten, würden sich Massenbewegungen für den Sturz Hitlers entwickeln. Diese Einschätzung der Lage in Deutschland durch unsere Parteileitung berechtigte uns zu dieser Hoffnung.

Als auf Initiative der Sowjetunion Verhandlungen zwischen der UdSSR und der Regierung Großbritanniens über gemeinsame Maßnahmen zur Abwehr der faschistischen Aggression begannen, wurden wir in dieser Hoffnung bestärkt. Allerdings waren wir bald voller Mißtrauen, als keine Abschlüsse zustande kamen. Die bürgerliche Presse verdächtigte die Sowjetunion, die Verhandlungen nur zu Propagandazwecken zu betreiben. Uns aber fiel auf, mit welcher Schnelligkeit der britische Regierungschef persönlich in München erschienen war, während namenlose britische Unterhändler die langwierige Reise zur UdSSR mit dem Schiff antraten. Nach dem zweiten Weltkrieg veröffentlichte Dokumente und Berichte der Unterhändler beweisen, daß die britische Regierung überhaupt kein Abkommen mit der Sowjetunion abschließen wollte, statt dessen Geheimverhandlungen mit deutschen Diplomaten geführt hatte.

Am 23. August 1939 wurde die Welt durch den deutsch-sowjetischen Nichtangriffspakt überrascht. Für die Dauer von zehn Jahren sollten sich beide Regierungen jedes Gewaltaktes und jedes Angriffs enthalten, und zwar einzeln und in Verbindung mit anderen Mächten. Faktoren und Motive, die zum Abschluß dieses Vertrages führten, wurden von den europäischen Massenmedien verfälscht oder verschwiegen. Wir warteten begierig auf eine Stellungnahme unserer Parteileitung. Diese erfolgte zwei Tage später. Das ZK der KPD begrüßte den Nichtangriffspakt als ein Mittel, den Frieden zwischen den Völkern zu erhalten. Im Aufruf an die deutschen Arbeiter wurde appelliert, die Friedenspolitik der Sowjetunion durch den Kampf gegen die Aufrüstung zu unterstützen und Solidarität mit den vom Faschismus bedrohten Völkern zu üben. Wenn dieser Nichtangriffspakt unter uns Antifaschisten auch zum Teil umstritten war, sahen wir in ihm doch das einzige Mittel für die Sowjetunion, ihre drohende Einkreisung durch die imperialistischen Staaten zu verhindern und damit die Friedenszeit zu verlängern.

In der Tat hatte das gemeinsame Interesse an der Schwächung der Sowjetunion (zum Beispiel) Großbritannien und Hitlerdeutschland zu Geheimverhandlungen an einen Tisch geführt. Wie erst später bekannt wurde, gab es November 1937 in Berchtesgaden ein Treffen Adolf Hitlers mit Lord Halifax, Vorsitzender des Geheimen Rates von Großbritannien, im Beisein von Göring, Goebbels und Freiherrn von Neurath. Dabei betonte Halifax, "daß die Vernichtung des Kommunismus im eigenen Lande" als „Bollwerk des Westens gegen den Bolschewismus" betrachtet würde und daß die britische Regierung mit einer Änderung des bestehenden Zustands in Bezug auf Danzig, Österreich und die Tschechoslowakei einverstanden sei.

Das Mißtrauen, das wir in dieser Hinsicht gegen die Westmächte hegten, war nur zu berechtigt und veranlaßte uns damals zur unbedingten Parteinahme für die Sowjetunion. Doch war nicht zu übersehen, daß die Tatsache eines Paktes zwischen Hitler und Stalin viele gegen das Nazi-Regime eingestellte Menschen enttäuschte. In Teilen der holländischen Presse, einschließlich der sozialdemokratischen, gab es Schlagzeilen wie: "Die Sowjetunion hat uns verraten!" Zu gleicher Zeit wurde die Kommunistische Partei Hollands verfemt, um sie in die Isolierung zu treiben. Das erschwerte die Tätigkeit der Emigranten, obwohl unsere Organisation sehr schnell den Aufruf der KPD in den Versammlungen diskutierte und manövrierfähig blieb.

Der Nichtangriffspakt hatte noch eine andere Wirkung, die durch die Darstellungen in der Presse imperialistischer Staaten und der von ihr angeheizten antisowjetischen Propaganda nicht deutlich wurde. Der Pakt stand in krassem Gegensatz zum Antikominternpakt von 1936/37, den die drei faschistischen Staaten Deutschland, Japan und Italien miteinander abgeschlossen hatten, um die Aktionen,ihrer aggressiven und antisowjetischen Außenpolitik zu koordinieren. So löste der Nichtangriffsvertrag zwischen Deutschland und der Sowjetunion bei den Herrschenden Italiens und Japans große Unsicherheit aus, da sie sich von Hitler hintergangen fühlten.

Auch jetzt noch setzten die französische und die englische Regierung ihre Begünstigungspolitik gegenüber der faschistischen deutschen Regierung fort. Als Hitler zum Schein sechzehn Bedingungen und Gebietsansprüche an Polen stellte, empfahlen sie ihrem Bundesgenossen Polen deren Annahme.

Doch im Oberkommando der Wehrmacht war der Termin des Überfalls auf Polen längst beschlossen. Nur ein Anlaß fehlte. Darum wurde eine Provokation im Stil der Reichstagsbrandstiftung mit aller Raffinesse gestartet. Eine Gruppe von Häftlingen, einige aus dem Konzentrationslager Sachsenhausen, wurde in polnische Uniformen gesteckt. In dieser Kostümierung wurden sie bei einem fingierten Überfall auf den Sender Gleiwitz in Schlesien von der "wachsamen SS" niedergemetzelt. Die Toten in polnischen Uniformen wurden der Öffentlichkeit als Beweis für die "polnische unverschämte Aggression" vorgelegt. Als die Hitlerarmee mit fünfundfünfzig Divisionen in Polen einbrach, verkündeten die deutschen Sender: "Von jetzt an wird zurückgeschossen!"

Am 3. September erklärten Frankreich und England den Krieg an Deutschland; doch wer erwartet hatte, sie würden ihre starke militärische Überlegenheit und die Möglichkeit, Deutschland in einen Zweifrontenkrieg zu verwikkeln, ausnutzen, sah sich getäuscht. An der Westfront fehlte jede Kampfhandlung, während die polnischen Soldaten sich kämpfend der Übermacht entgegenstellten. Am 17. September gab es eine Überraschung, und wir lauschten voll Spannung den Nachrichten. Die Rote Armee besetzte die Westukraine und Westbelorußland und stand nun an der "Curzon-Linie", der Grenze, die 1918 zwischen Sowjetrußland und Polen gesetzt worden war. Damit war es den deutschen Imperialisten nicht möglich, ihren Machtbereich über diese Gebiete auszudehnen. Für uns galt vor allem, daß zwölf Millionen Belorussen, Ukrainer und Polen blieben zunächst von der faschistischen Sklaverei verschont blieben.

Im Internierungslager

Die deutschen Emigranten hatten bisher viele Rückschläge hinnehmen müssen. Die Tschechoslowakei war seit einem halben Jahr nicht mehr Zufluchtsland. Nicht alle hatten sich bei der schnellen Besetzung durch deutsche Truppen in Sicherheit bringen können. Einigen war es durch die internationale Solidarität doch gelungen. Sie hatten sich auf die übrigen Emigrationsländer verteilt. Nun, nach Ausbruch des Krieges forderte die französische Regierung alle Emigranten auf, sich innerhalb von drei Tagen bei den Behörden zu melden. Wer das nicht tat, galt als Spion und sollte vors Kriegsgericht. Diese Aktion machte bei den holländischen Behörden Schule. Sie nahmen die sich wöchentlich meldenden Emigranten fest. Ich wurde am 17. Januar 1940 Opfer ihrer wortbrüchigen Polizeigewaltigen.

Am 15. Januar war unser Sohn Robert zwei Jahre alt geworden. An diesem Tage war ich mit ihm auf den zugefrorenen Grachten gewesen, was ihm so lange große Freude machte, bis ihm die Füße kalt wurden. Zu Hause wurde er dann von seiner Mutter getröstet. Am gleichen Tage hatte ich ein Bild von ihm beendet, das ich nach seinem Foto, aber auch nach dem lebenden Modell gemalt hatte. Der kleine Kerl hielt ganz still, als ich die letzten Pinselstriche machte. Er stand dicht neben mir und sah mich mit seinen wunderbaren braunen Augen groß und fragend unverwandt an. Ich hatte Zeit genug, die langen Wimpern, den Schwung der Augenbrauen, den Schmelz und den Schimmer seiner Augäpfel, die Tiefe seiner Pupillen eingehend zu betrachten und einen schwachen Abglanz des Lebens auf die Leinwand zu übertragen. Er begriff, daß ich ihn malte, sah auf das Bild und sagte: "Augen, Papa macht! Nase, Papa macht! Robert, Papa macht!"

Zwei Tage später wurde ich zur Polizei bestellt. Der Major Smeeds stellte mir allerlei Fragen, um plötzlich sittlichen Anstoß an meinem Verhältnis zu Henriette zu nehmen. Da ich als Ausländer die Ehre eines holländischen Mädchens verletzt hätte, müsse er mich internieren. Hier half mir kein Bitten und kein Protest. Vater H. stand vor dem Polizeigebäude und sah von weitem, wie ich abtransportiert wurde. Er alarmierte seine Tochter. Sie nahm ihr Kind auf den Arm und marschierte sofort zur Polizeiwache. Die Herren Polizisten waren streng und abweisend. Sie ließen sich nicht durch die Tränen einer Frau erweichen, die von einer Minute zur anderen erfuhr, daß man ihr den Mann genommen hatte. Es waren auch nur einfache Polizeibeamte, die ihre Anweisungen befolgten.

Als Jettchen weinte und jammerte, saß Robert mit einem finsteren Gesicht in ihrem Schoß. Da packte einen der Uniformierten das Mitleid, und er wollte Robert eine Tafel Schokolade geben. Der stieß sie zurück und sagte zur Verwunderung seiner Mutter: "Kreig de Pocken!" Als sie mir einige Wochen später diesen Vorgang erzählte, fühlte sie noch die Genugtuung darüber. Wir beide fanden es erstaunlich, wo der kleine Kerl diesen Fluch gehört haben konnte. Daß er ihn so passend anbrachte, hatte die weinende Mutter lächeln lassen, während die Polizisten sich über das unerzogene Früchtchen mokierten.

Ich kam zur Polizeiwache am Münzturm mit etwa acht Deutschen in eine Gemeinschaftszelle. Als einziger Kommunist hatte ich einen schweren Stand. Mein Hauptdiskussionspartner war ein jüdischer Sozialdemokrat. Er war gegen die Diktatur der Kapitalistenklasse. Ich erinnere mich so genau an seine Worte, weil ich ihn zwei Jahre später im Gefängnis in Tegel wiedersah.

Wir hatten nur wenige Augenblicke der Begegnung, doch flüsterte er mir zu, daß er oft an mich gedacht hätte und er mir nun recht gäbe. Ich erfuhr von ihm, daß er sich selbst krimineller Handlungen bezichtigt hatte, um zur weiteren Haft verurteilt zu werden. Auf diese Art hatten sich schon mehrere Juden eine ganze Anzahl von Vorstrafen eingehandelt. Es sollte ihm nichts nützen. Er kam, ohne seine "Strafen" abgesessen zu haben, nach Auschwitz. Damals konnte er nicht ahnen, daß die von ihm gepriesene Demokratie ihn an die faschistische Diktatur ausliefern würde.

Zwei Polizeibeamte in Zivil holten mich ab. Sie warnten mich eindringlich vor einem Fluchtversuch. Dann brachten sie mich in das Internierungslager

Hoek van Holland. Der Weg dorthin war weit. Wir fuhren mit der Eisenbahn einige Stunden durch die tiefverschneite Ebene. Mir kamen die nach Sibirien verbannten Revolutionäre der Zarenzeit in den Sinn. Genauso kam ich mir vor, und als ich an meine verzweifelte Frau und an meinen kleinen Jungen dachte, wurden mir die Augen naß. Ich wagte nicht aufzusehen, um nicht mitleidigen Blicken ahnungsloser Reisender zu begegnen.

Ein veraltetes ausgedientes Schlachthaus war mit wenig Aufwand in eine Massenunterkunft verwandelt worden. Eigentlich war es eine riesengroße Baracke. Von einem breiten Gang, der an der Außenwand entlang führte, konnte man in die stallartigen Räume gelangen, die durch einige Dachfenster Tageslicht erhielten. Eine zweitrangige Lichtquelle bildeten zwei Fenster, die zum Gang führten. Ihre Längs- und Querleisten aus Eisen waren dicht gezogen, so daß kleine verglaste Rechtecke entstanden. Durch eine Schiebetür, die an die Tür eines Güterwagens erinnerte, wurde ich in einen ca. hundertzwanzig Quadratmeter großen Raum geführt. Die Wände waren weiß gekachelt, der Boden mit Steinfliesen bedeckt. In der Mitte des Raums standen zwei große Holztische mit Bänken. An der Wand links und rechts waren Schlafkojen, durch provisorische Holzwände voneinander getrennt. In jeder Koje standen zwei Betten. Der Eingangstür gegenüber befanden sich Toiletten.

Von den wenigen Insassen erhob sich einer und stellte sich vor: "Hans Schulze, Berlin". Er sprach hochdeutsch, wie es Berliner sprechen, die nicht mit ihrem Dialekt auffallen wollen. Seine Ausdrucksweise schien mir geziert. Es war seine "Sonntagssprache", wie ich bald danach erfahren sollte. Jedenfalls bemühte er sich, mir meine Ankunft in diesem besseren Gefängnis ein wenig zu erleichtern. Er erzählte von sich und animierte mich, das gleiche zu tun. Hans Schulze war Zeichner. Portraits waren seine Stärke.

Im weiteren Verlauf unseres Zusammenseins konnte ich von ihm lernen. Mitgefangene stellten sich gern als Modell zur Verfügung. Hans Schulze besaß graphologische Kenntnisse und hatte etwas Ahnung von Psychologie. Es gab Zeiten, in denen er nicht ansprechbar war, dann lag er auf seinem Bett und zog sich die Decke über den Kopf. Kam es an solchen Tagen durch Störung der anderen zu einem Gefühlsausbruch, so vergaß er die Sonntagssprache und fluchte im übelsten Jargon.

Zwei Tage nach mir wurde mein Genosse Heinrich Reichel eingeliefert. Ich wußte, daß er zu den leitenden Genossen gehörte. Heinrich war neun Jahre älter als ich und besaß viele Kampferfahrungen aus dem Spartakusbund, aus den revolutionären Kämpfen des Jahres 1923 und als Funktionär der KPD. Als ich ihn in Hoek van Holland sah, wußte ich nicht, daß er zur Abschnittsleitung West der KPD gehörte und viele Male als Instruktor des Zentralkomitees Verbindungen zu illegalen Parteiorganisationen im Reich aufgenommen hatte. Heinrich besaß feinen Humor und große Bescheidenheit, wie sie vorbildliche Genossen auszeichnet.

Von nun an wuchs unsere Zimmerbelegschaft ständig. Es kamen die Genossen Arzt, Krämer, Assmann und Rademacher hinzu. Mit zwanzig Mann war der Raum voll belegt und ausgenutzt. Insgesamt waren in Hoek van Holland etwa zweihundert Menschen interniert. Die größte Gruppe unter ihnen bildeten deutsche Juden. Dann gab es etwa dreißig Deserteure der deutschen Wehrmacht, etwa vierzig Kommunisten und etwa vierzig Internierte, die ich als undurchschaubar bezeichnen möchte, weil sie sich zu keiner Richtung und keiner Partei bekannten. Dennoch mochte mancher einer Partei angehören oder politisch aktiv gewesen sein. Unter ihnen war ein Doktor, der zu unserer Zimmerbelegschaft gehörte. Er war ein sympathischer Mann, der sich bereit erklärte, jeden, der Lust hatte, Französisch zu lehren.

Zur gleichen Gruppe rechne ich einen, der mit Begeisterung das Lied von der schwarz-braunen Haselnuß sang, das er nach meinem Dafürhalten aus der Hitlerjugend her kannte, was mich rein gefühlsmäßig mißtrauisch machte. Auch aus einem Werner Kaiser war nicht recht klug zu werden. Er war impulsiv, erzählte allerhand Räubergeschichten so lebendig, daß man sie ihm glauben wollte. Er spielte Mundharmonika, mit Vorliebe das Lied "Da is mine Heimat, da bin ik tu Hus!" Wer waren diese Menschen? Was hatte sie nach Holland getrieben? Spionierten sie vielleicht? Für wen, für Deutschland oder England? Oder waren es Emigranten mit wirtschaftlichen Motiven? Oder Antifaschisten? Sie erzählten nicht, warum sie eingesperrt wurden, und dafür mochten sie gute Gründe haben. Zu dieser Sammlung der verschiedensten Individualisten gehörte Paul, ein Pole, der sich an unsere Genossen klammerte.

Er schien uns ein ganz besonders Schlauer zu sein. Wir Genossen verhielten uns kameradschaftlich. Wir hatten dasselbe Los zu teilen, hatten das gleiche Interesse, nämlich bald herauszukommen, und wenn das nicht möglich war, in gutem Einvernehmen miteinander zu leben. Wir hatten auch Verbindungen zu den Insassen in anderen Räumen. Es war auch nicht die Absicht des Kommandanten de Hahn, uns streng zu isolieren. Die jüdischen Kameraden hatten eine Sauna eingerichtet, die wir benutzen konnten und sollten. Sie war primitiv und wirkungsvoll. In einem Raum war eine stabile Sitztreppe gebaut. In einer Ecke stand ein großer Herd, wie man ihn von Waschküchen her kannte. Die Herdplatte wurde zum Glühen gebracht. Der Bademeister goß Wasser darauf. Der aufquirlende Dampf füllte den Raum. Je höher man die Treppe hinaufstieg, desto heißer wurde es. An der Decke hing an einem Strick ein bodendurchlöcherter Eimer. In diesen wurde kaltes Wasser gegossen, es lief wie durch ein Sieb ab und ersetzte für eine Minute die Brause.

In unserem Raum befanden sich zwölf Kommunisten und acht von den Undurchschaubaren. Die Atmosphäre wurde von uns Kommunisten geschaffen, die anderen paßten sich an. Unsere Parteigruppe besprach Probleme, faßte Beschlüsse, unterbreitete sie den anderen, falls es alle anging. Wir hatten eine Leitung, die von den fähigsten Genossen gebildet wurde. Sie war nicht offen gewählt, besaß aber die Zustimmung der anderen und handelte im Interesse aller.

Wir konnten Besuche von Familienmitgliedern oder Freunden und Bekannten erhalten. Die holländischen Genossen ließen uns nicht im Stich. Sie brachten uns Geschenke, Obst und Delikatessen. Diese zusätzlichen Lebensmittel wurden unter den Insassen geteilt, die nicht zu unserer Partei Gehörenden wurden nicht ausgelassen. Es ging wie in einer idealen christlichen oder kommunistischen Gemeinde zu. Auch Jettchen brachte Apfelsinen, Kuchen und andere Leckerbissen mit. Ich schämte mich später sehr, als ich erfuhr, daß alle diese schönen Sachen von dem wenigen Geld stammten, das sie selbst so dringend zum Überleben brauchte. Konnte ich ahnen, daß sie wenige Wochen später wohnungslos und völlig mittellos sein würde?

Eines Tages schreckte uns ein Ereignis auf, das den Auftakt zu unserem Leidensweg bildete. Ein Weg, der für so viele der Besten unausweichlich in einen ungleichen Kampf und in den Tod führte. Unser Genosse Jupp Rademacher war nervenkrank. Er litt bei großer seelischer Erregung unter epileptischen Anfällen. Eines Tages kam er auf die Idee, mittels seiner Krankheit die Freilassung erzwingen zu wollen.

Er gestand mir, daß er sich künstlich in einen Zustand höchster Erregung versetzen könnte. Er bat mich, dann seinen Kopf vor dem Aufschlagen auf den Steinfliesen zu schützen. Ich versuchte, ihm diesen Plan, weil ich ihn für sinnlos hielt, auszureden. Als der Beamte uns nach einem Spaziergang einschließen wollte, begann Jupp einen Streit. Das fiel ihm nicht schwer, denn er hatte speziell dafür auf einen uneinsichtigen Polizisten gewartet.

Ein Wort gab das andere. Der Bulle wurde grob. Jupp wurde immer wütender. Beschwichtigungsversuche der Kameraden machten alles nur schlimmer. Jupp schlug mit bloßen Fäusten in die vielen kleinen Scheiben des Eisenfensters. Er hatte unheimliche Kräfte und war wie ein Rasender. Keiner konnte ihn zurückhalten. Nach der achten Scheibe sank er blutend zusammen. Schnell sprang ich hinzu und schob ihm meine Jacke unter den Kopf. Der ganze Körper bebte und zuckte, der Kopf schlug auf und nieder, obwohl ich mich bemühte, ihn festzuhalten. Alle waren entsetzt und empört. Der Polizist war blaß geworden. Wir verlangten sofortige sanitäre Hilfe. Jupp wurde von vier unserer

Kameraden zur Sanitätsstelle getragen. Nach einer Stunde kamen sie ohne ihn zurück.

Wir befürchteten, daß man unseren Kameraden Jupp von uns isolieren und in eine Irrenanstalt stecken würde. Das Abendessen wurde von den Kalfaktoren gebracht. Nach kurzer Beratung beschlossen wir, es nicht eher anzurühren, bevor Jupp zurück sei. Das hieß Hungerstreik und war ein Ultimatum. Zwei Genossen forderten, unverzüglich dem Kommandanten vorgeführt zu werden, um ihn von unserem Beschluß zu informieren.

Das Essen stand auf dem Tisch, würden sich alle dem Streik anschließen? Wie mochten die Undurchschaubaren reagieren? Hans Schulze mit seiner Sonntagssprache? Der Doktor mit seinen guten Manieren? Der von mir als Nazi Verdächtigte? Die Großschnauze Werner Kaiser? Der Pole? Oder einer der anderen? Einer aß. Er wartete keine Minute ab. Er erklärte: "Ich bin zuckerkrank, ich muß meine Mahlzeiten pünktlich einhalten." Es war ein Genosse, der diese Prüfung nicht bestanden hatte. So hart urteilte ich damals. Ich kannte bisher keinen Zuckerkranken. Nach einer Stunde wurde Jupp zurückgeführt. Der Kommandant wollte sich nicht mit uns anlegen.

Schon bei früherer Gelegenheit hatten wir den Kommandanten so weit gebracht, uns mit Achtung zu begegnen. Wir hatten das mit einfachen Mitteln erreicht. Als er unseren Raum betrat, standen wir alle auf und blickten ihn an. Wir standen nicht stramm, aber wir standen. Vordem hatten wir keine Notiz von seinem Erscheinen genommen. Er war sichtlich überrascht und gab sich entgegenkommend bei Sonderbesuchserlaubnis und ähnlichem. Es wurde uns gestattet, einen Fußballplatz anzulegen und Fußball zu spielen. Auch wurde es für uns leichter, das Verbot, kommunistische Literatur zu erhalten, zu durchbrechen. Unsere Genossen brachten uns marxistische Lehrbücher mit, nach denen wir uns unterrichteten.

Wir lieferten nach draußen genaue Berichte über unsere Tätigkeit, über die Verhältnisse im Internierungslager und über unsere Einschätzung der politischen Lage. Ich bekam den Auftrag, auf dünnem Papier mit einer Zeichenfeder in kleinster Schrift die Berichte zu schreiben, die mir Heinrich diktierte. Um diese Arbeit zu erleichtern, bekam ich die hinterste Koje als Schlafstelle. Sie war die beste und besaß einen von uns gebauten Tisch. Man konnte sie auch nicht einsehen. Das eng beschriebene Blatt wurde in eine volle Zigarettenschachtel gesteckt und erreichte die Parteileitung über unsere Besucher. Das Beispiel des guten Einvernehmens aller Insassen unseres Raumes begann auf die anderen Gefangenen auszustrahlen. Verbindungen zu ihnen bestanden durch den Spaziergang, die Essensverteilung, Küchenarbeiten, das Baden und durch den Sanitäter Willi Bornstein.

Willi war österreichischer Jude, Sozialist und ehemaliges Mitglied des Schutzbundes, der im Jahr 1934 den österreichischen Faschisten ein Feuergefecht geliefert hatte. Der mutige Kampf hatte die Herzen aller europäischen Revolutionäre höher schlagen lassen. Einige Schutzbündler hatten auf der Flucht vor ihren Faschisten Asyl in der Sowjetunion gefunden. Willi stand an unserer Seite. Er kannte mich vom Sehen, in Amsterdam hatte er in der gleichen Straße wie ich gewohnt. Willi rechnete mit seiner baldigen Entlassung, prägte sich die Adresse von Jet ein und versprach mir, sich um sie zu kümmern. In diesem Moment ahnten wir beide nicht, daß es ihm dadurch gelingen würde, sie vor dem sicheren Tod zu bewahren.

In zwei anderen Sälen waren Genossen von uns eingeliefert worden. Unsere Leitung verschaffte sich einen Überblick und strebte Verständigung und einheitliches Handeln mit ihnen an. Hierbei erlebten wir jedoch eine unangenehme Überraschung. Der Genosse Stephan, der bis vor wenigen Tagen zur Rotterdamer Emigrationsleitung gehört hatte, war zu Kreuze gekrochen, wie wir es nannten. Frisch eingeliefert spielte er die Rolle des frommen Katholiken. Um seinen Hals trug er eine Kette mit einem Christuskreuz. Was sollte das bedeuten? War es eine Tarnung? Oder hoffte er auf diese Art auf Gnade bei den holländischen Behörden? Ich bin nie dahintergekommen.

Der seltsame Krieg brachte im Westen nach wie vor nichts Neues. Die Westmächte schienen die Bestie Hitler nicht reizen zu wollen. Doch diese Bestie schlug empfindlich zu. Am 9. April überfiel sie Dänemark und Norwegen. Dänemark kapitulierte am gleichen Tage. Norwegische Truppen und Patrioten leisteten bis in den Juni hinein erbitterten Widerstand. Großbritannien und Frankreich schickten Expeditionstruppen, die nur für kurze Zeit in Norwegen blieben.

Wie mochte es den Emigranten ergangen sein? Ob sie Zeit gehabt hatten, nach Schweden zu flüchten? Wer sagte, daß Schweden sicher war? Gab es überhaupt irgendwo Sicherheit? Im übrigen waren die Emigranten nicht mehr das Hauptproblem. Der Krieg traf die überfallenen Völker mit aller Schärfe. Seine Brandfackeln fielen auf Häuser, Fabriken, Kirchen und Sanatorien, Scheunen und Ställe, und die Mörder triumphierten!

Natürlich lösten die Kriegsereignisse große Diskussionen unter allen Insassen aus, von denen sich ein Teil bisher ziemlich sicher wähnte. Die Deserteure meinten, die holländische Regierung müsse sie schützen, das seien internationale Festlegungen durch die Genfer Konvention. Mit dieser Behauptung machten sie sich selbst Mut. Einige Juden, darunter auch der Lagerfriseur, der wöchentlich einmal zu uns hereinkam, rechneten auf ein Visum für Amerika, um welches er mit seinem Bruder schon seit langer Zeit nachgesucht hatte. Die Zeit

131

war spannungsgeladen, voller Furcht hofften die Menschen auf eine günstige Wendung.

Der 1. Mai nahte heran. Wir trafen unsere Vorbereitung. Lebensmittel, die uns die holländischen Genossen brachten, wurden für diesen Tag reserviert. Als es dann soweit war, ging es ans Tischdecken. Zuvor hatte ich meine Hose mit einer Bügelfalte versehen, indem ich sie unter das Laken gelegt und darauf geschlafen hatte. Dann putzte ich meine Schuhe. Das löste den Unwillen des Genossen Krämer aus. Er schnauzte mich an: "Das hättest du früher besorgen können. Am Feiertag der Arbeiter gehört sich das nicht!" Ich begriff ihn erst nach längerem Nachdenken. Der erste Mai war ihm genauso heilig wie etwa den Juden der Sabbat. Genosse Krämer war Bergarbeiter und Gewerkschaftsfunktionär.

Unser polnischer Kamerad Paul hatte uns gelehrt, kleine Plastiken anzufertigen. Seine Spezialität waren Blumenkörbe. Sie fanden bei allen Betrachtern begeisterte Zustimmung. Nur einige, die über Material und Herstellungsart Näheres wissen wollten, machten zunächst abweisende Gesichter. Diese Plastiken bestanden aus gewöhnlichem Brot, das gekaut und mit Speichel vermischt eine gut knetbare Masse ergab. Nachdem sie geformt und getrocknet war, wurde sie bemalt und mit einem Lack überzogen.

Diese Miniaturplastiken wurden von uns als Tischdekoration benutzt. Holländische Genossen hatten rote Tulpen geschickt, die unsere Feiertagsstimmung erhöhten. Wir setzten uns alle gemeinsam an den Frühstückstisch, der außer dem von der Küche Dargebotenen auch die kleinen zusätzlichen Genüsse enthielt, wie man sie sich an Feiertagen leistet: Besondere Käsesorten, Fischdelikatessen, Apfelsinen, Nüsse; alles Geschenke unserer holländischen Freunde, die uns nicht vergaßen.

Heinrich Reichel hielt eine Festrede. Dann wurde gespeist, danach gesungen. Ich hatte inzwischen meine Gitarre bekommen. Werner Kaiser hatte schon gelernt, Kampflieder auf der Mundharmonika zu spielen, so begleiteten wir den Gesang. Am Nachmittag hatte ich Besuchserlaubnis. Jet kam und brachte unseren kleinen Robert mit. Beim Abschied umhalste er mich mit seinen kleinen Ärmchen. Er wollte mich nicht loslassen.

Ich wurde durch sonderbares Rumoren und durch die Unterhaltung anderer Kameraden wach. Dieses Erwachen war qualvoll langsam, weil ich schrecklich müde war und dieses Gemurmel und "Bum, Bum" wie ein Alptraum wirkte. Die Stimmen wurden lauter und ließen sich nicht mehr verdrängen. Es war ein Streit über Übungen oder Angriffe von Fallschirmjägern. Das Brummen von Flugzeugmotoren und die letzten Bemerkungen machten mich hellwach. Ich stand schnell auf und starrte mit einigen anderen nach oben durch das kleine Dachfenster. Um uns war noch Dämmerung, doch draußen war der Himmel schon hell. Da sahen wir eine Bombe vom Himmel fallen und unseren Blickwinkel durchschneiden.

Wenige Sekunden später zitterte der Boden unter unseren Füßen. Das Dröhnen des Einschlags erreichte uns. Es gab keinen Zweifel mehr, der Krieg machte keinen Bogen um Holland herum. Das war zu erwarten, trotzdem, als der Krieg da war, wollten es die Menschen nicht glauben, er kam plötzlich, ohne Erklärung, ohne Ankündigung oder Warnung. Er schlug zu wie mit einer Riesenfaust, wo sie hintraf, gab es Tote, Trümmer und Scherben, und es loderte ein vernichtendes Feuer.

Der Krieg war da! Er veränderte das Leben und die Menschen. Auch wir waren anders geworden. Die Sorglosigkeit war wie weggeblasen. Uns packte die Angst. Ich machte dabei keine Ausnahme. Die Toiletten waren pausenlos besetzt. Alle bekamen Durchfall. Aber wir brachen nicht in Panik aus. Sofort aufgenommene Verhandlungen mit dem Kommandanten ermöglichten uns die Öffnung unserer Gefängnistüren und die Anlage von Schutzgräben. Gleich gingen wir an diese Arbeit, und noch am selben Tag waren sie fertiggestellt. Am Abend gab es Alarm, und wir rannten in die Gräben. Kanonendonner rollte durch die Nacht und wie mir schien über die ganze Erde. Die alten Soldaten deuteten die Geräusche. Schiffsartillerie beschoß Fernziele. Wir kehrten in unsere Betten zurück.

Herbert Arzt hatte als Soldat der Internationalen Brigaden Erfahrungen gesammelt. Am nächsten Tag befolgten wir seinen Rat, die Gräben zu tarnen, damit sie aus der Luft nicht zu erkennen wären. Noch während dieser Tätigkeit gab es Alarm. Aus den Gräben heraus beobachteten wir einen Luftkampf. Ein deutsches Flugzeug und drei englische Maschinen waren über uns. Die englischen waren offenbar veraltete Kästen, die gegen den schnellen deutschen Jäger unbeweglich und schwerfällig wirkten. Plötzlich beschrieb einer der Engländer einen großen Bogen. Eine Rauchfahne hinter sich ziehend, stürzte er zirka fünfhundert Meter vor uns nieder. Die Engländer drehten nach Norden, der Deutsche nach Süden ab. Unser Doktor machte sich sofort auf den Weg zur Unglücksstelle. Er berichtete uns von dem Schwerverletzten, der ein Auge verloren und mehrere Brüche abbekommen hatte. Er hielt eine Rettung des Verwundeten für möglich.

Am selben Tag gab es noch einmal Alarm. Wir rannten in die Gräben. Dreißig Meter vor uns schlugen Artilleriegeschosse ein. Wir wurden aus den Gräben wegbeordert und lagen nun an der steil abfallenden Böschung eines Kanals. Das Schießen hörte bald auf. Es war die holländische Küstenbatterie, die es auf uns abgesehen hatte. Wie uns versichert wurde, rein irrtümlich. Natürlich konnte es auch sein, daß holländische Faschisten das Kommando führten, die den "verdammten deutschen Landesverrätern, die das eigene Nest beschmutzten", einen Denkzettel verpaßten. Zu klären war die Sache nicht. Getroffen wurde die Küche eines holländischen Wachmannes, so gründlich, daß keine Tasse und kein Teller heil blieben. Zu meinem Bett zurückgekehrt, fand ich einen Granatsplitter, der das Dach zerschlagen hatte, auf meinem Kopfkissen liegen.

Seit dem 10. Mai hatten wir keine Radionachrichten mehr erhalten können. Wir waren damals nicht imstande, die militärische Lage einzuschätzen. Keiner von uns ahnte den schnellen Zusammenbruch der holländischen Verteidigung. Man hatte zu oft von der uneinnehmbaren Wasserlinie gehört, die faktisch die Fortsetzung der französischen Maginotlinie darstellte. Und an der, das wußte jedes Kind, mußte jeder Angriff zerschellen. Unsere Militärfachleute hatten natürlich eine andere Meinung. Dennoch, aus der Geschichte des ersten Weltkriegs war uns bekannt, daß der damals geplante Blitzkrieg in Flandern und vor Verdun die Puste verloren hatte. Sicher, heute mußten andere Maßstäbe angelegt werden. In Polen hatte es nur drei Wochen gedauert. Aber Polen war von seinen westlichen Verbündeten geopfert worden. Jetzt ging es schließlich an die Substanz, die durften die Imperialisten bei Strafe des eigenen Untergangs nicht preisgeben.

Die Diskussionen über dieses Thema wogten hin und her. Wir mußten auf alle Fälle vorbereitet sein. Es wurde beschlossen, alles uns belastende Material zu vernichten. Heinrich und ich übernahmen diese nicht leicht durchzuführende Arbeit. Sie mußte ohne Aufhebens und ohne daß einer unserer Mitgefangenen etwas davon merkte, gemacht werden. Während des Spaziergangs der anderen rissen wir den Holzfußboden, der neben der Toilette war, auf und entdeckten einen tiefen Schacht, in den wir alles zerkleinert hineinwarfen. Uns blutete das Herz bei dem Verlust unserer gesamten marxistischen Bibliothek, die wir so mühevoll erworben hatten. Wir machten reinen Tisch, keiner hatte uns beobachtet. Bei einer Besetzung würde man kein Belastungsmaterial finden.

Kaum waren wir damit fertig, kam der Befehl: Internierungslager Hoek van Holland ist sofort zu evakuieren. Wir befanden uns an einem strategisch wichtigen Punkt. Von Rotterdam führt der Wasserweg an Hoek van Holland vorbei nach London. Ein bunter Zug setzte sich in Bewegung. Die jüdischen Kameraden waren im Besitz von meist zweirädrigen Schubwagen, auf denen ihr Hab und Gut, aber auch mancher Fußkranke oder Altersschwache Platz fand. Die Habenichtse unter uns begnügten sich, eine Decke und ein Freßpaket mitzuschleppen.

Deutsche Flugzeuge über uns lösten eine Panik aus. Zwei englische Soldaten standen wie aus dem Boden gewachsen mitten auf der Straße und riefen uns zu: "Down, down!" Ihre Karabiner richteten sie auf die Flugzeuge, die von der Flak scheinbar unbehelligt ruhig und unbekümmert ihre Kreise zogen. Unsere Kameraden stoben nach rechts und links auseinander. Sie rannten in gebückter Haltung quer über die Wiesen. Ich legte mich dicht an den mit Wasser gefüllten Chausseegraben, bereit, mich ins Wasser zu werfen, falls es ernst werden sollte. Es wurde ernst, nicht für uns, wohl aber für holländische Soldaten, die in einen Schutzraum geflüchtet waren. Diese Schutzräume waren sehr primitiv. Sie befanden sich oft zu ebener Erde, zumindest dort, wo man wegen des hohen Grundwasserstandes nicht tief graben konnte. Balkendreiecke waren dicht hintereinandergereiht, so daß ein langer schmaler Gang im Längsschnitt durch Dreiecke hindurchführte. Das Ganze war mir Erde bedeckt.

Eine Bombe war eingeschlagen, zwei holländische Soldaten waren getötet und andere verwundet. Wir wurden in einen Park gedrängt. Panzer zogen vorüber. Später erfuhren wir, daß wir den Fluchtweg der holländischen Königin gekreuzt hatten. Sie wurde unter dem Schutz englischer Truppen nach London gebracht. Der Holländer, der uns das erzählte, sagte: "En onze Gulden heeft se meegenomen". (Und unsere Gulden hat sie mitgenommen).

Wir wurden in eine völlig leere Ausstellungshalle gebracht. Dort sollten wir es uns "gemütlich" machen. Von irgendwoher wurde etwas Stroh besorgt. Es wurde gleichmäßig dünn auf dem Fußboden längs der Wände zwei Meter breit verteilt. Von der Minute des Kriegsbeginns hatten wir keine Nachrichten mehr gehört. Wahrscheinlich war eine Nachrichtensperre verhängt worden, oder die Rundfunkstationen hatten die Sendungen eingestellt. Darum waren wir überrascht, als plötzlich die Tür aufging und deutsche Soldaten hereinschauten. Wir trauten unseren Augen kaum. Sekunden danach waren einige von den Deserteuren verschwunden. Sie hatten die Flucht ergriffen. Nach einiger Zeit kamen Offiziere herein. Unter ihnen unser Kommandant de Hahn.

Was jetzt geschah, hatte ich von ihm nicht erwartet. Bisher war er uns nicht feindlich entgegengetreten. Wir hatten mit ihm verhandeln können und einige Forderungen bewilligt bekommen. Er war mir als ein Mann erschienen, der seine widerwärtige Arbeit als oberster Gefangenenaufseher pflichtgemäß, aber lustlos erfüllte. Jetzt hielt er eine Liste in der Hand und ging die Reihe durch: Das ist ein politischer Emigrant, der ist Jude, der kam als Deserteur nach Holland. Bereitwillig diente er den neuen Herren, indem er alle denunzierte und die vollständige Liste überreichte. Dann hieß es: Juden und Kommunisten links raus. Deserteure rechts raustreten. Diese ahnten vielleicht, was nun kommen würde. Doch sie waren das Gehorchen vom Barras aus gewohnt. Und was blieb ihnen anderes übrig?

Der Oberst hielt eine Anklagerede gegen die Deserteure, deren Vaterlandsverrat bereits bewiesen und vom Feldgericht geahndet würde. Sie wurden abgeführt, wir sahen sie nicht wieder. Nun mußten wir den Weg nach Hoek van Holland zurückmarschieren. Jetzt liefen deutsche Soldaten neben uns her. Wir wurden streng bewacht. Was sollte werden? Phantasiegespickte Parolen machten die Runde, obwohl doch nichts anderes als der Abtransport nach Deutschland zu erwarten war. Zwei Tage später war es soweit.

Alles antreten! Nur ein kleines Handgepäck durfte mitgenommen werden. "Reiß dich zusammen!" sagte Genosse Krämer zu mir. "Dir steht ja das heulende Elend im Gesicht geschrieben!" Ich sah in den Spiegel und erkannte mich nicht. Schon einmal war es mir so ergangen, damals im KZ Columbiahaus in der Toilette, die ich für die SS streichen mußte. Auch jetzt fand ich, daß mein Spiegelbild nicht die Wahrheit sagte, daß ich viel gefaßter war, als ich aussah. Ich nahm die Gitarre und sang: "Qual, Verfolgung, Not und Kerker dämpfen nicht den Mut, aus der Asche unserer Schmerzen lodert Flammenglut! Weint nicht um des Kampfes Opfer…". "So ist es richtig", sagte der Genosse Krämer, "unser Kampf geht weiter!"

Zwei moderne Reisebusse waren für unseren Transport requiriert worden. Wir hockten und standen eng aneinandergedrückt. Neben dem Chauffeur saß ein Soldat, das Gewehr zwischen seinen Knien haltend. Kradsoldaten bildeten die Eskorte. Es war ein wunderschöner Maientag. Ringsumher bot sich ein friedliches Bild, in das weder die grauen Uniformen, noch die düster dreinblickenden Gefangenen paßten. Eingepreßt zwischen den anderen, konnte ich durch eine Lücke die vorüberziehende Landschaft sehen. Eine weite Ebene, hin und wieder eingedeichte Kanäle, aus denen Segel hervortraten. Es war sonderbar, weil das Wasser und die Schiffsrümpfe von den Deichen verdeckt blieben. Hier und dort eine Windmühle, ein Gehöft, Baumgruppen, ein Stück Garten. Dann Blumenfelder in den leuchtendsten Farben. Ihr süßlicher, mir widerlicher Duft drang durch die Lüftungsklappen. Es war unangenehm heiß, und die Sonne war noch im ersten Viertel ihrer Tagesbahn. Auf der Straße, uns entgegen, rollten Lastwagen, mit Wehrmachtsoldaten besetzt. Starre Gesichter blickten gleichgültig unter den Stahlhelmen hervor.

Langsam veränderte sich die Landschaft. Die weiten Grünflächen wurden durch dichte Siedlungen verdrängt. Rote Backsteinbauten, von Blumen und Sträuchern umringt, machten einen gepflegten Eindruck. Die Visitenkarte für Hollands Wohlfahrt. Die Häuser rückten noch enger zusammen und bildeten eine Stadt. Plötzlich bremste der Busfahrer scharf und bog um eine Hausecke, Brandgeruch kam mir in die Nase. Der Wagen fuhr jetzt langsam über eine holprige Straße. Auf einmal war die Sicht unklar, dichte Rauchschwaden umhüllten uns wie die Nacht. Als sie sich langsam lichteten, bot sich das grausigste Bild einer zerbombten Stadt. Es brannte noch hier und da, es schwelte noch unter den Trümmern. Schwarze Fensterluken ließen an die Augenhöhlen von Totenköpfen denken, stehengebliebene Hausschornsteine, die sich wie seltsame mahnende Riesenfinger reckten, waren stumme Ankläger des Verbrechens.

Es war die Altstadt von Rotterdam, die von den Faschisten in Schutt und Asche gelegt worden war. Wieviel Tausende mochten hier ihr plötzliches unverschuldetes Ende gefunden haben? Wieviel Frauen und Kinder waren unter den brechenden Mauern und Dächern begraben oder in der Feuerglut lebendigen Leibes verbrannt? Hier hatte es keinen Luftschutzkeller, kein Verkriechen vor den todbringenden Bomben gegeben, kein Kampf hatte stattgefunden. Ungestört waren deutsche Flugzeuge am hellichten Tage über der Stadt erschienen. Ohne Ankündigung hatten die Piloten ihre Brand- und Sprengbomben abgeladen. Keine Luftabwehr hatte sie gehindert, keine Flak und keine Jagdschutzstaffel. Was mochte ein Pilot in solchem Moment denken und fühlen? Führer befiehl, wir folgen? Folgen – dem Mordbefehl?

Die Fahrt ging weiter, Stunden um Stunden. Gegen Abend trafen wir in Aachen ein. Es gab einen kurzen Aufenthalt auf dem Kasernenhof, wo wir in eine Ecke gedrängt standen. In der Nähe lachten Soldaten. Sie reinigten oder luden ihre Gewehre durch. Es gab knackende Geräusche, die der Phantasie weiten Spielraum ließen. Wenn sie uns jetzt an die Wand stellen, ist es aus, dachte ich. In Gedanken nahm ich von allen meinen Lieben Abschied. Es fiel mir ein, welchen Kummer meine Eltern haben würden. An meinen Bruder dachte ich, wie ich mich mal um eine Lappalie mit ihm gezankt hatte. Ich sah meinen kleinen unschuldigen Robert vor mir, wie ich ihn anschnauzte, weil er mich morgens früh geweckt hatte. Ich dachte an meine kleinen und großen Dummheiten, die nicht mehr gut zu machen waren. Dann spürte ich Mitleid mit allen, die um mich weinen würden.

Wir wurden in Güterwagen verladen. Nun verspottete ich mich wegen meiner Hirngespinste. Die Tür war nicht zugeschoben. Vier Soldaten saßen nebeneinander in der Öffnung. Einer sprach mit Jupp. Sie kannten sich von früher. Bei einem Aufenthalt auf freier Strecke bemerkte es der Feldwebel. Er pfiff den Soldaten an. Der mußte die Tür schließen. Nun blieben wir im Wagen eingesperrt. Es wurde Nacht. Luftalarm! Die Flak bellte los, und die Bombeneinschläge dröhnten und ließen den Boden erzittern. Es wurde Tag, wir

137

wurden hin- und herrangiert. Wir bummerten gegen die Planken. Niemand schien uns zu hören. Endlich wurden wir zum Austreten geführt. Schräg gegenüber von uns waren belebte Bahnsteige. Männer und Frauen glotzten mehr oder weniger verstohlen zu uns herüber. Ich konnte nicht, obwohl mir die Blase zum Platzen schmerzte. Wieder rein in den Viehwagen. Nach weiteren sieben Stunden war Dortmund erreicht.

"Judas Ischariot", murmelte ein alter Eisenbahner, als er dicht an uns vorbeischritt. Schraubenschlüssel und Ölkanne in der Hand, kontrollierte er prüfend, ob sich irgendwo Muttern gelockert hatten. Er sah durch uns hindurch. Für Volks- und Landesverräter übelster Art hatte er keinen Blick übrig. Das war bitter. Ob viele so dachten? Wir wurden durch Dortmund geführt. "Wir kommen zur Steinwache", raunten die Dortmunder. Der Weg führte durch belebte Straßen, Neugierige blieben stehen. Wir schritten in Viererreihen auf dem Damm. Unsere Kleidung war schmutzig und zerknautscht. Müde und hungrig trotteten wir dahin und schleppten schwer an den wenigen Habseligkeiten in dem kleinen Koffer oder Pappkarton. Uns zur Seite liefen forsche Männer mit Hüten und Ledermänteln, ihre mißtrauischen Blicke beobachteten alles, was uns anging. So konnten nur Gestapobullen aussehen.

V. Als Gefangener im faschistischen Deutschland

Die Steinwache war erreicht. In Kniebeuge mußten wir in Reih und Glied auf dem Hof hocken, bis jeder bei seinem Namen gerufen wurde. Bis zum Eingangstor mußte man wie ein Hase hüpfen. Dann wurde jeder einzeln mit fürchterlichem Gebrüll die Treppe hinaufgejagt, von Kalfaktoren in die ihm zugedachte Zelle gesteuert. Ich war nach dem Alphabet einer der letzten. Die Tür fiel hinter mir ins Schloß, der Riegel wurde zugeknallt. Vor mir standen meine Kameraden, sie grinsten mich an. Die Zelle, in der wir uns befanden, mochte für drei Gefangene bestimmt sein. Jetzt waren wir zwölf. Der ganze Raum maß höchstens vier Meter im Quadrat. Er war fast ganz mit Pritschen ausgefüllt, bis auf die Ecke neben der Tür, dort war ein Wasserklosett. Davor gerade soviel Raum, daß vier Menschen eng nebeneinander stehen konnten. Für einen Tisch oder Stuhl war kein Platz. An der rechten Wand befanden sich dicht unter der niedrigen Decke zwei vergitterte Fenster, die sich auf einen Spalt nach innen aufklappen ließen.

Wenn man sich auf die Pritsche stellte und ausreckte, gelang ein Blick aus dem Fenster. "Vom Fenster weg!" brüllten sie von unten herauf, wenn sich einer zu dicht mit seiner Nase an die schmale Ritze wagte. "Alte Großfresse!" schimpfte Werner Kaiser. Er war einer der Unruhigsten, versuchte immer wieder einen Blick zu riskieren. Er stand auch nachts am Fenster, wenn die Engländer kamen. Dann schwebten langsam an Weihnachtsbäume erinnernde grüne Leuchtkugeln vom Himmel herab, die über ganz Dortmund einen gespenstischen Schein verbreiteten. Die Scheinwerfer griffen wie gerade gereckte Finger nach den im Dunkeln verborgenen Flugzeugen. Sie kamen von vielen Punkten, schwenkten, kreuzten und überschnitten sich, tasteten hin und her und versuchten, die Unsichtbaren zu erfassen. Manchmal gelang es für Sekunden.

Der Himmel erdröhnte von dem Belfern der Flak. Dazwischen brummten die Flugzeugmotoren monoton, nur gelegentlich anschwellend oder abklingend. Die Gefängnismauern bebten von den Bombeneinschlägen. So plötzlich wie er angefangen, endete der Höllenspuk. Die Sirenen heulten ihren langgezogenen Jammerschrei, als ob sie den angerichteten Scherbenhaufen und die Toten beklagten. Werner verließ dann seinen Beobachtungsposten und gab den Schlußkommentar: "Heute haben sie verdammt hingelangt. Das waren mindestens zwanzig Bomber. Was wird denn jetzt der Hermann Maier sagen?" Alle wußten, daß Göring gemeint war, der bekanntlich Maier heißen wollte, wenn es feindlichen Flugzeugen gelänge, Bomben auf Deutschland zu werfen.

Wir saßen wie Mäuse in der Falle, die Zellentüren blieben verschlossen. In den ersten zwei Nächten hatten wir gegen die Tür gebummert. Dann gaben wir es auf. Ich hielt mir die Ohren zu, drehte mich auf die andere Seite und schlief fest. Sie kamen jede Nacht. Es hatte keinen Zweck, sich Gedanken zu machen. Warum die Nerven strapazieren? Ein anderes Ereignis spürten wir härter. In der dritten Nacht nach dem Alarm wurde Hans Neuhoff vom Wachtmeister herausgeholt. Er gehörte zu der Gruppe der Deserteure. Als damals die Soldaten im Internierungslager erschienen, stellte er sich zu den Juden und Kommunisten. Doch er stand auf der Liste unseres "sauberen" holländischen Offiziers de Hahn. – Die Tür knallte zu. Handschellen klickten. Die Schritte entfernten sich. Wir trauerten um Hans, einundzwanzig Jahre jung. In dieser Nacht konnte keiner von uns mehr schlafen. Nun waren wir nur noch elf.

Meine besten Freunde und Genossen saßen in einer anderen Zelle. Ich wußte, daß noch keiner fortgeschafft war. Hin und wieder erreichte mich ein Lebenszeichen über den Kalfaktor oder den Wachtmeister. Es war nicht leicht für elf Männer in einem kleinen 50 Kubikmeter großen Raum, der zugleich Schlaf-, Eßraum und Klosett war, friedlich miteinander sechs Wochen zu verbringen.

Der Hunger machte uns launisch und nervös. Der Gefängnisdirektor der Steinwache war bei unseren Dortmundern schon dafür berüchtigt, daß er von der schmalen Gefängniskost, die dem Gefangenen zustand, die wertvollsten Bestandteile für sich abzweigte. Dementsprechend war die tägliche Wassersuppe, in der einen Tag um den anderen mit etwas Glück eine Erbse oder eine Nudel aufzuspüren war. Unter diesen Bedingungen war der geistige und moralische Fundus, den jeder der elf mitbrachte, von besonders großer Bedeutung. Bei der kritischen Beurteilung jedes einzelnen Kameraden kam ich zu der Feststellung, daß wir zwei Chefideologen unter uns hatten, die jeder eine andere Weltanschauung vertraten. Bei ihren Auseinandersetzungen ging es ihnen zugleich um die Einbeziehung und Gewinnung der übrigen Insassen. Der eine von ihnen war Hermann Zilles, späterer Intendant des Deutschlandsenders in der DDR, der andere Johannes Peters, der noch in unserem Beisein seinen Schutzhaftbefehl quittieren mußte, also ins KZ kam. Ob er es überlebte?

Peters war belesen und redegewandt, aber ein arger Zyniker, Verteidiger der liberalen kapitalistischen Ideologie. Er vertrat offen einen proenglischen Standpunkt, bei grundsätzlich feindlicher Einstellung zur Sowjetunion. Das setzte unserem kameradschaftlichen Verhältnis bestimmte Grenzen. Er war jedoch als guter Erzähler von allen sehr geschätzt, weil durch sein Zutun die Zeit schnell, aber nicht nutzlos verrann. Er erzählte so, als ob er alles selbst erlebt hatte. Meist waren es Spuk- und Gespenstergeschichten, gespickt mit Hellseherei, Spiritismus und übernatürlichen Kräften. "Eine Fotografie hat mir einmal das Leben gerettet", so begann er eine seiner Geschichten.

"Ich mußte eine längere Geschäftsreise unternehmen, eine Reise, die ich nur widerwillig antrat. Die Nacht zuvor hatte mich meine Frau geweckt und von einem Alptraum erlöst. Ich war ihr dankbar und meinte, der Alptraum würde wohl mit meiner bevorstehenden Abreise in Verbindung zu bringen sein. Als ich mich verabschiedete, umarmte sie mich heftig und blickte mir lange Zeit in die Augen. Zuletzt zog sie hastig ein Bild von sich aus der Kommode und beschwor mich, dieses Bild stets auf meinem Herzen zu tragen, es aber unter keinen Umständen aus der Hand zu geben. Im Eisenbahncoupé war ich ganz allein. In Gedanken ging ich alle meine geschäftlichen Aufträge noch einmal durch. Dann fing ich an zu dösen und wäre fast eingeschlafen. Da aber fiel mir der Abschied von meiner Frau ein. Ich holte ihr Foto hervor, um es mir mit Muße zu betrachten. Ein heftiger Windstoß, der durch das Fenster drang, riß mir das Bild aus der Hand und fegte es in die andere Ecke des Wagens. Erschrocken sprang ich auf und lief dem Bild nach. Ein ohrenbetäubender Lärm hinter mir ließ mein Blut in den Adern erstarren. Dort, wo ich bis vor einer Sekunde gesessen hatte, war eine wüste Trümmerstätte. Aus einem mit Holz beladenen Güterwagen hatte sich im Vorbeifahren ein Balken gelöst, das Fenster durchschlagen und sich mit voller Wucht in die Bankreihe gebohrt und sie restlos zersplittert."

Peters hatte eine besondere Art zu erzählen, vielleicht war sie ein wenig altmodisch. Auf alle Fälle machten seine Geschichten Schule, denn bald fing Werner Kaiser an, seine Erlebnisse zu schildern. Werner erzählte viel dramatischer, er überbot seinen Vorgänger, aber sonderbarerweise hatte seine Erzählung in den Grundzügen eine verdammte Ähnlichkeit mit der Petersschen.

Auch Hermann Zilles konnte erzählen. Er besaß ein umfangreiches marxistisches Wissen und viele praktische Erfahrungen aus dem schweren und opferreichen Kampf des Ruhrproletariats. Er hatte in der roten Ruhrarmee gekämpft und den Sturm auf Essen miterlebt. Wir hörten viele Begebenheiten aus dem Abwehrkampf gegen den faschistischen Terror, kurz bevor die Nazis an die Macht kamen, und von den ersten schweren Jahren der Illegalität. Hermann hatte in den Reihen der Internationalen Brigaden Spaniens Freiheit verteidigt, er war als Emigrant in Paris und Brüssel gewesen. Von all diesen Stationen des Kampfes konnte er berichten. Das wog, allein vom inhaltlichen Geschehen betrachtet, sehr viel schwerer als die Geschichten eines Peters. Hermann war ein Intellektueller, der sich konsequent auf die Seite der Arbeiterklasse gestellt hatte.

Eines Tages wurde er für kurze Zeit aus der Zelle geholt. Der Gestapo war es bekannt, daß Hermann über graphologische Kenntnisse verfügte. Der Gestapochef verlangte die Beurteilung einer Handschrift. In einem Betrieb waren handgeschriebene Flugblätter aufgetaucht. Sie hatten einen Arbeiter verhaftet, Schriftproben von ihm wurden vorgelegt. Zilles sollte nun bestätigen, daß die Handschrift des Arbeiters mit der anonymen Schrift übereinstimmte. – Hermann hat dem wißbegierigen Gestapomann eindeutig bewiesen, daß sie den Falschen gegriffen hatten.

Während der sechs Wochen, die ich in der Steinwache zubrachte, habe ich zwei Schließer kennengelernt. Der eine, klein und behäbig, lief stets mit einem kummervollen Gesicht herum, und es schien mir, daß er sich um die Gefangenen sorgte. Er gab väterliche Ratschläge gegen Kopfschmerzen und Erkältungen. Auch gab er deutlich zu verstehen, daß er für die mangelhaften und zu geringen Essensportionen nicht verantwortlich sei. Der andere war schmächtig und sah fast so verhungert aus wie wir. Er verfügte indes über eine gewaltige Stimme, und wenn er die Tür aufschloß, brüllte er los, daß es ohne Mühe in jedem Winkel des Gebäudes zu hören war. Dabei blickte ihm der Schalk aus den Augen: "Wer von euch Vagabunden heißt hier Hermann Zilles? Herkommen!"

Während er so herumdonnerte und mit den Augen lachte, holte er aus seiner Tasche ein Päckchen Tabak und Zigarettenpapier. "Von Herbert Arzt, Zelle sechs", sagte er so leise, daß nur Hermann ihn verstehen konnte. "Wirst du mal Haltung annehmen?" schrie er. Hermann blieb gelassen, nahm keine militärische Haltung, aber den Tabak an. Der Wachtmeister grinste, und alle grinsten zurück. "Wir haben kein Feuer!" hauchte Werner Kaiser, der der Tür am nächsten stand. "Macht nicht soviel Qualm, Rauchen ist in diesem Hotel verboten!" Dabei warf er eine Schachtel Streichhölzer in die Zelle, die geschickt und dankbar aufgefangen wurde. Die Tür knallte zu, daß der Kalk von den Wänden rieselte.

Die Wachtmeister sorgten auch in geringem Maße für Informationen. "Lüttich, Verdun, Metz sind gefallen!" Wir wollten es nicht glauben, aber die Siegesfanfaren, die aus dem Radio der Wachstube bis zu uns hinaufdrangen, verkündeten eines Tages: "Paris ist genommen, Frankreich besiegt. Der Waffenstillstand ist abgeschlossen!" Der Vorsteher, der sich kurz bei dem einmalig gewährten Spaziergang im Hof zeigte, lief mit geschwollener Brust herum, so als ob er Paris erobert hätte.

Es war durchgesickert, daß jeder von uns zu seinem Heimatort geschafft werden sollte. Eines Tages war es so weit. Die meisten waren im Ruhr- und Rheingebiet beheimatet, einige aus Sachsen, Thüringen, Berlin. Ganz plötzlich wurden wir getrennt. Kaum war die Zeit für ein flüchtiges Lebewohl. Herbert Arzt sollte ich für kurze Zeit im KZ wiedersehen, von Jupp Rademacher und

Heinrich Reichel hörte ich erst nach meiner Befreiung. Jupp, um den einige besorgt waren, er könnte vielleicht zum Verräter werden, starb wie ein Held. Er wurde von der Gestapo gefoltert und, weil er schwieg, erschlagen. Heinrich Reichel, zum Tode verurteilt, schrieb am 22. Juli 1943 einen Abschiedsbrief. Am Ende lautete er: "Nun zum Schluß meine letzten Worte: Seid eingedenk, daß ich zu Euch gehörte, meine letzten Gedanken gelten nur unserer Sache. Die allerherzlichsten Grüße und viel Glück und Freude wünscht Euch allen Euer Heinrich."

Nach einer Zwischenstation in Hannover befand ich mich schließlich in einer Einzelzelle im Polizeigefängnis Berlin-Alexanderplatz. Ich setzte mich auf den Schemel, grübelte und dachte zurück. Wie, wann und wo hatte alles angefangen? Ich hielt mit mir ein Zwiegespräch:
"Das war damals, als Du vor den Spiegel tratest, um Dich zu prüfen."
"Das stimmt, ich stellte mir Fragen, und Du, mein zweites Ich, antwortetest aus dem Spiegel gerade wie jetzt."
"Der Kampf gegen Hitler ist notwendig. Seine Partei, sein Programm bedeuten Krieg. Was willst Du tun?"
"Was kann ich tun? Der Krieg, wenn er kommt, kommt mit oder ohne mich."
"Betrüg Dich nicht! Der Krieg gegen das eigene Volk hat schon begonnen. Du willst Dich drücken."
"Ich kann mich nicht drücken, denn ich weiß, wer heute nicht für die eigene Sache kämpfen will, wird morgen für die Geldsäcke kämpfen müssen."
"Na also, was bleibt Dir übrig?"
"Nur eines, jetzt muß ich kämpfen!"
"Du bist keine Kämpfernatur, Du bist friedfertig. Der Kampf ist ungleich. Wenn sie Dich erwischen, foltern sie Dich."
"Ich weiß, und ich fürchte mich. – Ich bin nicht allein, mit mir sind viele! Wir müssen den Krieg verhindern. Es kann Tausende Opfer kosten, den Krieg zu dulden – Millionen!"
"Am Abend hast Du Dich mit vier Jugendgenossen getroffen, Du hättest sie allein lassen können."
"Das konnte ich nicht, sie im Stich lassen!"
"Du hast ihnen erzählt, was du über den imperialistischen Krieg wußtest. Ihr habt diskutiert über seine Ursachen, Urheber, über seine Opfer und Folgen."
"Wir haben über Karl Liebknecht und Rosa Luxemburg gesprochen und daß wir kämpfen müssen wie sie. Dann haben wir Zettel geschrieben und verteilt, auf Ihnen stand: Wer Frieden und Freiheit, Arbeit und Brot will, muß gegen Hitler sein. Denn Hitler bedeutet Krieg!"

"Ja, so hat es angefangen, darum bis Du hier. Jetzt kommt Deine Prüfung. Halte Dich bereit!"

Als ich mir den Kopf bis zur Müdigkeit zermartert hatte, fing ich an, die Zelle nach Zeichen und Inschriften zu untersuchen.

"Wer nie sein Brot mit Tränen aß,
wer nie die kummervollen Nächte
auf seinem Bette weinend saß,
der kennt euch nicht, ihr himmlischen Mächte.
Ihr führt ins Leben uns hinein,
ihr laßt den Armen schuldig werden,
dann überlaßt ihr ihn der Pein;
denn alle Schuld rächt sich auf Erden."

Dieses Schillerzitat war in die Tür geritzt, genau unter dem Guckloch, durch welches der Schließer heimlich den Gefangenen beobachten konnte. In der engen Zelle gab es ein Bett, einen Schemel, ein Tischchen, ein Wandregal, ein Wasserklo. Im Regal einen Blechnapf, einen Löffel. An der Wand hingen ein Geschirrtuch, ein Handtuch.

Die Zeit verrann unendlich langsam. Hinter allen Zellentüren saßen sie, wie ich, wartend, von einer Mahlzeit auf die andere, von einem Tag zum folgenden, von einem Schrecken zum nächsten. Man gab mir keine Arbeit. Man wußte bei der Gestapo genau, was es heißt, mit sich und seinen Gedanken allein nur den Hunger als Gast zu haben. Auf diese Art wollte die Gestapo die Gefangenen kirre kriegen. Das war mir klar. Sie hatten Erfahrungen, wußten, daß die Isolation, das Nichtstun einen Menschen zerbrechen können. Wie konnte ich dem entgehen?

Ich fertigte mir aus durchgekautem Brot ein winziges Schachspiel an. Die hellen Schachfiguren aus der Mitte, die dunklen aus der braunen Kruste mit Staub vermischt. Es waren teure Schachfiguren, denn sie waren von der Hungerportion abgespart. Das Schachbrett klebte ich mir aus dem Zeitungs-Klopapier, als Kleber diente auch hier das zerkaute Brot mit Speichel verdünnt. Die zweiunddreißig Figuren paßten in ein Schächtelchen, das ich mir nach dem Muster einer Streichholzschachtel bastelte.

Viel Zeit brauchte ich dafür, doch sie verging nun bedeutend kurzweiliger. Das Schachspielen mit mir selbst fand ich auf die Dauer langweilig. Ich zählte alle Lieder auf, die ich kannte und kam auf ungefähr dreihundert. Ich sang leise vor mich hin oder sprach mir die Texte vor. – Jeden Morgen und Abend machte ich Gymnastik, stemmte den Schemel oder übte Liegestütz und Kniebeugen.

Vier Wochen vergingen, ein Kriminalkommissar holte mich zum Verhör. Er führte es allein durch. Ihn interessierte die Emigration. Warum ich gegangen sei. Was ich in Holland getan habe. Wo ich gewohnt hätte. Ich überlegte krampfhaft, was sie wissen würden und was nicht. Ich war zuletzt in meiner Amsterdamer Wohnung polizeilich gemeldet gewesen. Diese Unterlagen würden sie bestimmt schon angefordert haben. Emigranten, die in Spanien gefallen waren, konnte ich sicher auch kennen. Ich beschränkte mich auf möglichst wenige Aussagen und gab vor, mich mit Malerarbeiten über Wasser gehalten zu haben.

Der Kommissar war ungehalten. "Wir haben Zeit", sagte er. "Aber Sie, Sie wollen doch gerne rauskommen. Wenn Sie uns alles sagen, entlassen wir Sie." Mit diesen Worten brachte er mich zurück in die Zelle. Dort ließ er mich wieder einige Wochen warten und hungern. Immerhin war ich froh, daß dieses Verhör so glimpflich abgegangen war.

So wichtig schien ihnen die Emigration nicht zu sein. Es ging wohl darum, mir irgendeine politische und deshalb strafbare Handlung nachzuweisen. Ich versuchte mir nun alles genau einzuprägen, was ich dem gesagt hatte und was der sich natürlich alles aufgeschrieben hatte. Nach vier Wochen wurde ich ein zweites Mal von ihm geholt. Er begann von vorne, so daß ich meine Aussagen wiederholen mußte.

Nach und nach hatte sich das Zimmer mit Bullen gefüllt. Ehe ich mich versah, befand ich mich in einem Kreuzverhör. Die Fragen prasselten von allen Seiten auf mich ein, obwohl jeder der Kerle getan hatte, als ob er sich nur um seine Arbeit kümmern würde. Ich mußte alle meine fünf Sinne beisammennehmen. Sie versuchten es auf die Süße: "Du mußt den inneren Schweinehund bekämpfen und ehrlich sein." Sie drohten, sie könnten auch anders, und behaupteten, ich würde bestimmt ein dickes Buch über die Emigration schreiben können. Ich blieb bei meinen eingelernten Aussagen.

Sie führten mich zurück in meine Zelle. Nach einigen Wochen brachte mir einer einen Schutzhaftbefehl zur Kenntnisnahme und Unterschrift. So ordnungsliebend waren sie. Ich machte eine spöttische Bemerkung. Haßerfüllt verkündete der Bulle: "Dir wird das Lachen noch vergehen!" Der Sommer war dahin, der Monat Oktober begann. Es war schon kalt, die Zelle ungeheizt.

Ich hatte nur den leichten braunen Anzug, den Jet mit mir in einem kleinen jüdischen Geschäft für elf Gulden gekauft hatte. Er sollte erst zwanzig kosten. Sie aber hatte gefeilscht und gehandelt, bis wir für dieses Geld noch einen Mantel mit Fischgrätenmuster dazubekamen. Jetzt hatte die Hose blanke Stellen. Kein Wunder, ich hatte sie ja Tage und Nächte geschleppt, im Viehwagen oder auf Zementboden mit ihr geschlafen. Am 16. Oktober 1940 wurde ich um fünf Uhr früh geweckt. "Fertig machen, es geht gleich auf Transport!"

In Sachsenhausen

Auf dem Hof stand die "grüne Minna". Schon in der Weimarer Republik hatte der graugrüne Transportwagen für Gefangene diesen Namen von den spottlustigen Berlinern erhalten. Wir waren etwa fünfzehn Häftlinge in dem fensterlosen Auto, das nur durch einen schmalen Spalt unter seinem Dach geringe Orientierungsmöglichkeiten bot. Die Ortskundigen bestätigten, daß wir nach Sachsenhausen gefahren würden. Einer wußte besonders gut Bescheid. Er kam zum zweiten Mal dorthin und konnte uns gute Ratschläge erteilen: "Wenn wir ankommen und die SS die Tür aufmacht, den Befehl zum Aussteigen gibt, müssen wir auf Draht sein. Schnell rausspringen und Aufstellung nehmen. Das erspart uns Keile. Die prügeln so lange auf uns ein, bis wir in Reih und Glied stehen. Laßt euch nicht umhauen! Wer am Boden liegt, wird unter die Stiefel genommen."

Das waren Erfahrungswerte, die wir nutzten. Das Auto hielt. Wir sprangen hinaus, bauten uns auf, steckten einige Püffe und Fußtritte ein, aber standen in Dreierreihen vor dem Torgebäude. "Schutzhaftlager" stand in gotischen Buchstaben quer über der Toreinfahrt. Diese war durch ein schmiedeeisernes Gitter versperrt, in dem sich eine schmale Tür befand. Die Tür zierte das höhnische Eingangsmotto: "Arbeit macht frei!". Wir wurden hindurchgestoßen. Vor mir erblickte ich einen großen halbkreisförmigen Platz, er war durch die Giebelseiten von Holzbaracken eingegrenzt. Auf diesen erstreckte sich von einem zum anderen Ende des Platzes der Spruch: "Es gibt einen Weg zur Freiheit. Seine Meilensteine heißen: Gehorsam, Fleiß, Ordnung, Ehrlichkeit, Sauberkeit, Wahrhaftigkeit, Nüchternheit, Opfersinn und Liebe zum Vaterland!"

Wir standen mit dem Gesicht zum Tor. Auf dem ein wenig vorgebauten Balkon des Torgebäudes hielt ein Doppelposten mit drehbar montiertem Maschinengewehr Wache. Die beiden beglotzten uns und machten spöttische Bemerkungen. Einer von ihnen sagte: "Kiekt ja nich so dämlich her, sonst schick ick euch 'ne Fotografie runter!"

Der Oktoberwind wirbelte über den Platz und jagte schwarze Staubwolken in die Gesichter. Ich fror jämmerlich in meinem leichten Anzug. In der Hand hielt ich einen Pappkarton mit der Wäsche, die mir meine Mutter zum Wechseln ins Gefängnis gebracht hatte. Bald würde sie von neuem zum Polizeigefängnis laufen mit der frischen Wäsche und sie wieder nach Hause tragen, abgewiesen, gedemütigt, aber mit neuen Sorgen beladen.

Ein SS-Offizier mit weißen Handschuhen kam auf uns zu: "Warum bist du hier?" fragte er einen. "Ich bin Jude." "Wie oft vorbestraft?" "Viermal." Der SS-Offizier wurde puterrot und schrie mit einer überschnappenden Fistelstim-

Einlieferung ins KZ Sachsenhausen

Todesdrohung

me: "Und so was lebt noch? Und so was lebt noch?" Er hatte sich die Handschuhe ausgezogen, um sie beim Schlagen nicht blutig zu machen.

So sehen sie also von nahem betrachtet aus, die Herrenmenschen: Über die den Gegnern unterstellte Unmoral sittlich entrüstet und bedenkenlos bereit, diesen das Leben abzusprechen: Herren über Leben und Tod.

Damals wußte ich noch nicht, daß es Juden gab, die im Gefängnis sitzend sich selbst krimineller Delikte beschuldigten, um dadurch ihre Gefängnishaft zu verlängern. Allerdings stieg zugleich das Vorstrafenregister. Aber besser im Gefängnis als im KZ. Draußen waren die Juden vogelfrei, im Zuchthaus hatten sie in dieser Zeit zumindest ihr Leben. Im Vergleich zum Lager verhielt sich die Zelle wie die Vorhölle zur Hölle. Welche Bewandtnis es mit den vier Vorstrafen hatte, ist bedeutungslos, sie waren verbüßt. Bedenkt man jedoch das Ausmaß der Judenverfolgung, ist man erstaunt, daß nicht mehr Juden sich als Kriminelle bezichtigten.

Wir standen Stunde um Stunde. Es mochte gegen Mittag sein, da wurde es im Lager lebendig. Arbeitskommandos rückten zum Mittagsappell ein. Vorarbeiter meldeten Namen und Stärke des Kommandos. SS-Posten gaben Befehle. Ein Häftling mit Armbinde, auf der "Läufer" stand, flitzte an uns vorbei, stand stramm, machte Meldung. "Mützen ab!" schrie es vom Tor her. Das Stampfen der Marschierenden dröhnte im Torduchgang. "Finger lang! Frei weg! Mützen auf!" Und wieder das "Mützen ab!", schlagartiges Klappen und rhythmisches Knallen der Stiefel auf dem Zementboden der Lagerstraße. Die in Zebraanzüge Gekleideten marschierten in endlos anmutenden Kolonnen.

Ich wagte nicht, mich umzudrehen, konnte meine Neugierde beherrschen, morgen würde ich sowieso einer von diesen sein. Aus den Geräuschen hinter mir konnte ich mir vorstellen, was sich dort abspielte. Die Marschkolonnen mußten sich neu formiert haben. Das Trampeln der Füße, das Flüstern vieler Münder, fernes und nahes Rufen militärischer Kommandos formte sich zu einem eigenartigen Gesumm, aus dem sich einzelne Laute deutlich abhoben: "Richt euch!" Schnurrende Stiefel. "Augen gerade...aus! Die Augen...links!" Für einen Moment trat Ruhe ein. Eine Stimme schrie über alle Köpfe hinweg: "Still...stan...! Mützen...ab!" Ein dumpfer Schlag: "Augen...rechts!" Einer meldete, daß das Lager zum Mittagsappell angetreten sei. Dann die mir schon bekannte Fistelstimme: "Lassen Sie den Pöbel wegtreten!" Wieder Kommandos und wieder der Marschtritt, der sich langsam verlor. Die nun eintretende Ruhe währte nicht lange. Alles schien sich zu wiederholen, aber in umgekehrter Reihenfolge: Gebrüllte Befehle, Marschtritt von Tausenden, die vom Tor wie von einem gewaltigen Moloch verschlungen wurden. Stille.

Es mochte gegen vierzehn Uhr gewesen sein, als aus dem Torgebäude ein SS-Scharführer trat. Er befahl: "Links um, Laufschritt!" Die Knochen waren steif vom Stehen und Frieren. Schwerfällig setzten wir uns in Bewegung. Als wir den Platz zur Hälfte überquert hatten, jagte er uns zurück: "Kehrt marsch, marsch! – Kehrt marsch, marsch! Hinlegen!" So trieb er es, bis die Pappkartons platzten und die Habseligkeiten im Dreck lagen. Keuchend kamen wir schließlich zur Entlausung. Hier mußten wir uns völlig ausziehen, Kleider, Wäsche, Wertgegenstände abliefern. Alles kam in die Effektenkammer. Ein Häftling führte Buch über die abgenommenen Dinge, ein anderer stand mit einer Haarschneidemaschine bereit, um uns die Köpfe kahlzuscheren. Ohne meinen natürlichen Kopfputz kam ich mir noch nackter vor.

Im Nebenraum rauschte die Brause. Ich sehnte mich nach dem Bad. Als letzter kam ich schließlich zum Duschen, mich damit tröstend, daß ja immer einer der Letzte sein muß. Aber nun schlug mir aus dem Waschraum ein eisiger Schauer entgegen. Die Brause war kalt. Der Scharführer saß pfeifend auf

Arbeitskommando angetreten!

dem Fensterbrett mit seiner Pistole spielend: "Na, runter, ihr Arschlöcher!" Er zielte lässig. Das Wasser rauschte unerbittlich auf uns herab. Es gab kein Entrinnen. Ich machte es wie die anderen, faltete meine Hände über den Kopf, um ihn zu schützen. Mein Körper wurde wie im Krampf geschüttelt. Da spürte ich den Rücken meines Nachbarn. Er hatte sich dicht zu mir gestellt. Ich begriff, daß er meine Wärme brauchte, wie ich seine. Das Wasser strömte eine Ewigkeit auf unsere durchfrorenen, zitternden Körper. Der Satan auf dem Fensterbrett hielt mit seinen Luchsaugen, seinem bösartigen Pfeifen und seiner Pistole alle in Schach. Wie lange kann ein halbwegs Gesunder diese Tortur durchhalten? Der hatte es bestimmt ausprobiert und trieb uns bis an die Grenze.

Das Wasser hörte auf zu fließen. Blaugefroren wurden wir zum Einkleiden geführt. Ich bekam eine Unterhose, die bis zum Knie ging und ein Unterhemd, dessen Ärmel bis zum Ellbogen reichten, ferner eine Jacke und eine Hose aus einer Art Scheuerlappenstoff mit blau-weißen Zebrastreifen. Jeder bekam seine Nummern und Winkel, die er sich auf die Jacke und an das Hosenbein anzunähen hatte. Die nächsten drei Stunden mußten wir in dem Gang zwischen

Sachsengruß. Drei Stunden in dieser Haltung reichten aus, die Glieder steif und unbeweglich zu machen.

den Baracken im "Sachsengruß" zubringen. Sachsengruß war die Bezeichnung für eine Kniebeuge, bei der die Hände im Nacken zusammengefaltet wurden, eine verhältnismäßig leichte Lagerstrafe. Drei Stunden in dieser Haltung reichten jedoch aus, die Glieder steif und unbeweglich zu machen. Den ganzen Tag in solcher Stellung zu verbleiben, war eine beträchtliche Quälerei, besonders wenn sie mit Essensentzug und "Austreteverbot" verbunden war.

Als der Sachsengruß beendet war, kam ich in den Block 14, eine Zugangsbaracke. Sie befand sich in dem kleinen Lager, das innerhalb des großen Lagers als "Isolierung" bezeichnet wurde. Der Stubenälteste trug über dem roten Winkel einen Querbalken. Das war das Zeichen dafür, daß er zum zweiten Mal in Sachsenhausen einsaß. Er war mürrisch und wortkarg, brachte mir aber ein Stück Brot. Einer meiner Leidensgenossen schaute neidvoll und sehnsüchtig zu, wie ich dankbar hineinbiß. Als ich merkte, daß ihm kein Brot gegeben wurde, brach ich ihm etwas von meinem ab.

Der Stubenälteste hatte es beobachtet, er nahm mich zur Seite und sagte: "Das Brot habe ich dir gegeben, du sollst es essen. Der andere dort kommt aus der Hitlerjugend und sitzt wegen Kameradendiebstahl! Brot ist knapp, zum Verschwenden hab ich keins!" Als ich zitternd und mit den Zähnen klappernd

Einer – Kommunist, Christ oder Sozialist – hat seine Freunde um sich geschart

auf dem mir zugewiesenen Strohsack lag, brachte er mir eine weite Decke. "Auch Decken sind knapp", bemerkte er beiläufig. Noch lange bebten mit die Kinnladen vor Kälte und Aufregung. Durch langes und tiefes Einatmen versuchte ich, meine Körperreflexe unter Kontrolle zu bekommen.

Ich dachte über das Erlebte nach. Woher wußte der Stubenälteste, daß der andere aus der HJ kam? Es war logisch, daß er dann auch meine Herkunft kannte. Von wem? Von der SS? Ausgeschlossen. Ich kam zu dem Schluß, daß ihm die wesentlichsten Fakten aus den Zugangsakten übermittelt worden waren. Der Stubenälteste hatte mir eine Lektion für das Lagerleben erteilt. Erstens: Es kamen nicht nur politisch bewußte Antifaschisten ins KZ, sondern auch deklassierte Elemente, gegen die Vorsicht geboten war und mit denen man sich nicht ohne weiteres solidarisieren konnte. Zweitens: Es mußte eine geheime antifaschistische Organisation geben, die sich um die Politischen sorgte und die Solidarität organisierte.

Der nächste Tag brachte mir eine Vorstellung von dem, was ich im KZ alles zu erwarten hatte. Überall herrschte Enge und Gedränge, im Waschraum, am Tisch, im Klo. Alles mußte schnell, schnell gehen. Nach dem Kaffee, einem nicht definierbaren schwarzen Gesöff, hieß es raustreten. Der Nachtfrost hatte die schwarzen Dächer der Blocks weiß gefärbt, Pfützen waren zu Eis erstarrt. Wir trappelten hin und her, um uns warm zu machen. Dann hieß es zu Fünfer-

Die Schuläuferstrecke führte immer um den Appellplatz

reihen antreten. Das gesamte Lager marschierte zum Morgenappell. Die Neuen blieben jedoch in der Isolierung. Nach dem Appell blieben wir im Stehkommando. Ins Stehkommando kam jeder, der noch keine Arbeit oder keine Arbeit mehr hatte. Auch Kranke und Invaliden, Menschen, deren Rücken vor Unterernährung krummgebogen waren, sogenannte Muselmänner, mit deren Tod man täglich rechnen konnte. Hier standen sie von morgens bis abends oder bis zum Umfallen.

Die Sonne ging auf, sie brachte die Kiefernstämme jenseits der Mauern und Türme zum Leuchten. Krächzende Krähen überflogen das Lager. Die Tür des Nachbarblocks wurde geöffnet. Drei schwarze Kisten wurden herausgetragen. "Das sind drei Zugänge von gestern", sagte der Blockälteste, der zu uns trat. Wer mochte es sein? Ob der Jude mit den vier Vorstrafen dabei war?

Ich sah mich unter den noch Lebenden um. Doch ich erkannte keinen wieder. Die einheitliche Zebrakleidung und die gleichmäßig kahlgeschorenen Schädel hatten jedem seine Individualität genommen. Wir bildeten alle den Einheitstyp, der nur durch seine Nummer einzuordnen war. "Haben sich viel erspart", sagte der Blockälteste. Es klang wie ein Nachruf. Dann mit veränderter Stimme: "Wer hier durchkommen will, muß auf dem Kien sein! Und zu diesem Zweck lernen wir jetzt marschieren. Das kann man auch gebrauchen, wenn das Herz rot ist!" Er fing an, mit uns zu exerzieren. Nun erst löste sich bei mir das krampfartige Klappern meiner Kiefer, dem ich bis zu diesem Zeitpunkt nicht Herr geworden war.

Am nächsten Morgen kamen alle Zugänge zum Schuhkommando. Hier wurden für Schuhkonzerne und Wehrmacht Ersatzledersorten getestet. Jeder von uns bekam eine Paar Schuhe. Wir mußten sie den ganzen Tag über tragen, ob sie paßten, war Glückssache. Der Weg führte immer um den Appellplatz herum. Er war dazu besonders vorbereitet. Ein Stück ging über grobe Schlakke, dann folgten hingeschüttete kleine Pflastersteine, über die wir stolpern mußten, Pfützen, Kieselsteine, Kies, Zementboden und lockerer Sand. Wir marschierten von morgens um sechs Uhr bis zwölf Uhr und von dreizehn Uhr bis neunzehn Uhr. Ob wunde Füße oder nicht, ob Regen oder Frost, es wurde marschiert. Vierzehn Tage blieb ich in dem Kommando. Das Glück war mir günstig, meine Füße blieben gesund. Ich konnte auch sonst gut Schritt halten, obwohl das halbe Jahr Gefängnis mich stark geschwächt hatte. Circa fünfhundertsechzig Kilometer bin ich in diesen Tagen im Kreis herumgelaufen.

Ich kam in das große Lager in den Block 26. Das war ein roter Block. Rot deshalb, weil hier alle Häftlinge einen roten Winkel trugen und somit als Politische eingestuft waren. Häftlinge mit grünem Winkel galten als Berufsverbrecher. Zigeuner und sogenannte Asoziale erhielten einen schwarzen Winkel. Juden wurden mit einem gelben Stern gezeichnet. Waren sie aus politischen Gründen eingesperrt, fügte man dem Stern ein rotes Dreieck hinzu. Homosexuelle trugen einen rosa Winkel. Ärzte, denen man Abtreibung vorgeworfen hatte, wurden von der SS als Kriminelle betrachtet.

Der schon erwähnte Hitlerjunge mit dem "Kameradendiebstahl" hatte einen roten Winkel bekommen. Die Winkelverteilung war recht schematisch. Es kam jetzt für mich darauf an, zu entdecken, was für ein Herz unter dem Winkel schlug. Da es nicht ratsam war, seine Gedanken offen auszusprechen, bedurfte es längerer Beobachtung und Prüfung, um die Menschen zu erkennen. Die äußeren Umstände erschwerten diesen Prozeß.

Im Block 26 herrschte nach meinen ersten Eindrücken eine ungute Atmosphäre. Das fürchterliche Gedränge bildete einen außerordentlichen Kontrast zu meiner früheren Einzelhaft. An einem Tisch, an welchem normalerweise sechzehn Personen sitzen konnten, mußten vierzig Platz finden. Zur Abendbrotzeit hockten fünfundzwanzig Menschen aneinandergepreßt am Tisch. Die übrigen standen hinter den Sitzenden und langten über deren Köpfe nach ihren Rationen. Sie verfügten aber keinesfalls über Bewegungsfreiheit, denn sie standen in einem engen Gang, der durch die in ihrem Rücken befindliche Schrankreihe begrenzt war.

An einem Tisch mußten 40 Platz finden

Wenn einer mit Essen fertig war, mußte er sich mit seinem Kaffeebecher in der Hand bis zum Waschraum durchkämpfen. Andere kamen ihm entgegen, die zu ihrem Schrank wollten, den sie mit mehreren zugleich belegt hatten. Die Schränke waren kaum dreißig Zentimeter breit. Vor ihnen war ein Menschenknäuel, denn noch immer standen einige davor, die aßen. Andere hatten ihr Geschirrtuch in der Hand, um den Becher abzutrocknen. Jeder versperrte jedem den Weg. Ein noch schlimmeres Gewühl herrschte im Waschraum und im Klo. Jeder Block hatte dem Blockeingang gegenüber nur einen Waschraum und nur eine Toilette mit acht Sitzbecken für sämtliche Insassen, die in zwei Tagesräumen bzw. zwei Schlafsälen hausten.

Es ist unbeschreiblich, was sich vor dem Frühappell abspielte, wenn die Blocks überbelegt waren und vierhundert oder sogar fünfhundert Menschen ihren Kaffee an insgesamt zehn Tischen einnahmen, an zwei Waschbecken sich wuschen, die für sechzehn Personen zugleich berechnet waren und acht Sitzklos benutzten, die fast auf Tuchfühlung nebeneinander standen und von denen ein fürchterlicher Gestank ausging. Alles mußte im Eiltempo geschehen, denn der Stubendienst hatte noch vor dem Abmarsch zum Appellplatz die Tische abzuwischen und die Bänke hochzustellen.

In diesem Durcheinander waren die Zugänge am schlechtesten dran. Sie mußten erst noch lernen, wo und wann sie was zu tun hatten. Sie standen überall im Wege, weil sie den Zeitplan und den regulären Ablauf allen Geschehens durch Unbeweglichkeit störten. Da gab es Flüche, Anschnauzer und Stöße, die man besser schweigend einsteckte und die man dann, wenn man Bescheid wußte, an die Neuankömmlinge weitergab. Ich erschrak über mich selbst, als ich so einen Neuen wegen seiner Ungeschicklichkeit als "dusseliges Kamel" anschrie. Ich merkte, wie der Lärm, die dauernde Hast und das ewige Zusammengepferchtsein meine Nerven zerrütteten und mich aggressiv machten. Zugleich wuchs meine innere Einsamkeit, denn noch immer fiel es mir schwer, Kontakt mit Gleichgesinnten zu finden.

Der Stubenälteste hatte mir einen Schrank für Handtücher und Eßgeschirr zugewiesen. Diesen Schrank hatte ich unter anderem mit einem älteren Mann zu benutzen. Er war recht freundlich, aber von einer Freundlichkeit, die mir nicht gefiel, weil sie mir übertrieben und nicht ganz echt vorkam. Wir kamen ins Gespräch, und er erzählte mir, daß er vor einiger Zeit aus der Sowjetunion ausgewiesen worden sei. Die Gestapo hätte ihn als politisch Verdächtigen verhaftet und ohne Prozeß ins Lager gesteckt. Es schien mir recht hart, daß die Sowjetunion Deutsche ausgewiesen hatte, die nun von den Faschisten verfolgt wurden. Ich stellte ihm viele Fragen, und dabei gestand er mir auch den Grund der Ausweisung. Er hatte sich als Spekulant an Butterschiebungen auf Kosten der Bevölkerung bereichert. Nun war mir einiges klar, jedoch gab es für mich keinen Grund, mit ihm zu brechen, waren wir beide doch hier in der gleichen verzweifelten Lage.

Bei dem nächsten Wäschewechsel fehlte plötzlich ein Geschirrtuch. Er ging zum Stubenältesten, schwärzte mich mit der Behauptung an, ich hätte meines verbummelt und ihm seines geklaut. Es war ein ungeschriebenes Gesetz, daß Häftlinge, die einen anderen bestahlen, verachtet und gemieden wurden. Unser Stubenältester knallte mir eine und ließ es dabei bewenden. Ich mußte diese ungerechte Behandlung einstecken. Schließlich war es mir klar, daß er die Stückzahl Wäsche, die er empfangen hatte, zurückgeben mußte. Einige Tage später, als ich endlich Gleichgesinnte gefunden hatte, wurde ich rehabilitiert. Dem Stubenältesten, einem sozialdemokratischen Genossen, war es sehr peinlich, daß er statt dem Spekulanten dem Kommunisten eine gepfeffert hatte.

In den ersten Tagen im großen Lager wurde mir noch keine Arbeit zugewiesen. Ich kam als Unbeschäftigter in das Stehkommando des Blocks 26. Es war inzwischen November geworden. Auch am Tage herrschte Frost. Da standen wir den ganzen Tag in unseren dünnen Lumpen zitternd vor Kälte in dem Gang zwischen den Blöcken. Bei strengerem Frost konnten wir im Klo stehen, dicht aneinander. Wir waren etwa dreißig Mann. Gesunde, Kranke und sogenannte Muselmänner. Krummgebogen, seelisch und körperlich gebrochen, siechten sie dahin, ohne im eigentlichen Sinne von einer Krankheit befallen zu sein. Natürlich wären sie zu retten gewesen. Normale Ernährung, warme Kleidung und sinnvolle Beschäftigung hätten genügt.

Diese gab es jedoch nicht. Wenn wir gegen Abend von dem qualvollen Stehen völlig gebrochen waren, die Arbeitskommandos einrückten und zum Appell einmarschierten, mußten wir uns aufstellen. Diese stundenlang währenden Zählappelle brachten manchen an den Rand der Erschöpfung und Verzweiflung. Es kam vor, daß z. B. vom Wald-, Kanal- oder Straßenbaukommando einer eine Fluchtmöglichkeit benutzt hatte. Das wurde beim Zählen festgestellt. Dann mußte das gesamte Lager so lange stehen, bis der Flüchtling wieder eingefangen wurde. Einmal dauerte es die ganze Nacht. Menschen brachen ohnmächtig zusammen oder fielen tot um. Die Lagerführung kannte kein Erbarmen. War der Flüchtling in irgendeinem Versteck aufgestöbert, wurde er vor den versammelten Häftlingen auf dem Appellplatz erhängt. Etwa fünfmal habe ich das mit ansehen müssen. Die Menschen starben so mutig, wie sie gelebt hatten.

Auch Appelle ohne besondere Vorkommnisse zogen sich über Stunden hin. Wenn es dem Lagerführer in den Sinn kam, verlangte er ein Lied. Dann wurde im Eiltempo eine Stehleiter für den Dirigenten herbeigeschafft. Dieser kletterte hinauf, gab den Titel des Liedes bekannt und hob seinen Taktstock. Die gängigsten Lieder waren "Haselnuß" und "Fröhlich sein". Trotz des heiteren Textes und der flotten Melodie hörte es sich wie ein Grabgesang an, wenn aus rauhen Männerkehlen langsam und gequält herausbrach: "Drum laßt uns singen und fröhlich sein". Schaurig schallte der Gesang bis nach Oranienburg hinein. Wenn der Einsatz nicht klappte, wurde unterbrochen und noch mal angefangen.

Eines Tages hieß es: Häftling 33527 zum Arbeitsdienst! Der SS-Führer, dem der Arbeitsdienst unterstand, sah sich den neuen an. Die Einteilung für die Arbeitskommandos nahmen Häftlinge mit rotem Winkel vor. Als ich Haltung annahm, winkten sie ab. Sie fragten, warum ich ins KZ gekommen sei. Dann schickten sie mich zu den Kartoffelschälern. Es war ein begehrter Arbeitsplatz. Der Raum, in dem die Kartoffeln für die SS-Küche geschält wurden, lag unter dieser Küche. Für die SS wurde absichtlich zuviel gekocht, so daß immer etwas übrig blieb. Auf Befehl der SS sollten diese Reste in den Schweinestall gebracht werden.

Der rote Vorarbeiter unseres Kommandos, Paul, klaute mit dem Einverständnis der Häftlingsköche dieses Essen für uns. Tag für Tag ging er das Risiko ein, geschnappt zu werden. Jeder Kartoffelschäler hatte sich eine Konservenbüchse und einen Löffel besorgt. Auch ich kam durch die Hilfe anderer in den Besitz solcher Büchse. Den Löffel ersetzte ich in der ersten Zeit durch einen Holzstab, der zum Einschieben ausreichte. Das Essen wurde in fliegender Hast ausgeteilt und von allen verschlungen. Ich mußte jedesmal an die Fütterung von Raubtieren denken, die Angst haben, die Beute an einen anderen Räuber zu verlieren. Es kam vor, daß während dieser Fresserei das Signal "Achtung" gegeben wurde. Sofort verschwanden alle Büchsen unter den Kartoffelbergen, und es wurde eifrig geschält.

Einmal wurde ein Teil der Häftlinge, darunter auch ich, zum Brotabladen geschickt. Als ich zurückkam, war der Scharführer Moll am Schnüffeln. Er hatte auch meine Essenbüchse gefunden. Er stellte mich mit einigen anderen in den Kellergang, der zum Schälraum führte. Dann nahm er sich unseren Paul vor und verprügelte ihn furchtbar. Ich nutzte den Augenblick und ging hinter seinem Rücken wieder auf meinen Platz zum Schälen. Moll bemerkte es nicht. Die Prügelei hatte ihn zu sehr in Ekstase versetzt. Paul und drei Kumpels kamen in die Strafkompanie. Das gesamte Kommando wurde abgelöst und mußte am ersten Dezember, es war ein Sonntag, den ganzen Tag am Lagertor stehen.

Der Tag war, obwohl frostfrei, feucht und kalt. Wir standen wie zu Bildsäulen erstarrt. Als es dunkel wurde, jagte uns die Torwache über den Appellplatz in unsere Blocks. Für mich war kein Mittagessen mehr da. Die Baracke war ungeheizt. Doch die vielen Menschen erzeugten eine stickig warme Atmosphäre. Nach einer Weile wich die Kälte aus meinen Gliedern. Ein Kumpel, der zu meinem Tisch gehörte, sprach mich an. Ich erzählte ihm, wie unser Kommando geplatzt war, wie der Moll den Paul verdroschen hatte und ihn in die SK gesteckt hatte. Er zeigte mir seine Hände. Die Finger waren krumm und steif und verkrüppelt. Im vorigen Winter hatte man den Häftlingen trotz heftigem Frost keine Handschuhe gegeben. Das war das Resultat.

Von nun an sprachen wir öfter miteinander. Wir erkannten uns als Genossen. Eines Tages brachte er mich mit Ernst Schneller in Verbindung. Ernst Schneller – wertvolle Erinnerungen verbanden mich mit ihm. Ich dachte an die Wochenendschule, an das herzliche Verhältnis, das er mit seinen Schülern hatte, an seine klare Ausdrucksweise, mit der er uns die wichtigsten Grundbegriffe der Strategie und Taktik der Arbeiterpartei vermittelt hatte. Mir fiel die Freidenkerveranstaltung im Sportpalast ein und sein unerschrockenes Auftreten dem Polizeioffizier gegenüber. Er war mir fast vertraut. Aber wer war ich für ihn? Nur einer der vielen Genossen, die ihm in seiner Parteiarbeit begegnet waren, ein Unbekannter.

Nun traf ich zum dritten Mal mit diesem berühmten Theoretiker und Praktiker des Marxismus zusammen. Ernst gehörte auch hier zur Führungselite der KPD. Er trug wie wir das gestreifte Zebrazeug am Leibe. Den Faschisten war er verhaßt, die Kameraden schauten auf ihn. Er stand in ihrem Kreis im Mittelpunkt. Er organisierte in geheimen Absprachen von Mann zu Mann und in kleinsten Gruppen Solidarität und Widerstand. Auch die SS ließ ihn nicht aus den Augen, setzte immer wieder Spitzel auf ihn an.

Ernst hatte eine lange Aussprache mit mir. Hierbei fragte er mich besonders über meine Emigrantentätigkeit aus. Auch wollte er wissen, wie ich über die Möglichkeiten einer Beendigung der faschistischen Diktatur dachte, und was nach Hitler kommen könnte. Ich schilderte die politische Lage und erzählte von der Berner Konferenz der KPD (30.1.–1.2.1939), die als Ziel gesetzt hatte, ausgehend von der ökonomischen und politischen Lage während der Septemberkrise 1938 nach dem Sturz des Faschismus die demokratische Republik zu errichten.

Die Beschlüsse waren erst im vorigen Jahr gefaßt, ihre Verbreitung gefahrvoll und langwierig und deshalb den Genossen im KZ noch ungenügend bekannt. Vermutlich sah Ernst in meiner Darstellung der neuen Situation einen Verzicht auf die geschichtlich notwendige Periode der Diktatur des Proletariats. Auf alle Fälle beschloß er, mich nicht näher an die Organisation heranzuziehen. Von diesem Entschluß erfuhr ich erst später durch Zufall, als ich zum zweiten Mal in das Lager kam. Seine Auswirkung spürte ich allerdings unmittelbar, denn mein Kumpel mit den erfrorenen Fingern ging auf Distanz.

Eine angenehme Überraschung hingegen erlebte ich eines Tages, als mir einer freundschaftlich auf die Schulter klopfte. Mein Freund und Genosse Herbert Arzt, genannt Kiepe, stand vor mir. Den Spitznamen hatte er sich in seiner früheren Berliner Parteiarbeit erworben. Der hatte ihm noch in der Emigration angehangen, denn "Kiepe" hatte eine Menge anschaulicher Vergleiche bei der Hand. "Wir brauchen 'ne janze Kiepe voll Erfahrung!" Er hatte viele Kiepen voll gesammelt, nicht nur eine. Die bitterste Erfahrung hat er den Lebenden durch seinen Tod vermittelt. Er wurde in Auschwitz lebendig verbrannt. So berichtete ein Kamerad, der von dort nach Sachsenhausen gekommen war.

Nach Auflösung des alten Kommandos Kartoffelschäler kam ich zum Rollwagen Nr. 6. Das war ein alter schmalrädriger Bauernwagen, der vormals von Pferden oder Ochsen gezogen wurde. Jetzt waren sechs Häftlinge vorgespannt. Wir mußten auf einer Wiese Grasboden ausstechen, mit diesen Stücken den Wagen beladen und ihn am Hühnerstall entladen. Wir hatten täglich zwölf Fuhren zu schaffen. Gelang das nicht, mußte der Vorarbeiter Sonntag nachmittag über am Tor stehen. Der Vorarbeiter trug einen grünen Winkel. Er hatte auch einen Knüppel bei sich, mit dem er uns ständig bedrohte und antrieb. Dennoch wollte er es sich mit seinen Leuten nicht verderben, war er doch von ihnen abhängig.

Ich kam zur Auffüllung in dieses Kommando, war also der Neue und zog mir schon aus diesem Grunde seinen Zorn zu. "Du Aas ziehst nicht", sagte er des öfteren und hielt mir den Knüppel vor die Nase. Ich zog jedoch aus Leibeskräften, so daß mir die Luft ausging und die Zunge aus dem Halse hing. Es war ein Wunder, daß wir die schwere Last bewältigten. Der Boden war an vielen Stellen aufgeweicht, die Räder drückten sich tief ein, unser Vorarbeiter mußte oft genug mit in die Speichen fassen.

Dieser Tätigkeit wurde ich enthoben, als Maler gebraucht wurden. So kam ich in das Malerkommando Deutsche Ausrüstungswerke (DAW). Die Werkstatt war auf dem Industriehof untergebracht. Mein neuer Vorarbeiter war der Kommunist Schorsch Link. Er war etwa fünfzig Jahre alt, von mittlerer Statur mit eingefallenen Wangen, grauen, dicken Augenbrauen und grauen Stoppeln auf seinem geschorenen Kopf. Trotz seiner Magerkeit wirkte er fest und drahtig. Seine Anweisungen waren kurz und entschieden. Vor seiner Verhaftung war er Malermeister in Freudenstadt gewesen. Berufs- und Lebenserfahrung gaben ihm große Selbstsicherheit und verliehen ihm eine Autorität, die von allen Häftlingen und selbst von der SS anerkannt wurde.

Trotzdem geriet ich mit ihm in Streit. Mein Selbstbewußtsein vertrug es nicht, wenn er mir zum Beispiel den Besen aus der Hand riß, wie ein Besessener losfegte und dabei erbost rief: "So wird gefegt!" Wenn ich auch kein hervorragender Fachmann war, Ausfegen hatte ich als Lehrling gelernt, und zwar zur Zufriedenheit meines anspruchsvollen Meisters. Hinter unserer Auseinandersetzung verbargen sich verschiedene grundsätzliche Auffassungen. Ich war der Meinung, die Arbeit müsse nur so gut sein, daß sie nicht als schlecht auffalle. Schorsch hingegen sagte, die Arbeit müsse immer erstklassig sein, auch im KZ, und wachte darüber, daß nur ganz einwandfreie Arbeiten abgeliefert wurden. Das verschaffte ihm ein großes Renommee. Er benutzte es, als es darum ging, das Leben eines Kameraden zu retten.

Eines Tages gab es eine große Aufregung. Das Holz für ein Werkstück war verschnitten worden. Die Verantwortung dafür hatte der Vorarbeiter der Tischlerei, Kurt Künzel, zu tragen. Die SS wollte ihn auf der Stelle hängen. Schorsch trat der SS mutig entgegen. Er lobte Kurt als einen tüchtigen Facharbeiter, der aus Prinzip nur gute Arbeit lieferte, und der zu einer Sabotage gar nicht fähig sei. Er mußte lange reden, doch er rettete Kurt vor dem Galgen.

Die DAW unterhielten verschiedene Werkstätten: Tischlerei, Schlosserei, Malerei u. a. Sie waren ein SS-Betrieb, der zunächst den Charakter eines Versorgungsbetriebes hatte. Hier wurde alles mögliche produziert, vom Kinderspielzeug bis zur Wohnzimmereinrichtung. Die teuersten Holzsorten wurden verarbeitet. SS-Offiziere durften sich das Beste leisten. Sparmaßnahmen aufgrund der Kriegswirtschaft betrafen sie offenbar nicht, sie fühlten sich als Sieger und wollten die Siege auskosten.

Auf dem Industriehof hinter den Werkstätten geschahen geheimnisvolle Dinge, von denen nur im Flüsterton gesprochen wurde. So erzählte mir der Tischler Otto Hartung, der beim Appell hinter mir stand, von Menschen, die an seiner Werkstatt vorbei in die hinterste Ecke des Hofes geführt wurden, aber von dort nie wieder zurückkehrten.

Die Weihnachtstage rückten heran. Spekulationen und Gerüchte machten die Runde. Von Amnestierung war die Rede. Mancher machte sich im stillen Hoffnungen und spottete doch laut über die Latrinen-Parolen. Viele erinnerten sich daran, daß es an Feiertagen im Gefängnis wenigstens besseres Essen gegeben hatte, zum Beispiel Kartoffelsuppe mit Würstchen oder Salzkartoffeln mit einem achtel Liter Gulasch. Ein Weihnachtsbaum wurde aufgestellt und mit einer Lichterkette geschmückt. Es war ein schöner Anblick für den, der es noch nicht wußte, daß bei Hinrichtungen am selben Platz der Galgen stand.

Der sogenannte Heilige Abend war angebrochen. Das Essen war ausgeteilt. Es gab außer dem üblichen Brot, das auch für das morgige Frühstück reichen mußte, einige Pellkartoffeln. Auch die Kaffeelorke stand schon eingegossen auf den Tischen. Da erscholl der Ruf: "Achtung!" Alles erstarrte in Habachtstellung. Drei Blockführer waren durch die Schlafraumfenster eingestiegen und standen nun unvermittelt im Tagesraum. "Ihr Schweine!" rief der eine, "Habt ihr Tomaten auf den Augen? Hinlegen!" Wir hatten kaum Platz zum Stehen, wie sollten wir uns hinlegen? Das scheinbar Unmögliche wurde möglich. "Auf!" Die zuunterst lagen oder unter Tischen und Bänken gehockt hatten, zwängten sich wieder hervor. Die Tische wankten, die Pellkartoffeln rollten, die Kaffeebrühe rann herab. Das Auf und Ab wiederholte sich einige Male. Dann wurden wir in den Schlafsaal gejagt. Sie standen am Eingang und prügelten drauf los. Es gab kein Ausweichen, jeder mußte an ihnen vorbei. Zurück in den Tagesraum, raus auf den Appellplatz. "Hinlegen! Auf! Hüpfen! Robben! Rollen, Sprung auf, Marsch, Marsch!" Das war der Heilige Abend 1940.

Bald danach kam ich in das Außenkommando Lichterfelde. Es befand sich Unter den Eichen, unweit des Botanischen Gartens. In einer Baracke waren hier etwa siebzig Häftlinge eingepfercht. Die Baracke war klein, wir hatten nicht viel mehr Platz als die Kameraden im Lager. Es gab jedoch etwas Zusatzverpflegung, eine gummiartige Blutwurst und eine Scheibe Brot. Wir sollten nicht so elend aussehen. Wir wurden jeden Tag auf einem offenen Lastwagen zu unserer Arbeitsstelle transportiert. Dieses Baukommando wurde bei der Renovierung eines repräsentativen Gebäudes am Charlottenburger Knie (später Ernst-Reuter-Platz) eingesetzt. Dort kamen wir auch mit Zivilarbeitern zusammen. Jede Unterhaltung mit ihnen war verboten und konnte schwere Strafen zur Folge haben. Eines Tages befand ich mich mit einem Zivilarbeiter und einem Bibelforscher in einem Durchgangszimmer. Ein Uniformierter kam vorbei. Der Bibelforscher raunte mir "Achtung" zu und riß seine Mütze vom Kopf. Sofort folgte ich seinem Beispiel, doch wohl eine Sekunde zu spät.

Vor meinen kurzsichtigen Augen verschwammen stets alle Gesichter, alle Uniformen mit all den verschiedenen Rangabzeichen. Ich kannte oder erkannte sie nicht oder nur auf kurzer Distanz. Der Uniformierte trat schleichenden Schrittes auf mich zu. Erst jetzt sah ich, es war der "Eiserne Gustav" (Gustav Sorge). Er baute sich vor mir auf, holte mit der Faust aus, doch führte sie nur bis vor meine Nase. Der entsetzte Blick des Zivilarbeiters zwang ihn, sich zu beherrschen. Durch die Zähne preßte er: "Verfluchtes Schwein, dir müßte man die Fresse einschlagen!" Nach dieser Episode entstand des öfteren ein Gespräch zwischen mir und dem Zivilarbeiter immer dann, wenn wir sicher waren, unbeobachtet zu sein. Ich faßte Vertrauen zu ihm und gab ihm eine schriftliche Nachricht für meine Eltern mit, die er ihnen auch zustellte.

Einige Tage später wurde ich nach Sachsenhausen zurückgebracht, zur politischen Abteilung. Mir graute vor der neuen Ungewißheit. Hatte das Ganze mit dem "Eisernen" oder mit dem Zivilarbeiter zu tun? Weder das eine noch das andere. Der Staatsanwalt hatte ein Verfahren wegen Rassenschande gegen

4.30 Uhr. Alles aus den Betten und anziehen

Stundenlanger Appell morgens und abends

mich eingeleitet. Ich kam in das Untersuchungsgefängnis Moabit und eine Woche später in das Gefängnis Plötzensee.

Im Gefängnis

Das Gefängnis bedeutete Isolierung, doch zugleich Ruhe und verhältnismäßige Sicherheit. Außerdem konnte man in der Untersuchungshaft alle vierzehn Tage zwei Bücher auf Bestellung aus der Bibliothek erhalten. Ich bestellte mir Kunstgeschichte und nacheinander die dazu passende Literatur. Ich wurde von dem mir nie zu Gesicht kommenden Bibliothekar ganz hervorragend bedient. Ich erhielt das Werk "Michelangelo" von Hermann Grimm, das einen guten Einblick in die italienische Renaissance gewährt, außerdem einen Roman über Tilmann Riemenschneider mit einer trefflichen Schilderung der deutschen Bauernkriege und einer Würdigung des Bildschnitzers, der wegen seines Eintretens für die Aufständischen grausam bestraft wurde. Man schlug ihm seine kostbaren Hände entzwei. Ich erinnere mich an die Anfangswort dieses Romans: "Unrecht saß zu Gericht." Was für ein aktueller Bezug auf die Nazijustiz. Oft hörte ich in meiner Zelle das Sünderglöcklein läuten, das bekannt machte, daß wieder ein Kämpfer zum Schafott geführt wurde. Unrecht saß zu Gericht. Das 16. Jahrhundert mit seiner Inquisition war wieder auferstanden.

Der Juni des Jahres 1941 brachte hochsommerliche Temperaturen. Bis in meine Zelle drang der Lärm der übervollen Badeanstalt, die unweit meiner Zelle am Plötzensee sein mußte. Eines Tages ertönte außer der Anordnung des Bademeisters Schallplattenmusik herüber: "Es steht ein Soldat am Wolgastrand" aus der Operette "Der Zarewitsch". Dazwischen Fanfarensignale und Ansagen. Ich erinnerte mich der Siegesmeldungen über Paris und lauschte angestrengt. Die Ansagen kamen oft, doch es dauerte lange, bis ich mir von den wenigen Worten, die ich verstand, einen zusammenhängenden Text machen konnte. Was ich da heraushörte, war furchtbar. Die Hitlerarmee war in die Sowjetunion eingefallen. Noch wollte ich es nicht glauben. Doch zur Mittagszeit bestätigte es mir der Kalfaktor. Die Nachricht machte mich krank. Abends hatte ich Fieber und Schüttelfrost, meine Zähne schlugen aufeinander.

Am folgenden Tag hoffte ich, vom Kalfaktor mehr zu erfahren. Doch zunächst hörte ich nur die Siegesfanfaren und die anschließenden Meldungen so undeutlich, daß mir nur der allgemeine Sinn klar wurde: Sieg und Triumph. Es beunruhigte mich sehr. Abends erfuhr ich Einzelheiten: Die Festung Bialystok war eingekreist und umgangen. Die Truppen waren schon einhundert Kilometer ins Land

Selbstbildnis 1942 im Gefängnis Tegel

gedrungen. Der Kalfaktor erzählte mit leuchtenden Augen. Er versprach sich einen schnellen Sieg und die große Amnestie, die auch ihn betreffen würde.

In den nächsten Tagen brachte er mir immer neue Siegesmeldungen. Ich wollte sie nicht glauben. Das hatte gute Gründe. Mir waren die Worte Stalins im Gedächtnis: "Wenn sie es wagen sollten, ihre Schweineschnauzen in unseren Sowjetgarten zu stecken..." Das war nicht so dahergeredet. Hinter dieser Warnung stand eine militärische Macht, die millionenstarke Kommunistische Partei und eine neue Gesellschaftsordnung, die ihre Überlegenheit über den Imperialismus beweisen würde. Es war unmöglich, dieses riesige Land zu besetzen und das kapitalistische System gewaltsam wiedereinzuführen.

Ohne lange über diese Probleme zu grübeln, stand es für mich vom ersten Tag dieses Krieges fest: Die Endphase des Faschismus war eingeleitet. Dieser Krieg war das schlimmste Verbrechen gegen das eigene Volk, das belogen und betrogen, ausgeraubt und wie zum Hohn noch mitschuldig gemacht werden sollte. Die Jugend, die Blüte der Nation, wurde auf die Schlachtbank des imperialistischen Krieges getrieben.

Ein Vierteljahr blieb ich in dieser Zelle. Die Gedanken an den Krieg verließen mich nicht. Abends schlief ich mit ihnen ein, morgens erwachte ich mit ihnen. Sie wühlten in mir, ob ich alte Kleider trennte und dabei die Staubwolken einatmete, oder an der Nähmaschine saß und Anstaltskleidung ausbesserte, der Krieg war mir gegenwärtig. Unsere Prophezeiung "Hitler bedeutet Krieg" war Wirklichkeit geworden. Aber die andere Voraussage "Und richten sie die Gewehre gegen die Sowjetunion, dann rüsten rote Heere zum Kampf, zur Revolution" – Warum war sie nicht in Erfüllung gegangen?

Im Gefängnis besuchte mich ein Rechtsanwalt. Meine Eltern hatten ihn für mich engagiert. Ich war wegen "Rassenschande" angeklagt. Er vertrat meine Sache im Rahmen seiner Möglichkeit. Der Staatsanwalt schilderte in der Anklage die Rassenschande als das fluchwürdigste Verbrechen, das ein Deutscher begehen konnte. Dann sprach mein Verteidiger. Er widerlegte nicht, doch alles bekam einen mildernden Anstrich. Ich hatte mich auf mein letztes Wort vorbereitet. Er verhinderte es geschickt. Zwei Jahre Gefängnis, unter Anrechnung von einem Jahr bereits verbüßter Schutz- bzw. Untersuchungshaft, waren das Ergebnis. Ich nahm das Urteil an. Eine Berufung hätte meinem Vater die Prozeßkosten verteuert, genutzt hätte sie nichts.

Nach der Urteilsverkündung wurde ich in das Strafgefängnis Tegel verlegt. Bald nachdem der Wachtmeister die Gefängnistür hinter mir verschlossen und verriegelt hatte, kam der Kalfaktor zum Guckloch: "Kumpel, warum bist du hier?" Ich schilderte es ihm, und er sagte: "Ich bin auch Kommunist. Ich hol dich hier raus. Du wirst Kalfaktor, ich werde in drei Tagen entlassen, dann brauchen sie einen neuen!"

Am nächsten Tag kam er mit einem sehr alten Hauptwachtmeister wieder. Der war mürrisch und kurz angebunden. Ein grauer Schnauzbart mit hängenden Spitzen ließ ihn noch bärbeißiger erscheinen. Er fragte nach meinem Vergehen. "Rassenschande, Herr Hauptwachtmeister!" "Kommunist?" "Jawohl!" Mein Genosse setzte sich für mich ein: "Mit dem haben Sie bestimmt keine Scherereien, Herr Hauptwachtmeister!" Nach einigen Tagen wurde ich in die Gilde der Kübelträger als Neuer aufgenommen.

Nun erfuhr ich, daß ich im Haus 2, Station 7, eingesperrt war. Auf der Station 7 standen in den Zellen Druckmaschinen. Die meisten waren uralt, mit Fußantrieb und Schwungrad, wenige wurden elektrisch angetrieben. Gedruckt wurden Adressen und Absender auf Briefumschläge, die andere Gefangene geklebt hatten. Klischees wurden in der Gießerei unserer Station von dem Gießer Paul gegossen. Wir waren vier Kalfaktoren, der Hauptkalfaktor, der Brotholer und zwei Hilfskalfaktoren. Letztere mußten die Kübel, die morgens und abends von den Gefangenen rausgestellt wurden, wegtragen, leeren und säubern, denn in der Zelle befanden sich kein WC und kein Wasserhahn.

Das war keine angenehme Arbeit. Außerdem machte der Hauptwachtmeister nur Leute zum Kalfaktor, die ihre fünftausend Briefumschläge als Tagespensum bedruckten. Als Entschädigung konnten wir uns das nach der Essensausgabe Übriggebliebene zu Gemüte ziehen. Das war die Sache wert, denn die Gefängniskost war völlig unzureichend, dünn und mager. Die Mitgefangenen beneideten mich um diesen Posten. Sie litten alle Hunger, einige aßen die Kartoffeln, ohne sie zu pellen und baten um die Schalen, die andere wegwarfen.

Der Hauptkalfaktor Werner war etwa fünfunddreißig Jahre alt, er hatte für einen von ihm verursachten Verkehrsunfall drei Jahre Gefängnis bekommen.

Das fand er ungerecht. Die gesellschaftlichen Mißstände störten ihn nicht. Auf politische Diskussionen ließ er sich nicht ein, und ich blieb ihm gegenüber gleichfalls reserviert.

Der Brotholer Franz kam aus Oberschlesien. Der Verkehr mit einer Polin war ihm zum Verhängnis geworden. Für diese "Missetat" war er eingesperrt. Er wurde bald entlassen, und in seine Stelle rückte der Hilfskalfaktor Martin auf. Martin war etwa fünfundzwanzig Jahre alt, von Beruf Eisenbahner. Er hatte an einem bereits beschädigten Paket ein wenig gekratzt, so daß ihm Zigaretten und Schokolade in die bereits offenen Hände gefallen waren. Er glaubte sich unbeobachtet, als er die Beute in die eigene Tasche steckte. Das war ein Irrtum, über den er in der Abgeschiedenheit seiner Zelle drei Jahre Zeit hatte nachzudenken.

Martin war mir dennoch ein guter Kumpel. Er klaute für mich aus der Gefängniskirche bunte Schulkreide. Auch eine Rasierklinge bekam ich durch ihn. Mit dieser schabte ich die Kreide zu Pulver, mischte es mit dem Leim, der für die Briefumschläge verwendet wurde, goß das Produkt in vorgefertigte Papierformen und ließ es fest werden. Von dem Ergebnis war ich selbst überrascht, ich hatte Aquarellfarben hergestellt, die sich mit ein wenig Wasser auflösten und sich mit einem Pinsel auf Papier übertragen ließen. Den Pinsel fertigte ich aus meinen eigenen Haaren. Das erforderte viel Geduld und viel Zeit. Letztere hatte ich mehr als mir lieb war. Ein kleines Aquarell gelangte, in meiner schmutzigen Wäsche versteckt, in die Hände meiner Eltern. Es hat durch einen glücklichen Zufall die Zerstörung des Krieges überlebt. Dargestellt ist der Markt in Amsterdam, wie ich ihn zu dieser Zeit noch lebhaft in Erinnerung hatte.

Auch Papier besorgte Martin, er war mit allen Wassern gewaschen. Er hatte Verbindungen nach mehreren Seiten. Er kam mit Werner im gesamten Gefängnis herum, weil der Kalfaktor von der Station 7 zugleich für das Austragen der Krankenkost, die er von der Küche abholen mußte, zuständig war. Das beste, was mir Martin gegen Entgelt von acht Kuhlen (Brotrationen) besorgte, war ein kleiner Radioapparat. In einer Telefon- oder Kopfhörermuschel war ein winziger Detektorempfänger eingebaut. Nach dem abendlichen Einschluß legte ich mir diese Muschel unter das Kopfkissen. Den Draht, der an der Muschel befestigt war, schloß ich an meine Druckmaschine an, und der Empfang war gesichert. Der Radioapparat war für mich von großer Bedeutung.

Bald wußte ich, daß auch der Gießer Paul ein solches Gerät besaß. Ich konnte es merken, weil er immer die neuesten Nachrichten kannte. Auch er hatte eine Sonderstellung. Paul nahm im Auftrage des Hauptwachtmeisters die Arbeit ab und teilte neue zu. Wir konnten nur die offiziellen Nachrichten empfangen von den Sendetürmen aus Königswusterhausen. Doch aus ihnen konnte man politische Rückschlüsse ziehen und eigene Kommentare verfassen.

Beim Essenausteilen bestand öfter die Möglichkeit, diesem oder jenem etwas davon zuzuflüstern. Als Kalfaktor hatte man auch die Verpflichtung, den Staub von den eisenbeschlagenen Zellentüren zu wischen. Man ging von Tür zu Tür und sprach leise durch die Türritzen. Mir ging es dabei immer darum, den Nimbus der Unbesiegbarkeit, der der Hitlerarmee anhaftete, in Zweifel zu ziehen.

Als ich im September eingeliefert wurde, meldete ich mich gleich zum Arzt, um die sanitären Verhältnisse zu testen und mit anderen einige Worte zu wechseln. Zu meiner Verwunderung war einer der Gefangenen der Meinung, der Krieg sei in vierzehn Tagen beendet. Begründung: Unsere Truppen stünden vor Moskau, die Stadt sei in Sichtweite; Leningrad sei eingeschlossen, Goebbels habe bereits den Sieg über den Bolschewismus verkündet. Ich widersprach: "Der Krieg ist noch lange nicht zu Ende, jeder Sieg verlängert ihn nur. Gewinnen kann Hitler den Krieg nie. Er wird mit einer Niederlage enden." Mein Widersacher schüttelte nur mitleidig den Kopf. Ich war ihm einfach zu dumm.

Ich teilte meine Gedanken Martin mit. Er erzählte mir von dem Gefängnisvorsteher. Der hatte in den ersten Tagen des Überfalls auf die Sowjetunion jeden Morgen die Insassen vor die Zellentür treten lassen und ihnen triumphierend die letzten Nachrichten vorgelesen. Das ganze war nicht ohne unfreiwillige Komik gewesen. Der Herr Vorsteher nuschelte und zischte alle S-Laute durch die Zähne. Seine Vorlesungen begannen: "Wehrmachtschberischt!"

In der Druckerei gab es des öfteren Arbeitsunfälle. Die alten Maschinen hatten keine Schutzvorrichtungen, die der modernen wurden oft nicht eingeschaltet, um Zeit zu sparen. Das Arbeitspensum war hoch, es wurde gehetzt, um es zu schaffen. Die Unfälle waren alle von gleicher Art: beim Anlegen der Umschläge mit der Hand in die Maschine gekomen. Schwere Quetschungen waren die Folge.

Es gab viele traurige und schwere Stunden im Gefängnis: Die Isoliertheit, die Enge, die Unsicherheit der Bombennächte ohne Fluchtweg, das ewige Kuschen, die Unterdrückung aller menschlichen Regungen und Gefühle, die Trennung von allen Verwandten und Freunden, der quälende Hunger, die Ungewißheit der Zukunft der Familie und der eigenen, – man brauchte viel Kraft, um das zu überstehen.

Auf unserer Station ereigneten sich zwei Selbstmordversuche und ein Selbstmord. Einer hatte sich über das Treppengeländer hinabgestürzt, er brach sich nur die Beine, ein anderer schnitt sich die Pulsadern auf. Das Blut sickerte unter der Zellentür durch. Ich bemerkte es zufällig und schlug Alarm. Er wurde gerettet. Ich sah ihn später in Sachsenhausen wieder. Er fand meinen damaligen Entschluß, ihm zu helfen, richtig.

Dem Gießer Paul stand die Wiederaufnahme seines Spionageprozesses bevor. In erster Instanz war er zu fünf Jahren Gefängnis verurteilt worden. Jetzt erwarteten ihn Verhöre, Folter und Fallbeil. Er erhängte sich in seiner Zelle. Man trug ihn fort. Die Gedanken beschäftigten sich mit Paul und den Machenschaften der Justizbehörden. Er tötete sich aus Furcht, gequält und getötet zu werden.

In der Einsamkeit der Zelle gab es keinen, dem man sich anvertrauen konnte. Mut mußte man sich selbst zusprechen. In dieser Zeit entstand ein Gedicht, das ich mir fest einprägte. Nur im Kopf konnte ich es später mit hinausnehmen.

> *Wollen Sorgen mich umschlingen,*
> *will die Einsamkeit mich quälen,*
> *weiß ich stets durch frohes Singen*
> *Mut und Geist und Herz zu stählen.*
>
> *Reiße wohl das Fenster auf,*
> *jag die bösen Geister fort,*
> *nehme alle Kraft zuhauf,*
> *wünsch mich an den schönsten Ort.*
>
> *Und mir ist es nun,*
> *als könnten Mauern mich nicht halten.*
> *Ich kann lassen, ich kann tun,*
> *kann wie freie Menschen walten.*
>
> *Neue Zukunftsmelodien*
> *will ich mutig singen!*
> *Und ich triumphiere kühn:*
> *Ihr könnt mich nicht zwingen!*

Obwohl wir am Tage durch unsere Arbeit beschäftigt waren, gab es doch viele Stunden zum Grübeln, die zwei Bücher in zwei Wochen waren ja auch schnell ausgelesen. Ich reimte viel und machte es mir leicht. Nicht immer hatte ich Bleistift und Papier zum Aufschreiben. Was vom Wachtmeister gefunden wurde, verschwand. Darum machte ich Schüttelreime. Sie waren schwierig zu erfinden, aber durch ihren Doppelreim leichter zu behalten.

Familie Schmatz

Im Gesicht verrät sich leicht
Oft das innere Wesen.
Mußt's nur wissen und es weicht
Manch Geheimnis, Du kannst lesen:

Ob der Mensch sehr klug,
Ob ein Dummkopf oder krank,
Ob er die Nase oft im Krug,
Sich berauscht am Gläserklang.

In den Zügen spiegelt sich
Tugend oder Laster.
Auch die Lügen zeigen sich
Und die Sucht nach Zaster!

Gebt acht, bei dem Herrn Schmatz hier
hebt sich besonders vor die Gier.
Und weil er stets für zwei Mann frißt,
sprudelt sein Mundwerk frei beim Zwist.

So dick und faul ist er,
wie Schweine nach der Mast.
Sieh nur sein Maul,
das sagt Dir doch schon alles fast.

Eine Nase, die sich aufwärts
wie 'ne Gurke schiebt.
Ich meine, daß es sowas
nur bei Schurken gibt.

Von Ferne sieht man schon,
daß gleicher Sinn und gleicher Geist
sehr gerne sich gesellt, –
auch seine Frau ist dick und feist.

Ohnehin wissen schmale Lippen nicht zu kosen,
Starkes Kinn,

's gibt nichts zu tippen
– sie hat an die Hosen!

Familie Schmatz gab hier
Bild und Beispiel großer Habgier.

Ich schrieb Liebesgedichte, in einem hieß es:

"Werden wir uns wiedersehen?
Gibt's für uns ein Auferstehen?
Dann, wenn wir uns wiederfinden,
Wird es Dir mein Herze künden:
Kann nicht leben ohne Liebe,
Kann nicht leben ohne Dich!"

So hoffte ich auf eine gemeinsame Zukunft mit Jet. Nachdem meine Haftzeit von einem Jahr vergangen war, erhielt ich einen Brief vom Generalstaatsanwalt, in dem es sinngemäß hieß, er könne keine mildernden Umstände gelten lassen. Die vor Antritt der Strafe verbüßte Haftzeit werde nicht angerechnet. Das im Urteil verhängte Strafmaß sei voll gültig. Die zwei Jahre seien im Strafgefängnis Tegel zu verbüßen. Es traf mich nicht besonders. Ich konnte mir ausmalen, daß meine Entlassung mich nach kurzer Freiheit in die Strafkompanie 999 gebracht hätte. Eine schlimmere Strafe konnte ich mir nicht vorstellen.

Werner hatte neben der Ausgabe der Krankenkost dem Vorsteher das Essen zu bringen. Der bekam wie die Gefangenen Kohlrüben; nur mit dem Unterschied, daß seine Kohlrüben mit Fleisch und Fett zubereitet wurden und somit schmackhafter und bekömmlicher waren. Eines Tages teilte ich das Essen auf der Station aus, der Hauptwachtmeister, unser grauer Schnauzbart, schloß die Zellen auf und zu. Der Vorsteher kam vorbei: "Wasch gibtsch denn heute?" "Kohlrüben, Herr Vorsteher!" "Rühren Schie mal um!" Er guckte in den Essenkübel: "Schehr nahrhaft, schehr nahrhaft" nuschelte er. Er sah mir eine Weile zu, dann schnauzte er: "Schie rühren ja garnischt um!" "Das macht er doch", erwiderte der Hauptwachtmeister für mich. Das letztere entsprach den Tatsachen. Ich rührte jedesmal um, bevor ich das Essen schöpfte, und ich füllte meine Kelle mit einem kleinen Berg. Im Gegensatz zu Werner, der die Kelle so geschickt schüttelte, daß sie kaum noch voll war. Er wollte immer viel übrig behalten. Einen Teil überließ er uns, seinen Helfern. Den Rest brachte er in den Krankenkost-Schüsseln zu seinen "Geschäftspartnern".

Eines Tages geriet ich mit dem Vorsteher zusammen. Das kam so: Der Moloch Krieg hatte viele Menschen verschlungen. Da entdeckten die Nazis in Zuchthäusern und Gefängnissen Menschenreserven, denen man voreilig den Stempel "wehrunwürdig" in die Papiere gedrückt hatte. Von nun an setzte die Werbung fürs Massengrab auch im Knast ein. Im Haus I hatte der Vorsteher bereits die Frage "Wer meldet sich freiwillig?" gestellt. Das Ergebnis war, wie ich hörte, für ihn mager ausgefallen. Nun sollte Haus II gefragt werden.

Ich hatte vorgearbeitet, war von Zellentür zu Zellentür geschlichen und hatte mit den Zuverlässigsten gesprochen. Ich hoffte auf acht bis zehn Neinstimmen. Wir wurden im Kirchenraum versammelt. Fünfunddreißig Männer der Station 7. Nach salbungsvoller Einleitung kam die Frage: "Wer meldet sich nicht freiwillig?" Diese Art der Fragestellung überrumpelte alle und forderte auf, sich zu melden, wenn man nicht Soldat werden wollte. Spontan hob ich meine Hand hoch. Ich sah mich um. Keiner folgte meinem Beispiel. Spannungsgeladene Stille herrschte im Raum.

Der Vorsteher rief mich nach vorn. "Warum wollen Schie schich nischt melden?" herrschte er mich an. Ich suchte nach einer plausiblen Antwort. Wenn ich sehr mutig gewesen wäre, hätte ich gesagt: Ich bin Kommunist. Doch ich fühlte mich allein. Von den anderen im Stich gelassen, hatte ich nicht die Kraft, mit offenem Visier zu kämpfen.

"Ich bin den Anforderungen des Krieges nicht gewachsen", sagte ich. Das Echo, das ich damit auslöste, kam für mich völlig unerwartet. Der Vorsteher blieb ruhig, doch meine Mitgefangenen lachten. Zorn erfüllte mich. Für die hatte ich mich eingesetzt? "Euch wird das Lachen vergehen, wenn ihr an der Front seid!" Sie schwiegen, doch die Kluft zwischen uns war nun größer zum Nutzen des Vorstehers. Der wollte mich zu weiteren Äußerungen provozieren, um mich dann leichter fertig zu machen. Er setzte zu neuen Fragen an, und ich war auf dem besten Wege, mich in eine fatale Lage zu bringen.

In diesem Augenblick kam unerwartete Hilfe. Der Hauptwachtmeister Block fiel mir ins Wort: "Ach, lassen Sie doch, Herr Vorsteher, warum soll man sich mit so einem soviel Mühe machen. In die Zelle!" kommandierte er und führte mich ab. Am nächsten Tag kam er zu mir: "Warum hast du dich nicht gemeldet?" Er sah mich prüfend, aber nicht feindselig an. "Weil ich Kommunist bin, Her Hauptwachtmeister, und weil ich nicht auf meine Genossen schießen kann!" "Ach so", sagte er, "und ich dachte, du wärst Bibelforscher." Das war interessant. Der Hauptwachtmeister hatte sich gegen den Vorsteher für einen Gefangenen eingesetzt. Was bewog ihn dazu? Die Achtung vor dem Glauben eines anderen Menschen? Ich hatte nicht erwartet, daß unter diesem Uniformrock ein menschliches Herz schlug.

Erst neulich hatte er bei einem der seltenen Spaziergänge im Gefängnishof peinlich genau darauf geachtet, daß alle im Gleichschritt gingen. Wir liefen in einer langen Reihe im Gänsemarsch. Block stand wie ein Denkmal auf einem Sockel und kommandierte: "Links, rechts, links, rechts, links!" Zu seinem Leidwesen konnte der spanische Gefangene als einziger in der ganzen Reihe den Schritt nicht halten. Block sprang von seinem Sockel herab, führte ihm die Beine mit seinen großen Pranken. Doch kaum hatte er seinen Standplatz wieder eingenommen, war unser Spanier erneut aus dem Schritt gekommen. Block forderte den Hintermann auf, dem Spanier ordentlich in den Arsch zu treten. Der tat es, leider. Block kommandierte links, der Spanier machte rechts. Block tobte und schrie, lief rot an, es nützte nichts. Es war eine stumme Demonstration, die besagte: Wir müssen von dem, was sie von uns verlangen, das Gegenteil tun. Ein kluger Gedanke, den man nicht einmal beweisen konnte. Der Hauptwachtmeister Block kapitulierte: "Laßt ihn, der ist zu dämlich!"

Natürlich hatte meine freiwillige Dienstverweigerung ein Nachspiel. Ich wurde aus der Druckerei in die Kleberei versetzt. Der Wachtmeister Henkel nahm die Verlegung vor. Er stand in der Tür und sah mir zu, wie ich meine paar Sachen zusammenpackte. In meiner Druckmaschine versteckt hing meine Radiohörmuschel. Ich bückte mich, griff schnell und steckte sie in den Strumpf, während ich vortäuschte, die Strümpfe hochzuziehen. Ich hoffte, ihn genarrt zu haben.

In der neuen Zelle wechselte ich das Versteck. Ich hatte mir schon längst in meiner Hose eine Geheimtasche genau im Zwickel zwischen den Hosenbeinen eingenäht. Nadel und Faden hatte mir Martin besorgt. Kaum hatte ich sie dort versteckt, wurde die Tür aufgeschlossen. Wachtmeister Henkel trat mit einem neuen Hilfswachtmeister ein. Dieser war dick, was in dieser schlechten Zeit auffällig war. Wie sich herausstellte, war die Ursache seiner Körperfülle die Zuckerkrankheit. Er hieß Strick. "So", sagte Henkel, "haben wir die Pflicht, die Zelle nach verbotenen Gegenständen zu filzen. Wir müssen auch aufpassen, ob der Gefangene nichts am Körper versteckt hat." Er tastete mich ab und fand nichts. Nachdem er auch noch erfolglos die Matratze durchsucht hatte, zog er mit dem Dicken ab.

Nun mußte ich Briefumschläge kleben. Mit dem Kalfaktorenposten schien es vorbei zu sein. Nach vierzehn Tagen holte mich der alte Schnauzbart wieder auf seine Station zurück und setzte mich in meine alten Rechte ein. Der Alte hatte keine Angst vor dem Vorsteher und Sinn für Gerechtigkeit. Mein Kumpel Martin verschwand eines Tages aus meinem Gesichtskreis. Seine Strafe hatte er noch nicht verbüßt. Die großen Landräuber brauchten den kleinen Paketräuber, um für sie die Kastanien aus dem Feuer zu holen.

Ich wurde nun Brotholer, andere rückten zu Hilfskalfaktoren auf. Unter ihnen einer, den man nicht in einem Gefängnis vermutete, ein Zahnarzt. Nicht irgendeiner, sondern, wenn er die Wahrheit sagte, der einstige Zahnarzt von Hermann Göring. Wir hatten keinen Grund, daran zu zweifeln. Er hieß mit Vornamen Werner, war Jagdflieger und homosexuell. Manchmal fungierte er als Zahnarzt für Gefangene. "Zahnziehen darf den Patienten nicht weh tun", behauptete er. Mir hat er auch einen Zahn gezogen, und es tat wirklich nicht weh. Warum er einsaß, erzählte er nicht. Er war bei politischen Gesprächen, und auch was Göring anging, reserviert. Seine Sprache war gepflegt, wie man sie bei Leuten aus höhergestellten Familien feststellen

Der homosexuelle Werner war einst Zahnarzt bei Göring

kann. Doch er gab sich wie ein Kumpel, tat kameradschaftlich, es stand nicht im Widerspruch zu seinem Wesen. Zugleich war er ein Spötter, uns gegenüber freundschaftlich, gegen andere zynisch.

Ein sonderbares Quartett waren wir: Der Akademiker, ausgestoßen aus der Oberschicht der Gesellschaft, weil er sexuell anders war; der strebsame Verkehrssünder, noch im Gefängnis bemüht, seine proletarische Herkunft zu verleugnen; der in den Maschen der menschenfeindlichen Gesetze unbeirrbare Kommunist, und der Vierte, wie der Zahnarzt homosexuell, aus einfachen Kreisen des Mittelstandes stammend, von den Nazis als unwertes Leben eingestuft und kriminalisiert.

Er hieß Giese, wurde von allen nur Gisela genannt. Als ich ihn zum ersten Mal Staub wischen sah, wunderte ich mich über seine fraulichen Bewegungen. Fraulich schien mir auch sein Charakter; liebenswürdig, bescheiden. Es war angenehm, sich mit ihm zu unterhalten. Etwas Anormales besaß er wirklich. Eine doppelte Zahnreihe im Oberkiefer, die für ihn sehr lästig war.

Der Holländer Pieter de Haas

Als Brotholer blieb es mir nicht verborgen, daß Brotrationen verschoben wurden. Sie wurden zum wichtigen Tauschobjekt. Brot gegen Tabak und Kautabak. Brot gegen Bleistifte, Rasierklingen, Radios. Die Schiebergeschäfte blühten. Einer der Ausgangspunkte schien mir die Häftlingsküche zu sein. Sie war die sprudelnde Quelle. Von hier konnte dieses oder jenes in dunkle Kanäle ab- und zurückfließen.

Auf der Station sah das so aus: Mein Hauptkalfaktor sagte zu mir: "Heute holst du vierzigmal Brot!" "Das kann ich nicht", erwiderte ich, "wir haben nur sechsunddreißig Gefangene auf unserer Station und nur achtunddreißig Zellen überhaupt. Wenn ich vierzig Stück Brot verlange, muß es dem Hauptwachtmeister, der die Brotausgabe überwacht, sofort auffallen." Er aber meinte: "Du mußt vierzigmal Brot verlangen. Das ist mit dem Zentralkalfaktor so festgelegt. Der Hauptwachtmeister wird nichts sagen. Die vier Brotrationen, die du zum Schluß übrig behältst, mußt du geschickt unter das Bodentuch deines Brotkorbes schieben. Denn wenn der Wachtmeister nach der Essensausgabe in den Korb guckt, muß er für ihn leer sein. Du erhältst dafür eine Portion, eine bekomme ich und zwei der Zentralkalfaktor. Ich hoffe, du eignest dich zum Brotholer?" Es war das klügste, ich eignete mich. Ich bin zwar nie dahintergekommen, warum der Hauptwachtmeister den Schwindel mitmachte, doch es liegt auf der Hand, daß es ihm um beträchtliche Vorteile gehen mußte.

An bestimmte Materialien oder Arbeitsleistungen konnten die Beamten nur auf krummen Wegen über Gefangene herankommen. Diese nutzten die Chance, ihre Gegenforderungen mußten, wenn auch widerstrebend, erfüllt werden. Von nun an hatte ich Gelegenheit, mal diesem oder jenem meiner Freunde ein Stück Brot zuzustecken. Zu ihnen gehörten der Holländer Pieter de Haas, der Belgier Klaas Hendrik und Georg Ramm, der von Beruf Fleischermeister war. Die beiden ersteren saßen wegen Spionageverdacht. Hätte man sie überführen können, wären sie zum Tode verurteilt worden. Ich betrachtete sie als Nazigegner und somit als Verbündete. Ramm behauptete, daß er zu Unrecht verurteilt sei. Die ihm zur Last gelegten Fleischschiebungen bestritt er entschieden. Er betrachtete sich als Opfer der rigorosen Nazimaßnahmen gegen Kleinhandel. Er war kein Nazifreund, was mir eine Diskussionsmöglichkeit eröffnete. Frau Ramm brachte ihrem Mann zur Besuchserlaubnis stets ein halbes Pfund Schabefleisch mit. Der aufpassende Beamte bekam stets seinen Schweigeanteil.

Einmal wurde nach so einem Besuch von einem anderen Beamten die Zelle des Gefangenen Ramm durchwühlt. Das Ziel dieser Aktion war, die Beute an sich zu reißen und dem "Kollegen" Bestechung anzuhängen. Der Schnüffler durchkämmte die Zelle mit großem Eifer, denn er wußte, was er suchte. Einen Erfolg hatte er jedoch nicht. Dabei lag das Fleisch säuberlich unter der umgestülpten Schüssel, und die stand an ihrem gewohnten Platz in dem kleinen Regal, das zum dürftigen Inventar der Zelle gehörte.

Der Hilfswachtmeister Strick war ein gutmütiger Trottel. Seine Körperfülle, sein Name und sein hilfloses und nutzloses Herumpoltern reizten zum Spott. Ich zeichnete einige Karikaturen von ihm und schmiedete dazugehörende Verse. Wachtmeister Henkel, der mich nach seiner vergeblichen Schnüffelei belauerte, ertappte mich dabei. Außerdem fielen ihm zwei meiner Liebesgedichte in die Hand. Er beschlagnahmte alles, fragte, ob ich das selbst gedichtet hätte, und hielt mir Moralpredigten. Seit dieser Zeit behandelte er mich mit einer Art Respekt. Wenn er Dienst hatte, schloß er mich auch mal bei Ramm oder de Haas für ein paar Stunden ein.

Das Dasein der Gefangenen bestand zum größten Teil aus Hunger und Stumpfsinn. Doch an einem Sonntag gab es auf unserer Station fröhliche Gesichter. Wir bekamen Salzkartoffeln und einen Achtelliter Gulasch. Dieses Menü stand sonst nur zu Ostern, Pfingsten und Weihnachten auf der Speisekarte.

An diesem Tage teilte ich das Essen aus. Aufsicht hatte Hilfswachtmeister Strick. Ein Blick in den Essenskübel überzeugte mich, daß wir zuviel Essen bekommen hatten. Ich konnte also wirklich aus dem vollen schöpfen. Schon bei der ersten Kelle erhob Strick Einspruch: "Nicht so viel, das ist ja viel zuviel!" Jedesmal schrie er, es ist zuviel. Wir Kalfaktoren lachten und freuten uns wie die Kinder. Seine Anweisungen, das normale Maß zu verabreichen, überging ich mit Scherzworten. Die Augen meiner Mitgefangenen strahlten vor Freude und Dankbarkeit. Zum Schluß waren noch einige Kartoffeln übrig. Ich brachte sie zur Zentrale zurück.

Nach diesem fröhlichen Festschmaus folgte ein großes Donnerwetter. Alle Hauptkalfaktoren wurden zur Zentrale beordert. Bis in meine Zelle hinein hörte ich den Hauptwachtmeister Block grollen. Die Essenskübel waren falsch beschriftet und vertauscht worden. Dadurch war das Essen ungerecht verteilt, auf einigen Stationen war zu viel Essen, auf andere zu wenig hingekommen, doch die bösen Kalfaktoren hatten das Übriggebliebene aufgefressen. Sie traf der Zorn des Hauptwachtmeisters. Nur die "Janoven" der Station 7 bildeten eine rühmliche Ausnahme. Sie hatten das Essen, was sie zuviel hatten, "ehrlich zurückgegeben".

In diesen Jahren der Isolation war die hin und wieder gewährte Besuchserlaubnis von großer Bedeutung. Unter Bewachung, durch eine Barriere und einen langen Tisch getrennt, sah ich nacheinander meine Mutter, meinen Vater und meinen Bruder wieder.

So froh wir waren, uns zu sehen, so schmerzlich war der Abschied. Wir Brüder, die wir früher so unzertrennlich waren, hatten uns acht lange Jahre nicht gesehen. Er kam in der verhaßten Soldatenuniform, seinen Fronturlaub benutzend. Die Qualen des Krieges hatten ihre Spuren in sein Gesicht gezeichnet, die jugendliche Frische war verschwunden, der Glanz in seinen gütigen Augen erloschen. Welche Schrecken hatten sie stumpf gemacht?

Ich stellte ihm die Frage, ob sie, die Soldaten, nicht unseren Sieg beschleunigen könnten. Er verstand mich, wußte, daß ich den Sieg über den Faschismus meinte. "Wir tun, was wir können", antwortete er lächelnd. Das ganze Elend des verfluchten Krieges und die Vorahnung, ihn zum letzten Mal zu sehen, fühlte ich heftig und verzweifelt. Als sie uns trennten, verlor ich die Beherrschung und heulte.

Es war ein Abschied für immer. Eines Tages waren die zwei Jahre Gefängnis abgesessen. Würden sie mich freilassen? Ich machte mir keine Illusionen. Das Beste hoffen, auf das Schlimmste gefaßt sein. Das war seit langem meine Lebensregel. Es kam, wie ich befürchtete. Die Nazis hatten die Gesetzlosigkeit zum Gesetz erhoben. Ohne gerichtliche Untersuchung, ohne Gerichtsurteil, unter Ausschaltung von Rechtsanwälten und Gerichtsverhandlungen wurde von einem anonymen Gestapomann die "Schutzhaft" auf unbestimmte Zeit angeordnet. In meinem Fall hatte sie nicht erst aufgehört. Ich kam nach Sachsenhausen zurück und erhielt meine mir bereits vertraute Nummer 33527.

Doch zunächst "überstellte" man mich, wie der Fachausdruck lautete, in das Polizeipräsidium Berlin-Alexanderplatz. Mit vielen anderen stand ich in einem Raum, in dem wir nur durch eine Barriere vom Publikumsverkehr getrennt waren. Man konnte den Eindruck gewinnen, kurz vor der Entlassung zu sein. Neben mir hockte ein Mann mit abgetragenen Kleidern. Er hatte sich an die Wand gelehnt und war langsam in die Knie gesunken. Mein Blick fiel zufällig auf seine blaue abgewetzte Schirmmütze. Auf dem äußeren Schirmrand krabbelte eine Wanze hin und her. Wenn sie das Ende des Halbkreises erreicht hatte, machte sie kehrt und lief zurück. Ich stieß ihn an. Er schlug die Mütze gegen die Wand.

Hinter der Barriere gab es laute Stimmen: "Was? Die wollte dir Zigaretten geben? Das ist Bestechung! Lauf der Ollen hinterher! Los!" Die vor mir Stehenden waren größer. Ich hörte nur das Türenklappen und das Trampeln der schweren Stiefel und schließlich die ergebnislose Rückkehr des Gestapobullen: "Das Aas war schon weg!"

Es herrschte Halbdunkel im Kellergeschoß in der großen Massenzelle, in die man mich schob. Ich brauchte Zeit, um mich in der grauen Farblosigkeit zurechtzufinden. Die der Tür am nächsten waren, betrachteten mich abschätzend. An den Wänden waren kniehohe Holzpritschen lückenlos aneinandergestellt. Auf ihnen lagen oder hockten zusammengesunkene Gestalten. In der Mitte des Raums standen kleine Gruppen im Gespräch beieinander. Einzelgänger wanderten ruhelos auf und ab. Sie erinnerten mich unwillkürlich an Raubtiere im Käfig. Ein bestialischer Gestank kam aus der Ecke hinter den Wandschirmen, wo große Kübel die Toilette ersetzen mußten. Wo konnte ich in diesem Gewimmel ein bescheidenes Plätzchen für mich finden? Es war hoffnungslos.

Gegen Abend wurden schmale, zu kurze Matratzen hereingebracht. Wir lagen wie Ölsardinen in einer Büchse. Nicht für alle reichte das Lager. Der Rest hockte zusammengekauert am Fußende der Pritschen oder setzte den ruhelosen Gang fort, bis andere ihnen ihren Platz überließen. Am dritten Tag bekam ich sogenannte "Sackläuse". Ein kaum sichtbares Ungeziefer, das in den Schamhaaren nistet. Ich meldete mich, wurde mit grauer Salbe behandelt und von der Plage befreit.

Bei der Beurteilung der Mitgefangenen fiel mir der Unterschied zu denen von 1933 auf. Damals war, bis auf wenige Ausnahmen, die antifaschistische Avantgarde eingesperrt. Es waren Menschen, die zur geistigen Elite der Arbeiterbewegung zählten, Arbeiter mit vielleicht geringer Schulbildung, aber einem ausgeprägten Wissen über Marxismus-Leninismus, mit Kenntnissen über progressive Literatur, ausgerüstet mit vielen praktischen Erfahrungen, die sie sich als Funktionäre der Arbeiterorganisationen angeeignet hatten. Die jetzigen Insassen waren in der Mehrheit Leute ohne politische Bildung.

Die Jüngeren hatten die Hitlerjugend und den Dienst bei der Wehrmacht mitgemacht. Ich merkte es an den Wehrmachtsliedern, die sie sangen. Sie waren durch die unmenschlichen, unzumutbaren Belastungen, die die Faschisten ihnen mit ihrem Krieg beschert hatten, in Kontrastellung geraten. Einer erzählte mir seine Geschichte. Er war ohne gefragt zu werden einem Erschießungskommando, das in Dachau blutige Arbeit leistete, zugeteilt worden. Dort erlitt er einen Nervenzusammenbruch. Daraufhin wurde er eingesperrt. Jetzt wußte er nicht, was mit ihm werden würde.

Es gab unter dieser Masse auch einige geschäftstüchtige Leute, die selbst unter diesen Bedingungen der Armut, Vorteile für sich herausholten. So nutzten sie den Drang nach Sauberkeit. Mit Hilfe eines Rasierapparats und einer alten Rasierklinge betrieben sie ein gutgehendes Geschäft. Einmal rasieren im Tausch gegen eine Brotration. Unter den Mitgefangenen fand ich einen Antifaschisten, einen guten Kameraden, der besaß eine neue, noch nicht benutzte Rasierklinge. Er borgte sie mir, wollte sie jedoch nach einmaliger Benutzung zurückhaben. Ich ließ mir von diesen Friseuren den Bart schaben. Es war eine Tortur. Diese Galgenvögel hatten die Rasierklingen geschickt vertauscht, und es blieb mir nichts anderes übrig, als dem Kameraden die mir angedrehte stumpfe Klinge anstatt der neuen zurückzugeben. Ich hatte mich überhaupt nur rasieren lassen, weil mir vom Kalfaktor angekündigt worden war, daß ich von hier fortkommen sollte. Ich hatte keine Ahnung, wohin es gehen sollte und fand es auf alle Fälle zweckmäßig, nicht verwildert wie ein Strauchräuber auszusehen.

Meine Verlegung fand wie angekündigt statt. Doch kam ich nur von einer Massenzelle in die andere. Immerhin war es eine Verbesserung. Der neue Raum bot Platz für etwa sechzig Inhaftierte. Er war hell mit großen vergitterten Fenstern. Es gab auch Tische und Bänke und vor allem für jeden ein eigenes Feldbett mit Strohsack, Laken, Bezug und Kopfkissen. Die unten Liegenden waren im Nachteil, weil ihnen des Nachts die Wanzen auf die Köpfe herabfielen. Obwohl wir jeden Sonnabend alle Bettstellen auseinandernahmen und das Ungeziefer in Massen vernichteten, wurden wir dieser Plage nicht Herr. Trotz allem war das bezogene Bett angenehmer als die harten Matratzen mit ihren verlausten Decken im Keller.

Die Verlegung verdankte ich wahrscheinlich der frischen Wäsche, mit der mich meine Mutter alle vierzehn Tage versorgte. Durch sie bekam ich auch Zeichenmaterial, das sie der Wäsche beilegte. Die Beamten, vermutlich immer noch die von früher, waren großzügig oder überließen vielleicht auch den Kalfaktoren die Entscheidung, mir Sachen vollständig oder teilweise auszuhändigen. Papier und Bleistift erwiesen sich für mich als äußerst wichtig.

In dieser Zelle traf ich auf einen mir unbekannten Typ Gefangenen, den bürgerlichen Intellektuellen. Hier begegnete ich einem Exdirektor der UFA-Filmgesellschaft. In seiner unmittelbaren Umgebung befand sich Georg, der Inhaber einer in Berlin sehr bekannten Baumschule. Seine Besitzungen reichten von Berlin-Baumschulenweg bis in den Bezirk Tempelhof hinein.

Ich erregte mit meinen Zeichnungen die Aufmerksamkeit der Intellektuellen, besonders die von Georg Späth. Dieser Mann konnte seine kapitalistische Herkunft nicht verleugnen. Er trug mir an, sein Bett zu machen, als Gegenleistung sollte ich hin und wieder ein Stück Brot von ihm erhalten. Ich lehnte ab. Lieber wollte ich hungern, als der Diener eines anderen zu sein. Auf sein zweites Angebot, ihn zu zeichnen, ging ich gern ein. Georg war ein Mann von etwa fünfzig Jahren. Seine Stirn zeigte bereits den Ansatz einer Glatze. Er war eitel und wollte dichteres und längeres Haar gezeichnet haben.

Ich lehnte es ab, ihn schöner zu zeichnen als er war. Er bat mich, die typischen kleinen Gefängnisfenster mit ins Bild aufzunehmen, das entsprach meinen eigenen Auffassungen. So war er mit meiner Zeichnung zufrieden. Er sagte zu mir: "Du kommst bestimmt eher hier heraus als ich. Gehe dann zu meinem Büro und laß dir fünfzig Mark auszahlen." Nach einer Gedankenpause sprach er weiter: "Oder male mir doch noch ein zweites Bild, ein kleineres. Dann bekommst du für beide Bilder achtzig Mark." Ich wunderte mich über diese Krämerseele. Der Preis war jedoch nicht zu niedrig festgesetzt. Nur war es ein Wechsel auf die ferne, ungewisse Zukunft. Das war mir im Augenblick völlig gleichgültig. Ich hatte Freude an meiner Arbeit, das genügte mir. Zu einem zweiten Bild hatte ich im Moment keine Lust. Ich verschob die Angelegenheit auf den nächsten Tag.

Durch höhere Gewalt wurden wir an unserem Vorhaben gehindert. In den frühen Morgenstunden wurde ich geweckt. Ehe ich richtig zur Besinnung kam, saß ich mit fünfzehn anderen in der "grünen Minna". – Nach einer Stunde waren wir im KZ Sachsenhausen angelangt.

Wieder in Sachsenhausen

In Sachsenhausen hatten sich während meiner Abwesenheit eine Unzahl Tragödien ereignet. Nach und nach wurde ich von den Freunden, die ich wiedertraf, unterrichtet. Paul Rakow erzählte mir von der öffentlichen Erschießung dreier Bibelforscher. Alle Lagerinsassen hatten der Exekution beiwohnen müssen. Die SS-Führung wollte eine Demonstration veranstalten und hoffte auf eine Kapitulation ihrer Opfer, diese aber blieben standhaft bei ihrem Glauben und starben als Märtyrer. Das war eine Niederlage für die SS und wurde im allgemeinen so betrachtet.

Otto Hartung berichtete unter dem Siegel der Verschwiegenheit von der Genickschußanlage, die die Tischler hatten bauen müssen. Ihr wesentlicher Teil bestand in einer Meßlatte, wie man sie in Sanitätsstuben vorfinden kann. Jedoch

Wieder in Sachsenhausen

Sonderkommando angetreten

war diese nicht zum Messen gedacht, sondern diente als Zielvorrichtung und Erschießungspfahl. Der Genickschuß wurde aus dem Hinterhalt von einem SS-Mörder durch eine Wandspalte und dem Schlitz dieser Latte auf das ahnungslose Opfer abgefeuert. Erschüttert war ich über die Nachricht, daß mit dieser ausgeklügelten Mordtechnik tausende sowjetische Kriegsgefangene hingerichtet worden waren. Als ich mit meinem Kameraden Ernst Hütte Glasfenster der Gärtnerei streichen mußte, machte er mich auf die Schallplattenmusik aufmerksam, die vom Industriehof herübertönte. Er hatte davon gehört, daß diese Musik die Schüsse der mit Schalldämpfer bestückten Pistolen zu übertönen hatte.

Also war die Erschießungsanlage in Betrieb. Justus erzählte mir von der Typhusepidemie, die viele Kameraden hinweggerafft hatte. Er selbst hatte die Ruhr. Der Sanitäter gab ihm den Rat, sechs Tage lang gar nichts zu essen, denn der tägliche Kohlrübenfraß brachte die Kranken buchstäblich um. Am siebenten Tag gab er ihm auf der Ofenplatte zu Kohle gebrannte Brotkrümel, die den Durchfall stoppten. Noch weitere Tage wachte der Kamerad darüber, daß Justus bei der Hungerkur ausharrte. So hatte er ihm mit dieser Zwangsdiät das Leben gerettet.

Herbert Arzt und die jüdischen Jungkommunisten, die ich durch ihn als Freunde gewonnen hatte, waren nicht mehr da. Das ganze kleine Lager, in dem die Juden zuvor untergetaucht waren, war nun mit anderen Häftlingen besetzt. Ich konnte mir meinen Reim darauf machen. Hatte ich im Gefängnis Tegel doch erlebt, wie eines Tages alle Juden auf Transport gingen. Die Wachtmeister, danach befragt, zuckten die Achseln. Doch sickerten Gerüchte durch, daß die Juden nach Polen in Ghettos transportiert würden, wo sie nichts mehr zu lachen haben sollten.

Die inzwischen eingetretenen äußerlichen Veränderungen fielen mir sofort auf. Neben den Zebrauniformen wurden nun auch Zivilanzüge getragen. Allerdings bekamen die Rückenteile der Jacken ein gelbes oder rotes Mal und manche Hose einen Streifen, ähnlich der Biese einer Generalsuniform. Nationen aller vom Faschismus überfallenen Länder waren nun im Lager vertreten, die Osteuropäer waren zahlenmäßig am stärksten, die Baracken voller als je zuvor. Die allgemeine Disziplin war etwas gelockert. Außer den Juden waren auch Homosexuelle verschwunden, und wie ich später erfuhr, als unwertes Leben ausgerottet.

Ich kam wieder zu Schorsch Link in mein altes Kommando Malerei-DAW. Jetzt arbeiteten hier vorwiegend Ukrainer. Schorsch machte mich bald zum Werkstattschreiber. Ich hatte die Aufgabe, die Arbeitsleistung eines jeden täglich in einem Heft festzuhalten. So hatte der für die Malerwerkstatt verantwortliche Rottenführer, der im Zivilleben Malermeister war, jederzeit die Möglichkeit, die Produktion zu überprüfen. Statt Möbel wurden nun in der Hauptsache Munitionskisten gestrichen. Für Schorsch und mich war es selbstverständlich, das Arbeitstempo so niedrig wie möglich zu halten. In der Praxis war das nicht so leicht, weil ein deutscher Kamerad den unbegreiflichen Ehrgeiz hatte, die von Schorsch und mir festgelegte Norm zu überbieten. Dieser Schnellarbeiter mußte dauernd gebremst werden, ein Unterfangen, das uns, wenn es herausgekommen wäre, ohne weiteres als Sabotage ausgelegt worden wäre.

Auch die jungen Burschen aus der Ukraine waren ganz flotte Arbeiter. Um sich an das vorgegebene Pensum zu halten, verbummelten sie viel Zeit, das war möglich, wenn man aufpaßte und sich nicht erwischen ließ. "Mit den Augen arbeiten", nannten wir das. Eines Tages hatte der Werksmeister sie doch überrascht. Er tobte herum, warf uns Sabotage vor, und griff, um das zu beweisen, selbst zum Pinsel. Seine Akkordleistung übertraf unsere Ergebnisse um ein Vielfaches.

Schorsch Link trat ihm ruhig entgegen. Er erklärte sachlich, daß die ausgehungerten, ungelernten Maler nicht an die Leistungen eines versierten Meisters, der ausgeruht und gut genährt mal in einer Stunde zeigt, wessen er fähig sei, heranreichten. Das sei völlig ausgeschlossen und von niemandem zu erwarten. Der Rottenführer beruhigte sich schließlich.

Das Jahr 1944 begann. In der letzten Zeit hatte es für die Faschisten viele Rückschläge gegeben. Auch bei der SS wurde eine langsam um sich greifende Unsicherheit spürbar. Der Rottenführer erkundigte sich immer öfter bei Schorsch Link, was der von der Entwicklung halte. Schorsch führte ihn vor die Landkarte, in der einst der Rottenführer den Vormarsch mit Fähnchen abgesteckt hatte. Das Bild hatte sich verändert. Die "Frontbegradigungen" waren von uns gesteckt worden. Schorsch sagte: "Wie Sie sehen, haben wir viel Terrain verloren. Wer kann da noch an einen Sieg glauben?" Der SS-Mann schluckte es, ohne Repressalien anzuwenden. Mit der Niederlage deutlich vor Augen suchte er eine Rückversicherung.

Der Rottenführer hatte ein zerschossenes Bein und humpelte stark. Eines Tages gab es eine große Aufregung. Unser Humpelbein bemerkte, wie ein Ukrainer sein Gebrechen nachahmte. Wutentbrannt wollte er ihn zur Anzeige bringen. Das hätte den armen Kerl das Leben gekostet. Schorsch Link redete so lange auf den Wachtmeister ein, bis er die Anzeige unterließ. Den Verzicht auf die Bestrafung des Ukrainers konnte Schorsch nur deshalb erreichen, weil er mit dem Rottenführer schon recht vertraulich die hoffnungslose Perspektive der SS diskutiert hatte.

In der Malerei arbeitete u. a. Jupp, ein Bibelforscher. Seine religiösen Vorstellungen von Erde und Himmel schienen mir verworren. Beachtenswert war jedoch seine sture Ablehnung jeder Kriegsproduktion. Das ging so weit, daß er sogar das Anstreichen von Kriegsspielzeug ablehnte. Natürlich konnten die Bibelforscher mit ihren lebensfremden Überspitzungen den Nazis kaum einen ernstlichen Schaden zufügen. Zu seinem Glück hatte Jupp in dem Kommunisten Schorsch Link einen wahren Schutzpatron gefunden, der ihn sehr viel mehr als sein himmlischer Vater beschützte.

Der Rottenführer hatte dem Bibelforscher schon öfter Arbeitsverweigerung unterstellen wollen. Doch Schorsch teilte ihm solche Arbeiten zu, die ihn nicht in Gewissenskonflikte verwickelten, was dem SS-Mann jeden Anlaß zum Einschreiten nahm. Diese Beispiele machten uns deutlich, wie sehr sich die Situation 1944 von der aus dem Jahre 1942 unterschied. Damals hatte die SS zwei Maler aus dem Kommando DAW wegen Sabotage aufgehängt. Sie hatten angeblich Stahlhelme zu lange gesandelt und dadurch den Stahl dünn geschliffen, was von Fachleuten als bösartige Unterstellung bezeichnet wurde.

Längst war es deutlich geworden, daß die Blitzkriegsstrategie gegen die Sowjetunion gescheitert war. Der Krieg verschlang Unmengen von Menschen und Material. Von jetzt ab beschränkte sich die Massenvernichtung im Lager auf Arbeitsunfähige. Die SS hatte ein raffiniertes System entwickelt, menschliche Arbeitskraft bis zum letzten auszuschöpfen. Dadurch traten mutwillige Schikanen etwas in den Hintergrund. So wurden zum Beispiel Betten und Schränke nicht mehr so häufig durchwühlt. Ich konnte schon mal Bleistift und Papier für kurze Zeit verstecken. Material besorgten mir Kameraden, die in der Schreibstube arbeiteten.

In den freien Minuten zeichnete ich. Mancher Kamerad setzte sich mir zuliebe zum Portraitzeichnen. Besonders gern hielt ich das übliche "Freizeitleben" der Kameraden auf dem Papier fest. Das Hin- und Herlaufen vor dem Block, eine Gruppe im Gespräch, das Rauchen einer Zigarette. Aber was sollte ich mit diesen Produkten beginnen? Ich legte meine Ergebnisse zum Klopapier. Einmal kam einer zu mir: "Hast du das gezeichnet? Das ist hervorragend. So etwas wirft man nicht weg!" Das sagte ein älterer Mann, ein russischer Künstler, Professor der Akademie. Er hatte gut reden, wo in aller Welt sollte ich meine Arbeiten aufbewahren?

Unser Blockältester Adolf wurde eines Tages auf mein Tun aufmerksam. Er bat mich, für ihn ein Lager-Liederbuch zu schreiben und zu illustrieren. Zu dieser Zeit wurden solche Bücher von Malern und Zeichnern angefertigt. Ich kannte Volkslieder auswendig, und viele Texte schrieb ich ab aus einem anderen Buch, das er sich geborgt hatte. Dazu entwarf ich Vignetten und Zeichnungen. Bei dieser Gelegenheit zeigte mir Adolf seine eigene dichterische Produktion. Es war Lyrik. Von ihm sicher tief empfunden, aber nach meinem Geschmack sentimental. Ich hielt sie dennoch für wertvoll, weil man ja Ort und Zeit der Entstehung berücksichtigen mußte und brachte sie zu Edgar Bennert. Aber der winkte ab.

Edgar zählte nach meiner Schätzung an die sechzig Jahre. Er ging ein wenig gebeugt, auf seinem Kopf schimmerten die Haarstoppeln grau. Edgar verwaltete als Bibliothekar die Häftlingsbibliothek. Diese war eine Errungenschaft der politischen Häftlinge. Von der SS-Lagerführung wurde sie bei Besichtigungen durch ausländische Abordnungen als Renommierobjekt gezeigt. Die Häftlinge konnten sich bei Edgar und seinem Hilfsbibliothekar Kuddel Block Bücher ausleihen. Aber wieviele konnten bei diesen Lebensbedingungen davon Gebrauch machen, obwohl der Blick in ein Buch, wenn auch nur für kurze Zeit, die Flucht in eine andere Welt bedeutete.

Edgar, von Beruf Schauspieler, war von hoher Bildung, weichem Gemüt, felsenfester Überzeugung, liebenswerten Umgangsformen und großem Verständnis für alle seine Leidensgefährten. Zunächst borgte ich mir ein Buch aus. Wir kamen ins Gespräch. Ich erzählte ihm von meinen früheren vielfältigen Beziehungen zum Theater. Daraufhin brachte mich Edgar mit einer Gruppe interessierter Theaterleute zusammen.

Es war merkwürdig, daß ich, als ausgesprochener Theaternarr, bis zu diesem Zeitpunkt noch nichts von Theateraufführungen im Lager bemerkt hatte. Wahrscheinlich lag es an der großen Anspannung, der ich täglich ausgesetzt war. Der nicht enden wollende Arbeitstag, der von einem lang andauernden Morgenappell eingeleitet und vom Abendappell, der sich über Stunden hinziehen konnte, abgeschlossen wurde, brachte mich an den Rand der Erschöpfung. In der Zeit, die mir verblieb, hatte ich genug mit mir selbst und meiner nächsten Umgebung zu tun.

Der SS waren die künstlerischen Kapazitäten, die es im Lager gab, nicht unbekannt, sie nutzte sie auf verschiedenen Ebenen aus: Maler und Bildhauer wurden gezwungen, Bild- und Schnitzwerke für die SS zu machen, Musiker komponierten Konzert- und Marschmusik, Schauspieler spielten Theater. Die Kunst der Häftlinge diente der SS-Prominenz als willkommene Abwechslung. Dabei konnte sie es nicht verhindern, daß die Künstler mit ihrer Kunst ihren geschundenen Kameraden nutzten.

Zu der Gruppe von Schauspielern, die ich durch Edgar Bennert kennenlernte, gehörte Kuddel Block. Er hatte einige Monate Strafkommando hinter sich, wegen "antinationalsozialistischer Propaganda". Diese bestand darin, daß er als Sanitäter den im Revier verstorbenen kommunistischen Reichstagsabgeordneten Lambert Horn feierlich aufgebahrt und in ein Totenhemd gekleidet hatte.

Eine Anzahl Häftlinge war in stummem Protest an dem Toten vorbeidefiliert. Kuddel kam in die Strafkompanie.

Der SS genügte das noch nicht. Er wurde mit anderen Sanitätern (Heinrich Meyn, Ludwig Eisermann und Ernst Saalwächter) zum Strafrapport bei Lagerführer Baranowski, genannt Vierkant, bestellt. Die ihnen dort zudiktierte Strafe hieß: "Fünfundzwanzig Stockhiebe auf Gesäß und Rücken". Die SS schlug mit eingefaßtem Schweißdraht. Nach so einer Tortur hing dem erbarmungswürdigen Opfer die Haut vom Nacken bis zu den Knien in Fetzen. Drei Tage Dunkelarrest bei Wasser und Brot ohne Schlafstätte und Zudeck, dann ging es zurück zum Strafblock. Weihnachten 1939 wurden Kuddel und seine Kameraden "amnestiert". Sie kamen in das große Lager zurück. Es war ein Wunder, daß er das Strafkommando mit den halben Essensrationen und den vielen Schikanen überlebt hatte.

Edgar und seine Freunde hatten sich vorgenommen, Schillers "Räuber" einzustudieren und bei passender Gelegenheit vorzuführen. Mir lag sehr viel daran, mitzuspielen. Ich mußte etwas vorsprechen. Vor Aufregung versagte mir die Stimme. Ich piepste herum. Man schüttelte den Kopf: "Nein, wir können dich nicht gebrauchen!" Meine Enttäuschung rührte die Kameraden: "Na schön, einen Räuber kannst du spielen." Der Rollentext lautete: "Horch, ein Schuß! Noch einer!"

Wir hatten nur sonntagnachmittags Zeit für Proben. Darum erstreckten sie sich über lange Zeit. Die Aufführung wurde gründlich vorbereitet. Von der Effektenkammer wurden wir mit phantastischen Requisiten ausgestattet. Wir erhielten sogar Stiefel-Langschäfter, wie man sie sich für die Räuber der damaligen Zeit vorstellen konnte. Gewehrattrappen wurden in der Tischlerei hergestellt und von den Malern bemalt. Hüte mit breiten Krempen und bunten Bändern bedeckten unsere kahlen Schädel. Dazu trugen wir farbige Hemden, Westen und Lederriemen. Für den Pfaffen gab es ein talarartiges lila Gewand. Die Feier selbst fand in der Trockenbaracke der Wäscherei ohne Wissen der SS statt. Nur absolut zuverlässige Kameraden wurden hinzugezogen. Schillers "Räuber" wurden begeistert aufgenommen.

Die Anwesenden erlebten in der Aufführung die Verteidigung des humanistischen Kulturerbes durch jene Deutschen, die von den Vertretern des Dritten Reiches zu Untermenschen und Verbrechern erklärt worden waren. Die deutschen Antifaschisten zeigten sich als die wirklichen Repräsentanten ihres Vaterlandes. Mit der Darstellung der klassischen Literatur verkörperten sie den kämpferischen Humanismus der Gegenwart. Durch die Solidarität mit allen ausländischen Kameraden reinigten sie zugleich die von Faschisten besudelte deutsche Ehre. Am gleichen Ort erlebte ich noch eine andere Zusammenkunft mit einem internationalen Programm, dessen Höhepunkt das sowjetische Partisanenlied bildete.

Es ist schwer zu schildern, welche Gefühle uns durchströmten und welche moralische Kraft von dem Lied und seinen russischen Interpreten ausging. Man muß sich unsere damalige Lage vergegenwärtigen: Auf den Wachtürmen ringsherum lauerten Mörder, den Finger am Abzug der Maschinengewehre. Wenige Schritte von uns entfernt war der Platz, an dem oft der Galgen für unsere Kameraden errichtet wurde. Mord und Totschlag durch die SS war an der Tagesordnung. Aus dem Schornstein des Krematoriums quoll Tag und Nacht süßlich riechender Qualm. Ein jeder von uns konnte das nächste Opfer dieser Barbarei werden. Dennoch saßen wir unerschrocken beieinander. Nur im Schutze einer dünnwandige, nach außen abgedunkelten Holzbaracke. In unserer Mitte die russischen Kameraden, Arm in Arm verhakt, wie zu einem Block aneinandergefügt. Sie sangen, wie die Partisanen vom Amur die Weißgardisten zum Teufel jagten. In diesem Moment wurden wir selbst zu Partisanen, die im Rücken ihrer Todfeinde kämpften – und wir wußten, wir werden über den Faschismus siegen!

Auch mein Freund Bohdan Rossa hatte erlebt, welche Zauberkraft vom Gesang ausgehen kann. Im November 1939 wurden alle tschechischen Hochschulen geschlossen. Etwa tausendzweihundert Studenten wurden ins KZ Sachsenhausen verschleppt. Es waren meist Bürgersöhne, die weder harte Arbeit noch Entbehrungen kannten. Von der SS blutig geprügelt, waren sie nun in den Baracken auf engem Raum zusammengepfercht. Am Weihnachtsabend 1939 war die Stimmung besonders gedrückt. Einige beteten laut, andere weinten.

Der Blockälteste, Christian Mahler, ein Hamburger Zimmermann, fürchtete, daß sich einige das Leben nehmen könnten. Er sagte: "So kann das nicht weitergehen, wir müssen etwas tun, sonst springt ihr alle in den Draht. Könnt ihr singen? Dann singt etwas!" Erst sangen nur wenige, aber es wurden mehr und mehr. Das Beten und Weinen hörte auf. Alle sangen sie Volks- und Studentenlieder. Der Gesang hatte die Stimmung völlig gewandelt. Und als Christian einen Matrosentanz auf die Bretter legte, klatschten sie dazu. Zum Glück hatten die SS-Blockführer damit zu tun, ihre eigene Misere im Alkohol zu ertränken. Aus dem Erlebnis heraus entstand ein Chor tschechischer Studenten. Sie sangen offiziell Volkslieder und bei besonderen Gelegenheit die verbotenen Lagerkampflieder.

Singen war nicht verboten, es wurde oft befohlen. Zum Abschluß des Abendappells verlangte die SS von Franzosen, Belgiern, Russen, Polen und den vielen Häftlingen anderer Nationen, deutsche Lieder zu singen. Es klappte nie. Und so wurde geübt – bis zum Umfallen. Die SS-Teufel mißbrauchten das Singen, um uns zu schikanieren. Wir Häftlinge machten aus dem Gesang eine Quelle, aus der die Verzagten neuen Mut schöpften!

Das eisige Winterwetter zermürbte die Gesundheit. Wir waren völlig ungenügend dagegen geschützt. Oft kamen wir durchnäßt und durchgefroren vom Appellplatz in die unbeheizten Baracken. Die durchweichten Sachen mußten am Leibe trocknen. Bei der Fülle der Menschen, die im Block hausten, entstand eine warme stickige Luft. Dennoch froren wir erbärmlich, wenn in der Nacht das Thermometer unter Null sank. Um meine Körperwärme zu erhalten, wikkelte ich mich eng in meine Decke ein. Mit einem Gürtel (sein Besitztum war eine Ausnahme) band ich die Decke um die Knie fest. So konnte ich im Schlaf meine Beine anziehen, mich umdrehen oder strecken, ohne mich bloßzustrampeln. Von den Strümpfestopfern hatte ich das Oberteil eines Damenstrumpfes bekommen. An einem Ende zugebunden, auf die richtige Länge geschnitten, ergab dieses Strumpfende eine warme Nachtmütze, die ich mir über den kahlen Schädel und die Ohren zog. Dennoch kroch mir die Kälte bis unter die Haut und ließ mich bibbern. Es waren oft genug zwanzig Grad unter Null.

Eines Tages bekam ich Fieber. Das Fieber ließ bald etwas nach, aber verschwand nicht ganz. Nach ein paar Wochen kam ich durch Vermittlung meines Blockältesten ins Krankenrevier. Auf der Lunge wurden Schatten entdeckt. Ich wurde in die Tbc-Station eingewiesen. Für jeden Kranken war das Revier ein Risiko. Viele Patienten wurden hier zu Versuchskaninchen, an denen die grausamsten Experimente ausgeführt wurden.

Die Tbc-Station bestand aus zwei Abteilungen. Eine für Positive, eine für Negative. Obwohl mein Speichel sich negativ erwies und ich demzufolge keine offene Tuberkulose hatte, kam ich wie jeder andere Zugang zu den Positiven. Hier wurde mir Bettruhe verordnet. Die ganze Behandlung beschränkte sich auf zweimal täglich Puls zählen und Fieber messen. Das einzige Gute bestand darin, daß die Kranken nicht zum Appell anzutreten brauchten.

Hier lag ich zwischen den vom Tode Gezeichneten, unterhielt mich mit diesem und jenem und half, die in der Nacht Verstorbenen aus der Stube zu tragen. Eines Tages gehörte auch der inzwischen mein Freund gewordene Rudolf dazu. Ich wollte nicht glauben, daß er wirklich tot war, denn sein Puls schlug noch, als wir ihn auf den Steinfußboden des kalten übelriechenden Klosetts legten. Ich lief zu dem Häftlingsarzt, der eben seinen Tod festgestellt hatte. Er sah meinen Kummer, und für einen Augenblick blitzte Verzweiflung in seinen Augen auf. – Er konnte weder ihm noch anderen helfen! Als ich nach sechs Wochen noch immer negativ war, kam ich auf die Station der Negativen.

Es war inzwischen Sommer geworden. Wir spazierten bei schönem Wetter vor unserem Block auf und ab. Ich lernte aus den Erzählungen das eine oder andere Schicksal meiner Kameraden kennen. Da war der Seppel, der mit einem SA-Mann in Streit gekommen war. Es war ein normaler Streit, wie er fast in jedem Wirtshaus mal vorkommt. Sie hatten sich geprügelt. Jeder hatte seinen Teil abbekommen. Doch für Seppel folgte ein übles Nachspiel. Die Hand gegen einen SA-Mann zu erheben war ein Staatsverbrechen. Tuberkulose hatte er im Lager bekommen. Er gehörte zu den 4.000 Kranken, die später im Februar 1945 in die Gaskammer getrieben wurden.

Paul Graciani, ein junger Franzose aus Lyon, wurde von der SS auf der Straße aufgegriffen und nach Deutschland deportiert. Er sprach so viel oder wenig Deutsch, wie ich Französisch. Mit siebzehn Jahren traf ihn dasselbe Los wie Seppel. Georg Heesbeen kam aus Limburg. Er war oranjetreu, das heißt für die Königsfamilie, für das Haus Oranien, national gesinnt. Eine ähnliche Begebenheit, wie Seppel sie erlebte, brachte ihn ins KZ.

Van ter Haa, ein holländischer Jugendgenosse, hatte sich am Widerstand beteiligt. Henk de Roos kam aus der sozialistischen Jugend Amsterdams. Wir führten freundschaftliche politische Diskussionen, spielten Schach oder tauschten unsere Gedanken über alle möglichen Probleme aus. Als ich auch hier sechs Wochen verbracht hatte, wurde ich wieder in das große Lager entlassen.

In den drei Jahren, die seit der Zeit meiner ersten Einlieferung in Sachsenhausen vergangen waren, hatten sich die Auffassungen der schon lange inhaftierten führenden Genossen im Lager und die der "Neuankömmlinge" aus den Emigrationsländern einander genähert. In zahllosen Einzeldiskussionen hatten wir "neuen" die Politik der KPD, wie sie in der Berner Parteikonferenz zum Ausdruck kam, verbreitet. Unsere Auffassung, daß die Partei mit allen nationalen Kräften, die gegen Hitler sind, gemeinsam für den Sturz Hitlers kämpfen und daß nach dem Faschismus eine demokratische Republik errichtet werden muß, setzte sich bei vielen durch. Allerdings stellten wir uns keine Neuauflage der Weimarer Republik vor, sondern eine Republik, in der die Arbeiterbewegung völlig souverän sein würde. Eine Republik ohne Kriegsverbrecher und ohne mächtige Monopolherren.

Auch in der Frage des Nichtangriffsvertrages, den die Sowjetunion mit Deutschland geschlossen hatte, verteidigten wir in mühseliger Kleinarbeit die Position der Sowjetunion. Denn in unseren Augen schien dieser Vertrag doch die einzige Möglichkeit, um eine große Kriegskoalition aller imperialistischen Staaten gegen die Sowjetunion zu verhindern. Er erfolgte bekanntlich erst dann, als alle Versuche der Sowjetunion, einen Vertrag der kollektiven Sicherheit gegen Hitler zustande zu bringen, an dem nationalen Verrat der Chamberlain-

und Daladier-Regierung scheiterten. Im großen und ganzen hatten sich die Neuankömmlinge durchgesetzt, zumindest waren wir als Genossen wieder voll anerkannt.

Das war nicht unser alleiniger Verdienst. Es war den Genossen gelungen, Verbindungen mit Widerstandsgruppen außerhalb des Lagers zu knüpfen. Von dort wurden Erfahrungen des politischen Kampfes übermittelt. Außerdem fanden die Sendungen des Moskauer Rundfunks direkt oder indirekt ihren Weg bis zu uns. Wir erfuhren von dem Bestehen des Nationalkomitees Freies Deutschland. An dem Beispiel des Komitees wurde deutlich, wie breit die Politik der Partei angelegt war und mit welchen Kräften wir gemeinsam für den Sturz Hitlers kämpften. Infolge dieser Informationen beschäftigte die politischen Häftlinge die Frage: Was kommt nach Hitler? Diese zukunftsweisenden Gedanken gaben uns eine moralische Stärke, die sich in den solidarischen Beziehungen der Häftlinge untereinander auswirkte.

Auch für mich war das von Vorteil. Obwohl ich die politischen Häftlinge, die im Arbeitsdienst Einfluß hatten, nicht persönlich kannte, bekam ich als Schonungsbedürftiger eine leichte Arbeit. Ich hatte irgendwelche schriftlichen Arbeiten zu erledigen. Allerdings arbeitete mein Kommando nur in der Nachtschicht. Hier hatte ich einmal ein bemerkenswertes Erlebnis: Unser Kommando wurde vier Stunden früher als sonst ins Lager zurückgeschickt. Im Block angekommen, stellte ich fest: Mein Bett war besetzt. Was tun? Ich legte mich auf eine Holzbank. Sie war hart und kalt, von Schlafen konnte keine Rede sein.

Ein russischer Kamerad, der sich für seine beginnende Frühschicht zurechtmachte, interessierte sich für mich: "Warum du nicht in Bett schlafen?" Ich erklärte ihm die Situation. Er wußte eine Lösung: "Du gehen Mittelgang 14. Bett linke Seite, dritter Stock. Du sagen Kamerad soll ein Stück rücken, du da schlafen." Meine Bedenken, den anderen zu stören, zerstreute er. Alles geschah, wie er gesagt hatte. Der russische Kamerad rückte beiseite, und wir schliefen gemeinsam in dem Bett, das etwas siebzig Zentimeter breit war. Wie wohltuend war diese Solidarität. Wie selbstverständlich wurde sie gewährt. Dabei kannte ich keinen von beiden. Immerhin waren wir dreihundert Menschen auf einem Raum zusammengepreßt, der ursprünglich für fünfundsiebzig bestimmt war. Man kannte eigentlich nur die Tischgemeinschaft, die Bettnachbarn und die Neben- und Vordermänner bei der Aufstellung zum Appell.

Eines Tages wurden wir durch eine schlimme Nachricht erschreckt. Eine Reihe führender Genossen, deutsche, russische, französische waren durch den Einsatz einer Sonderkommission der politischen Polizei im Block 58 isoliert worden. Die Baracke wurde mit Stacheldrahtverhau umgeben, so daß eine

Verbindung mit anderen Häftlingen nicht herzustellen war. Dennoch sickerte etwas von den furchtbaren Folterungen durch, die unsere Kameraden erdulden mußten. Anlaß zu dieser Aktion war das Aufspüren eines Radiogerätes, das sich in einem versteckt liegenden Verschlag der Trockenbaracke befand. In diesem Raum saßen einige Kameraden rauchend beieinander. Der Tabaksqualm drang durch die Ritzen und verriet sie dem Lagerführer Höhn, der zufällig der Wäscherei einen Besuch machte.

Zu den betroffenen Kameraden gehörten unter anderen Ernst Schneller und der Lagerälteste Heinz Bartsch. Sie wurden für die Solidaritätsaktionen im Lager verantwortlich gemacht. Spitzel hatten diese Aktionen bei der SS denunziert. Sie bestanden in folgendem: Kameraden, die ein Paket erhielten, wurden gebeten, Brot für die Schwächsten zu spenden, die Blockältesten wurden vom Lagerältesten angewiesen, den Rest des Essens, der nach der Verteilung noch im Kessel war, an die Körperschwachen auszugeben. Nach wochenlangen Verhören durch die Spezialisten der Sonderkommission, die versuchte, die illegale Lagerleitung aufzuspüren, wurden siebenundzwanzig Kameraden am 11. April 1944 erschossen. Die anderen kamen nach Mauthausen mit dem Ziel, dort vernichtet zu werden. Einige entgingen den Mördern. Ernst Schneller und Heinz Bartsch gehörten zu den siebenundzwanzig Opfern.

Nachdem ich einige Wochen in dem Schreiberkommando Nacht für Nacht tätig war, stellte sich erneut Fieber ein. Bald darauf befand ich mich wieder in der Tuberkulosestation für Positive. Alles spielte sich wie beim ersten Mal ab. Nach meiner Entlassung in das Hauptlager kam ich jetzt in das Kommando Schreibstube. Viel später erfuhr ich, daß die illegale Lagerleitung erfolgreich darauf eingewirkt hatte, die Schreibstube mit politisch guten Kameraden zu besetzen, denn das war von sehr großer Bedeutung.

In der Schreibstube arbeiteten Häftlinge, die einen Teil der Verwaltungsangelegenheiten im unmittelbaren Auftrag der SS durchzuführen hatten. Zu ihnen gehörten die Lagerältesten I, II und III, der Lagerschreiber und ein Dutzend andere. Ich wurde an die Totenkartei gesetzt. Zu mir kamen die Totenmeldungen. Auf diesen waren die Personalien des Häftlings einschließlich seiner Lagernummer und die angebliche Todesursache vermerkt. Meist stand an dieser Stelle Kreislaufschwäche oder Herzversagen. Ich mußte dann die Karteikarte des Häftlings heraussuchen, entsprechende Vermerke eintragen und sie in die Totenkartei einfügen.

Ich war enger Mitarbeiter des norwegischen sozialdemokratischen Genossen Loeberg. Er führte die Hauptkartei. Oft hat er sich an meinen Karten zu schaffen gemacht. Ich ahnte den Grund, wußte aber nichts Genaues. Der Karteiführer konnte Karten vertauschen, verfälschen oder entfernen. Später erfuhr ich, daß solche Manipulationen vorgenommen wurden. Natürlich nur auf Anweisung der illegalen Lagerleitung und im Einklang mit der Realität. Besonders gefährdete Häftlinge erhielten die Nummern von Verstorbenen, wurden ins Revier geschickt oder auf ein Außenkommando gebracht. Auf diese Art wurde mancher dem Gesichtskreis seines Henkers entzogen. Neben der Totenkartei führte ich eine Sonderkartei unter der Bezeichnung "Polizeihäftlinge".

Eines Tages erschreckte mich eine Totenmeldung. Georg war an "Herzversagen" gestorben, mein alter Bekannter, der mir im Polizeigefängnis Modell gesessen hatte; er war seit einiger Zeit als Polizeihäftling im Lager. Ich forschte im Revier nach und bekam folgende Auskunft: Georg erhielt von seinen Angehörigen Pakete geschickt. Der Inhalt muß reichlich gut gewesen sein. Auf seinem Block war ein Häftling, der im Revier arbeitete. Durch dessen Vermittlung "erkaufte" sich Georg ein Bett im Revier. Damit ihm der Platz erhalten blieb, zeichnete sein Gönner die von ihm verlangten Fieberkurven gegen entsprechende Entlohnung. Eines Tages suchte der SS-Arzt Leute für die Gaskammer. Zur Grundlage seiner Beurteilung dienten die Fiebertabellen der Kranken. Seine Wahl fiel auf Georg.

Es gab eine Lageranordnung, der alle Häftlinge mit rücksichtsloser Strenge unterworfen wurden. Den meisten von uns war diese nicht bekannt. Nirgends war sie gedruckt zu lesen. Nur an den rigorosen Strafen war der Verstoß gegen sie erkennbar. Zu den Grundregeln gehörte: Im Lager geht alles im Laufschritt! – Allen Anweisungen der SS-Angehörigen ist ohne Widerspruch sofort Folge zu leisten! – Hosen- und Jackentaschen müssen zugenäht sein! – Zusätzliche Kleidung, zum Beispiel Pullover oder das Ausstopfen der Kleidung mit Zeitungen gegen Kälte ist verboten! Die Köpfe müssen stets kahlgeschoren sein! Geheizt wird nicht, wenn es kalt ist, sondern wenn es erlaubt wird! Briefe und Fotografien von Angehörigen dürfen nicht aufgehoben werden!

Um diese Sklavenordnung aufrechtzuerhalten, war für jeden Block ein Blockführer, ein SS-Mann, verantwortlich. Aus den Reihen der Häftlinge wurden ein Blockältester und für jede Blockhälfte ein Stubenältester bestimmt. Gegen sie richtete sich der Zorn der Blockführer, wenn in irgendeiner Form gegen die Bestimmungen verstoßen wurde. Selbstverständlich war Disziplin in einem Block, der mit fünfhundert bis sechshundert Menschen belegt war, auch wenn es manchmal weniger waren, eine absolute Notwendigkeit. Nach der Meinung der politischen Häftlinge sollte es eine kameradschaftliche Disziplin sein. Sie beinhaltete die freiwillige Einordnung, die Einsicht in die Notwendigkeit bestimmter Maßnahmen.

Nur bei Einhaltung der Disziplin war es möglich, daß jedem seine Essensportion garantiert zugeteilt wurde, daß jeder seinen Schlafplatz, seine Decke, seine Blechschüssel und seinen Blechlöffel erhielt. Bei kameradschaftlicher Disziplin gelang es auch, diesen oder jenen Kameraden zu unterstützen, ihn nicht bei der SS auffallen zu lassen. Alle konnten dazu beitragen, daß Block- und Stubenälteste zu ihren Kameraden hielten, ohne vom Blockführer für ihr Verhalten gemaßregelt zu werden. Es mußte von allen gemeinsam bei dem Blockführer der Anschein erweckt werden, als ob Ordnung, Sauberkeit, Zakkigkeit und alles, worauf sein Spatzenhirn sonst noch Wert legte, mit Hilfe des Kadavergehorsams erreicht worden sei.

An der Art der Disziplin schieden sich die Geister. Es gab Blockälteste, die sich im Sinne der SS verhielten und sich über ihre Kameraden stellten und gegen sie entschieden. In einigen Fällen wurden sie zu Komplizen der SS, so zum Beispiel der Bv'er ("Berufsverbrecher") Beyer, über den noch zu berichten ist.

Andere Blockälteste strebten kameradschaftliche Disziplin an, wußten sich aber nur mit Strafmaßnahmen gegen die undiszipliniertesten Elemente durchzusetzen. Entscheidend war jedoch, ob zum Beispiel der Blockälteste oder der Vorarbeiter ein Antifaschist war oder einer, der nur seine eigenen egoistischen Interessen wahrnahm. Dieses Kriterium konnte man auf alle Häftlinge anwenden, die in der Schreibstube arbeiteten.

Die Schreibstube und der dazugehörige Apparat war als Befehlsstand und verlängerter Arm der SS gedacht. Leute, die diese Posten besetzten, konnten im Sinne der SS oder im Interesse der Häftlinge wirken. Sie besaßen auch gewisse Privilegien: Sie hatten leichtere Arbeit, ihre Kleidung war sauberer, aber sie waren besonders gefährdet, vor allen Dingen in dem Moment, wo ihre antifaschistische Tätigkeit der SS bekannt wurde. Viele unserer besten Kameraden, die auf solchen gefahrvollen Posten standen, sind ausgepeitscht, andere sind ermordet worden. Doch war es im Interesse der übergroßen Mehrheit der Häftlinge für die Politischen eine Pflicht, um diese Position zu kämpfen. Es gab kriminelle Elemente genug, die sich danach drängten, Vorarbeiter, Schreiber, Läufer, Blockältester zu werden. Oftmals hatten sie Erfolg. Nicht immer hielt er an. Durch die krummen Sachen, die viele von ihnen nicht lassen konnten, weckten sie das Mißtrauen der Lagerführung. Sie wirtschafteten in ihre eigene Tasche, machten gemeinsam mit SS-Leuten kriminelle Geschäfte und gerieten dabei in den allgegenwärtigen Sumpf der faschistischen Korruption.

Auch die Politischen, die auf solche Posten standen, machten unter bestimmten Gesichtspunkten Geschäfte mit der SS. Sie waren jedoch nicht von ihrem persönlichen Vorteil, sondern von der Verbesserung der Lage der Häftlinge bestimmt. In der Regel aber überlegte es sich jeder dreimal, unter welchen Bedingungen er sich mit der SS einlassen konnte, auch wurden Ratschläge der

Kameraden eingeholt, denn die SS-Halunken versuchten die Mitwisser ihrer Ungesetzlichkeiten zu beseitigen.

In der Schreibstube saßen neben mir gute Antifaschisten aus anderen Nationen, an der Hauptkartei, wie schon erwähnt, Sven Loeberg. Dicht hinter uns waren noch andere Norweger beschäftigt. Links von uns hatte der Pole Anton Lewinski seinen Platz. Ein Stück entfernt die Holländer Piet, Hein Otto und der Magdeburger Walter Pfaff. Piet, Anton sowie Loeberg und seine Landsleute waren hervorragende Zeichner. Lewinski und Loeberg waren Karikaturisten, und man konnte auf den ersten Blick feststellen, wen sie gezeichnet hatten. Ich war ein aufrichtiger Bewunderer ihrer Fähigkeiten.

Zu dieser Zeit gelang es manchem Blockältesten, seinen Block ein wenig durch selbst gebastelte Lampenschirme zu verschönern. Auch ich erhielt von meinem Blockältesten Adolf den Auftrag, Lampenschirme zu bemalen. Die Gelegenheit dazu war günstig. Die ganze Blockbelegschaft mußte, aus mir unbekannten Gründen, in einen anderen Block umziehen. Damit hatte ich auch ein Thema für die Bemalung gefunden. Ich schilderte diesen Umzug, bei dem bestimmte Gegenstände in das neue Quartier hinübergetragen wurden. Eine Leiter, ein für den Blockältesten bestimmter, selbstgebauter Tisch und ähnliches.

Ich brachte meine Pinselzeichnung mit schwarzer Tusche auf das Pergamentpapier, aus dem der Schirm bestand. Mein Auftraggeber war mit meiner Arbeit zufrieden, und viele Kameraden freuten sich über die Schirme, die als einziger Schmuck in der trostlosen Baracke hingen. Der eine oder andere Kamerad erkannte sich als Träger eines Schemels, einer Kiste oder einer Tischlampe wieder.

Das Ende zeichnet sich ab

Die politische Situation hatte sich weiter zugespitzt. Die Niederlage der Hitlerarmeen auf dem östlichen Kriegsschauplatz war augenscheinlich und kaum noch mit Frontbegradigungen zu bemänteln. Die sowjetischen Soldaten näherten sich der deutschen Grenze. Der Untergang des deutschen Faschismus war nicht abzuwenden, der Sieg der Roten Armee nicht aufzuhalten. Dadurch waren im Westen die Alliierten gezwungen, endlich am 6. Mai 1944 in der Normandie die lange zuvor angekündigte zweite Front zu eröffnen. Das gab uns, die wir den Untergang des Faschismus herbeisehnten, neue Hoffnung.

Zugleich wuchs aber die Furcht vor den wutschäumenden Nazis, die sich im voraus für ihre Niederlage rächten, indem sie sich nicht damit begnügten, die Antifaschisten im KZ langsam zu vernichten. Sie griffen noch einmal zu, zerrten ihre Opfer vor das Volksgericht, fabrizierten Hochverratsprozesse, Todesurteile oder vollstreckten Hinrichtungen auf dem Industriehof. Das alles blieb uns nicht verborgen; kannten wir doch manchen guten Kameraden, der, von unserer Seite gerissen, diesen Weg antreten mußte.

Von dem, was uns Neuzugänge berichteten, erfuhren wir auch, daß sich der Terror gegen alle richtete, die verdächtigt wurden, nicht mehr an den Endsieg und an den Führer zu glauben. Solche Menschen gab es in allen Bevölkerungskreisen und besonders unter Soldaten und selbst Offizieren. Nun sahen auch sie, was wir vorausgesagt hatten: Hitler führt Deutschland in die Katastrophe. Einige beherzte Männer versuchten am 20. Juli 1944 Hitler durch ein Attentat zu beseitigen. Doch es scheiterte. An diesem Tag lief das Lagerradio in voller Lautstärke. Ich befand mich gerader als Kranker auf der Tbc-Station und vernahm hier mit den anderen die jubeltönende Musik "Wohlauf die Zeit ist kommen" und "Jetzt kommen die lustigen Tage" und andere passende Volkslieder zwischen Fanfarenklängen und Siegesmeldungen. In dieser Endphase des Krieges wurde das Essen im Lager noch schlechter, die Rationen geringer, der Hunger erbarmungsloser, der Tod alltäglich und allgegenwärtig. Ein junger Mann namens Schattenholz mit grünem Winkel wurde unserem Schreibstubenkommando zugeteilt. Er war still und schweigsam. Der Teufel mochte wissen, wer und was ihn ins KZ gebracht hatte. Er starb vor Hunger und Erschöpfung, verschwand aus meinem Gesichtskreis, versank wie ein Schatten ins Nichts.

In dieser Situation war es der Lagerführung nur lieb, wenn Häftlinge von ihren Angehörigen Pakete geschickt bekamen. Bedeuteten sie auch nur eine geringe materielle Unterstützung, so halfen sie doch, die Arbeitskraft etwas länger zu erhalten, und zwar auf Kosten anderer. Das muß auch der Grund dafür gewesen sein, daß Norweger durch Vermittlung vom Roten Kreuz Pakete erhalten konnten. Da die Lagerführung jedwede Solidaritätsaktionen unterbinden wollte, wurde den norwegischen Paketempfängern verboten, den Inhalt der Pakete mit anderen Kameraden zu teilen. Sie durchbrachen dieses Verbot, retteten vielen das Leben. Die Pakete enthielten unter anderem Ölsardinen, Schafskäse, Lebertran und Knäckebrot. Zu Weihnachten 1944 machten die Norweger für einige Antifaschisten in der Schreibstube eine kleine Feier. Unser verbotenes Festessen bestand aus Knäckebrot, das mit Ölsardinen oder Käse belegt war.

Als wir zusammen aßen, kam unerwartet der Lagerälteste Beyer herein. Er ging strammen Schrittes wie ein SS-Mann an uns vorüber zu seinem Schreibtisch, um irgendeine Arbeit vorzutäuschen. Unser Gespräch verstummte für einen Moment, als uns die spannungsgeladene Situation deutlich wurde: Am Tisch eine Schar solidarischer Antifaschisten zu einer internationalen Gruppe vereint. Räumlich von uns nur durch einen Gang, einen Tisch und eine Barriere geschieden unser Vorarbeiter, der Mitgefangene Beyer. Ideologisch trennte uns eine Welt, denn Beyer hatte nicht nur vierzehn kriminelle Vorstrafen, eine davon wegen Totschlags, Beyer war zum Komplizen der SS geworden. Er übersah uns geflissentlich. Wollte er um "gutes Wetter" bitten?

Um seine Fähigkeiten zu beweisen, hatte er eine Luftschutzgarde aufgestellt. Sie setzte sich aus früheren SA-Leuten, die wegen "Kameradschaftsdiebstahl" einsaßen, und aus asozialen Häftlingen zusammen. Ihr Führer war ein gewisser Maschke, der sie mit militärischen Attributen wie Koppel, Taschenlampe und kurzstieligen Spaten ausgerüstet hatte. Dieser "Luftschutzgeneral" bildete mit seiner Truppe von etwa zwanzig Mann die Leibgarde von Beyer. Es war eine ernstzunehmende Terrorgruppe, die aber den offenen Kampf gegen die politischen Häftlinge nicht wagte. Wir hatten dieser Bande keine militärische Gruppe entgegenzusetzen. In Schach gehalten wurde sie durch die unaufhaltsam heranrückende Rote Armee und die damit sich anbahnende Umkehr der Verhältnisse.

Am 1. Februar 1945 gab es eine große Unruhe im Lager. Ohne Ankündigung wurden Verlagerungen von Häftlingen vorgenommen. Auch ich mußte auf einen anderen Block. Plötzlich war ich aus der vertrauten Umgebung gerissen und von den mir bekannten Kameraden getrennt. Der Versuch, andere Kameraden auf ihren Blocks aufzusuchen, mißlang, denn auch sie waren verlegt worden. Dieses Herausreißen aus der gewohnten Umgebung war ein gemeiner Trick. Einhundertachtzig der betroffenen Kameraden wurden nachts von je zwei Blockführern einzeln aus den Betten geholt und auf dem Industriehof erschossen.

Unter ihnen befand sich auch Erich Egerland, den ich in der Zeit vor 1933 im Kommunistischen Jugendverband kennengelernt hatte. Erich hatte auf einem Außenkommando gearbeitet und dort Diskussionen mit einem SS-Mann geführt. Dieser war zum Schein auf die Argumentation eingegangen, um ihn danach bei der Lagerführung wegen Zersetzungsarbeit anzuzeigen. Erich wurde erst in den Zellenbau gesperrt und dann am Erschießungsstand hingerichtet. Zu den Ermordeten gehörte der Schreiber des Lagerältesten. Für diese Toten bekam ich keine Totenmeldung in die Hand, wahrscheinlich wurden ihre Karteikarten von Beyer oder einem seiner Vertrauten aus der Häftlingskartei entfernt.

Viele Jahre später erfuhr ich, daß alle, die man in andere Blöcke verlegt hatte, auf der Erschießungsliste aufgeführt waren. Leute aus meinem Schreibkommando waren dem ihnen zugedachten Tod entgangen. Ich wußte in dieser Nacht nicht, daß es zwischen der Lagerleitung und der Sonderkommission der Gestapo Auseinandersetzungen darüber gab, wer sofort oder zu einem späteren Zeitpunkt liquidiert werden sollte. Der Lagerkommandant setzte sich durch. Er bestand darauf, daß er seine Leute aus der Schreibstube vorläufig brauche.

Mir war damals auch nicht bekannt, daß der Lagerkommandant eine seit langem vorbereitete "Aktion Scharnhorst" durchzuführen hatte. Er mußte einen Umschlag öffnen, in dem er den Befehl fand, zweihundert politische und militärische Führungskräfte unter den Häftlingen auszuwählen und erschießen zu lassen. Unter den Ausgesuchten befanden sich sechsundfünfzig sowjetische Offiziere aus dem "Kriegsgefangenenarbeitslager", neunzehn luxemburgische Polizeibeamte, sieben englische Kriegsgefangene und neben meinem Genossen Egerland der SPD-Abgeordnete Friedrich Henze aus Dortmund.

Durch die Mitwirkung Beyers waren inzwischen in der Schreibstube kriminelle oder reaktionäre Leute beschäftigt. So wurde direkt neben mir Hermann von Rittgen postiert. Von Rittgen rühmte sich, bei der Ermordung von Rosa Luxemburg als Noske-Offizier dabei gewesen zu sein. Vorsicht war jetzt doppelt geboten.

Seit dem 1. Februar wurde für die SS erhöhte Alarmbereitschaft eingeführt. Die sowjetische Armee hatte die Front bei den Seelower Höhen durchbrochen. In aller Eile wurden nun die Lager östlich von Berlin aufgelöst. Ihre Insassen zu Marschkolonnen formiert und nach Sachsenhausen geschickt. Völlig erschöpft, sich gegenseitig stützend, zum Teil humpelnd, kamen sie bei uns an. Auch fünftausend Frauen wurden im Lager aufgenommen. Sie kamen in die Isolierung, den kleinen abgeschlossenen Teil innerhalb des großen Lagers.

Ich erfand irgendeinen Vorwand, nahm einen Aktendeckel unter den Arm und ging zu ihnen. Mit einigen kam ich schnell ins Gespräch. Sie faßten Vertrauen zu mir und ich erfuhr von ihrem Widerstand, den sie geleistet hatten. Meist waren es junge Frauen. Die eine hatte Verbindung zur Quäker-Organisation, andere hatten mit den Partisanen gekämpft, sie kamen aus dem einstigen Österreich-Ungarn und sprachen deutsch, obwohl sie Rumäninnen oder Ungarinnen waren. Zu dieser Zeit bekam ich von meinen Eltern ein Paket mit einigen Eßwaren, die sie sich vom Munde abgespart hatten. Davon brachte ich den Frauen etwas Kuchen, um ihnen meine Solidarität zu beweisen.

Später erfuhr ich, daß mein Vater mir dieses Paket unter unvorstellbaren Schwierigkeiten gebracht hatte. Die Post nahm im März 1945 keine Pakete mehr zur Beförderung an. Auf dem Wege zu mir mußte der Zug dreimal wegen Luftalarm halten. Alle Reisenden flüchteten in die überfüllten Keller und Bunker. Stundenlanges Warten und längere Fußmärsche waren die Begleitumstände. Aber er gab nicht auf. Die Poststelle im Lager war zu dieser Zeit mit politischen Häftlingen besetzt. Diese sorgten dafür, daß mir das Paket ordnungsgemäß ausgeliefert wurde.

Die Baracken wurden voller und voller. Die Totenmeldungen häuften sich, sie wurden grotesk. Lakonisch stand auf ihnen zu lesen: 300 Häftlinge auf Transport verstorben. Tags darauf: 600 Häftlinge auf Transport verstorben. Dazu kamen die namentlich aufgeführten, die eines "natürlichen Todes" gestorben waren. Die SS-Ärzte räumten im Revier auf. Nach dem Motto: Wer nicht in drei Monaten gesund werden kann, kommt ins Gas. Die Bilanz meiner Kartei ergab für den Monat Februar 4.000 Tote. Aufgeführt waren unter anderem 88 russische Kriegsgefangene; 40 russische Frauen. Letztere waren alle gleichzeitig (!) an "Kreislaufschwäche" gestorben.

Von nun an standen fast täglich irgendwelche Leute am Tor, die frisch eingeliefert wurden. Ihre Namen kamen nicht mehr in die Lagerkartei. Gegen Abend wurden sie zur Station 2 geführt. Geheimnisvoll erschienen mir Menschen, die "Indianer" genannt wurden. Auf jede Wange hatte die SS ihnen ein acht Zentimeter langes Mal eingebrannt, welches das Gesicht schaurig entstellte. Ich sah, wie der Blockführer sie im Kreis herumjagte. Von weitem erinnerte der Anblick an einen Indianertanz. Wie ich später erfuhr, waren das die "Todgeweihten". Sie wurden von uns nicht registriert. Nach Jahren erfuhr ich, daß einer von ihnen auf abenteuerliche Weise dem Tode entkommen war.

Als die Liquidierung der Kranken begann, herrschte im Revier Furcht und Entsetzen. In Abständen wurden die Nummern von zwanzig Leuten verlesen. Starr vor Schreck packten sie ihre Habseligkeiten und wankten zum Auto. Sie gingen auf Transport, wurde ihnen gesagt. Welch eine furchtbare Bewandtnis es mit diesem Transport auf sich hatte, wußten alle. Man hatte zwischen den Sachen, die vom Krematorium zur Entlausung zurückgebracht wurden, die Krücken vom Tbc-kranken Ludwig Mollmann entdeckt, dazu die Häftlingskleidung mit seiner Nummer.

Diese Beweise sprachen sich herum. Die Todesangst erfaßte die Armen. Doch sie klammerten sich mit dem Rest ihrer Hoffnung an den Gedanken, daß es sie nicht treffen könnte, denn sie waren unschuldig und nicht so sehr krank wie andere. Jeder hoffte für sich, noch irgendwie davonzukommen. Unbarmherzig wurden Kranke an das Tor bestellt und auf einen Lastwagen geladen. In einer Viertelstunde war das Auto zurück. Der neue Zug Elendsgestalten wankte heran. Die dem Tode Überlieferten gingen langsam, als wollten sie zum letzten Mal tief durchatmen. Viele Junge waren dabei, Freunde, die ich als Kranker auf der Tbc-Station kennengelernt hatte.

Mit diesem Morden begnügten sich die Henker nicht. Aus den zurückgefluteten Häftlingskolonnen der Nebenlager wurden Menschen herausgegriffen und auf Lastwagen geschleppt. Dafür wurde die Luftschutztruppe Maschke eingesetzt. Die vollgeladenen Autos fuhren zum Industriehof, zur Hinrichtungsstätte. Das sprunghafte Ansteigen der Massenmorde deutete darauf hin, daß die

Der neue Zug Elendsgestalten rückt heran

Faschisten eine "Endlösung" vorbereiteten. Die Berichte von den Fronten verhießen nichts Gutes für sie.

Wer es wagte, offen am "Endsieg" zu zweifeln, wurde mit dem Tode bestraft. Durchhalten bis zum Massengrab sollten nun auch die Gefangenen, um ihre erbärmlichen Schinder vor der Verantwortung für begangene Taten zu bewahren und deren Verbrecherleben möglichst um mehr als Tage oder Wochen zu verlängern.

Viele KZ-Häftlinge steckten schon seit Monaten im Strafbataillon 999. Der General Dirlewanger hatte zuerst die kriminellen Häftlinge zu wehrwürdigen Soldaten gemacht, in den letzten Monaten des Krieges wurden nun die politischen Häftlinge aufgefordert, sich freiwillig zur Armee Dirlewanger zu melden. Es gab zwei Meinungen darüber. Die einen sagten: "Wir nehmen die Waffen und drehen sie um." Die anderen: "Es ist zweifelhaft, ob es gelingt. Wir müssen das Gegenteil von dem tun, was sie von uns wollen. Das heißt: Nicht melden."

Zu dieser Zeit lernte ich Richard Fischer kennen, einen jungen Kommunisten, der als Arbeiterjunge im Bezirk Neukölln aufgewachsen war. Er arbeitete in der DAW-Tischlerei. Ich erzählte ihm von einem geheimen Wunsch, den ich hegte: Gar zu gern hätte ich ein Stück Holz und ein Schnitzmesser gehabt, um einen Kasperlepuppenkopf daraus zu schnitzen. Für Richard war das kein

Problem, er besorgte mir beides, obwohl öfter Männer aus dem einmarschierenden Arbeitskommando am Tor auf verbotene Gegenstände untersucht wurden.
Jeder konnte von der SS gefilzt werden. Richard scheute das Risiko nicht. Im Besitz dieser Materialien begann ich wie ein Besessener zu schnitzen. Ich saß im Gewühl der Häftlinge und arbeitete mit einer nie zuvor gekannten Begeisterung. Um mich herum verbreiteten sich die Späne. Ich weiß nicht, was die Kameraden, die mich sahen, dachten. Offenbar brachten sie Verständnis für mich auf, alle ließen mich gewähren, auch der Stubenälteste, der doch auf Sauberkeit und Ordnung zu achten hatte.

Beim Schnitzen beseelte mich eine freudige Ungeduld und brennende Neugier. Stück um Stück trat aus dem achteckigen Klotz das Teufelsprofil heraus. Dabei fürchtete ich, durch einen unüberlegten zu tiefen Schnitt das Ganze zu verderben. Eine Art Lampenfieber hatte mich erfaßt, eine frohe und zugleich bange Erregung. Mit jedem Schnitzer, der gelang, wuchs ein Triumphgefühl über den Erfolg und die bisher in mir ruhende schöpferische Kraft, die sich nun offenbarte. Es waren glückliche Augenblicke, eine Sternstunde, wie sie nur einer empfinden kann, der sich aus tiefster Not und Verzweiflung emporgehoben und begnadigt fühlte.

Mein Vorhaben glückte. Ich schnitzte einen Teufelskopf und danach den Kopf einer Hexe. Mein Erstaunen über das Gelingen war nicht geringer als das vom Holzschnitzer Papa Carlo, dessen Puppe Pinocchio schon beim Schnitzen die Augen aufschlug und zu sprechen begann.

Im Monat März gab es schwere englisch-amerikanische Luftangriffe auf Berlin. Eine schwarze Rauchwand rückte langsam auf Sachsenhausen zu und verdunkelte die Sonne. Ich bangte um mein Zuhause. Einige Tage danach wurde Oranienburg bombardiert. Unter den Häftlingen, die bei Heinkel arbeiteten, gab es Verwundete und Tote. Der Kunstmaler Walter Reichstein war unter den Opfern. Im Klinkerwerk starben 350 Häftlinge beim Bombardement. Schwerverletzte wurden in das Revier eingeliefert.

Eines Tages war ein Flugzeug direkt über unserem Lager. Luftalarm! Das Flugzeug kreiste, von keiner Flak gestört, unaufhörlich über unseren Köpfen. Ich legte mich mit einem Kameraden direkt an die Stirnwand der Schreibstubenbaracke auf den Boden. Sie bot keinen Schutz, doch wir waren im Freien und konnten sehen, was passierte. Das Flugzeug zog die Kreise immer enger. Ich sah es direkt über mir. Auf einmal drehte es ab und flog unbehelligt davon. Doch zuvor hatte es Brandbomben abgeworfen. Sie waren genau auf die Schreibstube gefallen. Die brannte lichterloh. Die Lagerfeuerwehr rückte an. Wir bekamen den Befehl, die Lagerkartei zu sichern. Dieser hatte der Angriff gegolten.

Mit Vorliebe setzte die SS rote Blockälteste für diese Arbeit ein

Das Feuer wurde gelöscht, es hatte kaum Schaden angerichtet. Wir Schreiber von der Kartei bekamen einen direkten Auftrag vom Kommandanten, alle Nummern und Namen aus der Kartei in Bücher zu übertragen. Während wir damit beschäftigt waren, erschien der Lagerführer Höhn, um uns zu kontrollieren. Er erkundigte sich nach dem Fortgang der Arbeit. Da stand er vor mir, nur die Schreibstubenbarriere zwischen uns. In seinen eiskalten Augen funkelte ein bösartiges Lächeln, das in mir einen Schauer erzeugte. In diesen Sekunden fühlte ich, daß unser aller Todesurteil schon beschlossen war. Der vor mir stand, kalkulierte den Zeitpunkt und freute sich auf die Vollstreckung.

Die englisch-amerikanischen Luftangriffe auf Berlin und Oranienburg hatten große Verluste unter der Zivilbevölkerung verursacht. Die Berichte darüber drangen bis zu uns. Die Himmelfahrtskommandos wußten darüber zu erzählen. Seit langem schon waren solche Kommandos im Einsatz. Ihre Aufgabe war es, Blindgänger freizulegen und zu entschärfen. Oft handelte es sich um Bomben mit Zeitzündern, die im unpassendsten Moment explodierten oder bei geringer Erschütterung in die Luft gingen. Wenn dieser Fall eintrat, war die Überlebenschance für den Entschärfungstrupp gering. Mit Vorliebe setzte die SS rote Blockälteste für diese Arbeit ein.

Die Front rückte näher an Berlin heran. An einem Sonntag hörten wir über die eingeschalteten Lautsprecher die Durchhaltereden von Propagandaminister Goebbels über den bevorstehenden Einsatz einer Wunderwaffe, die eine Wende des Krieges herbeiführen würde. Freudig erstaunt war ich, als ich in den Atempausen deutlich die Stimme eines zweiten Senders vernahm, die jeweils mit einem Kurzkommentar konterte. Das hörte sich zum Beispiel so an: "Der Führer des großdeutschen Reiches" – "Aber nicht mehr lange!" – "wird ohne Zweifel die Schlacht um Berlin gewinnen!" – "Denkste!" – "Die unbesiegbare deutsche Armee" – "Hat schon verloren!" – "wird den Feind vom deutschen Territorium vertreiben!" – "Niemals!" Wir schauten uns an, bemüht, uns nicht durch den frohen Ausdruck unserer Augen zu verraten.

Die Diskussionen über "freiwillig melden" oder "nicht melden" erübrigten sich. Eines Tages bekam ich vom Blockältesten die Anweisung zur Musterung übermittelt. Mit einem Laufzettel ging ich zum Arzt, dann zum Fotografieren. Nun hätte ich den Zettel mit allen dort eingetragenen Daten und Befunden in der Schreibstube abliefern müssen. Das unterließ ich. Aufregende Tage vergingen, ohne daß ich behelligt wurde.

Die Spannungen im Lager nahmen zu. Einige Außenkommandos rückten nicht mehr aus. Die SS begann mit der Beseitigung von belastendem Material. Unter scharfer Bewachung mußten wir die Karteikarten und andere Papiere in die

Feuerkessel der Wäscherei werfen. In der Nacht vernahmen wir von weit her zum ersten Mal den Geschützdonner der Front. Er hörte sich an wie das Grollen eines fernen Gewitters. Hoffnung und Unruhe zugleich erfüllten uns. Wie würde das Ende aussehen? Ob wir es erleben sollten oder an der Schwelle einer neuen Gesellschaft den Tod erleiden würden? Fieberhaft wurde überlegt, ob wir selbst etwas zu unserer Befreiung tun könnten. Was zu tun sei, wie und wann es machbar wäre.

Die Nacht vom 20. April war besonders unruhig. Wir lagen angezogen auf unseren Betten, um bei unvorhergesehenen Ereignissen sofort aktionsfähig zu sein. Vom Appellplatz tönten Stimmen herüber. Nummern und Namen wurden aufgerufen. Die letzten "Freiwilligen", die mit mir zugleich gemustert worden waren, machten die Metamorphose vom Häftlingsschwein zum SS-Kameraden durch. Ich war zu meinem Glück nicht dabei. Glück? Wer konnte wissen, wer besser dran war, ob sie oder ich? Wer konnte wissen, was auf jeden von uns zukam?

Nach der Einkleidung der dienstverpflichteten Häftlinge in SS-Uniformen wurde die Evakuierung des Lagers eingeleitet. Kolonnen zu fünfmal einhundert Mann wurden mit unbekanntem Ziel in Richtung Norden in Marsch gesetzt. Schon in der Nacht hatten die ersten das Lager verlassen. Immer neue Gruppen wurden zusammengestellt und marschierten ab. Im gesamten Lager, in den Blöcken, auf der Lagerstraße, auf dem Appellplatz gab es Gruppen, die diskutierten und sich auf den ungewissen Weg so gut wie möglich vorbereiteten. Ein Kamerad, der in der Effektenkammer gearbeitet hatte und der kurz vor dem Empfang der SS-Uniform stand, brachte mir eine blaue feste Tuchjacke. Sie war durch ein großes gelbes Kreuz aus Ölfarbe auf dem Rücken für den zivilen Bedarf unbrauchbar gemacht und somit als Häftlingsjacke gekennzeichnet. Er bat mich inständig, diese Jacke für ihn mitzunehmen, um sie ihm im Moment der Befreiung zurückzugeben.

Ich hatte Verständnis für ihn, denn in der SS-Uniform konnte es bald ungemütlich für ihn werden. Als Gegenleistung besorgte er mir ein Taschenmesser und einen Brotbeutel. Beides kam mir gut zustatten. Ich überlegte lange, ob ich meine Parodie über Sachsenhausen mitnehmen sollte und unterließ es aus Sicherheitsgründen. Aber meinen Puppenkopf steckte ich mir ein. Die Diskussionen gingen jetzt nicht mehr darum, ob wir bleiben oder gehen sollten, sondern um den besten Zeitpunkt des Aufbruchs.

Ich rannte noch mal in die Schreibstube, um mich mit Kameraden zu verabreden. Dort lief ich ausgerechnet den Maschkebanditen in die Arme. Sie waren sehr eifrig, wollten ein Schild malen und verlangten von mir Pappe und Farbe. Ich zuckte die Achseln. Vom Lagerältesten Beyer bekamen sie das Gewünschte. Sie hatten in einem bereits geräumten Block einen Zigeunerburschen entdeckt, der vergeblich nach Eßbarem suchte. Sie schleppten ihn fort, um ihn eigenhändig als Plünderer aufzuhängen. Zu dieser Stunde verkörperten sie noch voll und ganz die Autorität der SS, die von den Türmen das Geschehen im Lager betrachtete, bereit, in letzter Minute ein Blutbad anzurichten.

Meine Freunde fand ich nicht, so schloß ich mich einer Gruppe an, in der ich einige Bekannte entdeckte. Dabei gelang es mir, von Rittgen abzuschütteln, der sich hartnäckig an mich klammerte. Beim Ausmarsch bekamen die ersten von uns ein Fünfhundert-Gramm-Brot, und vier Mann mußten sich eine Büchse Leberwurst teilen. Die späteren Kolonnen bekamen zunächst noch ein halbes Brot, die letzten gar nichts.

Ich sah, wie Halbverhungerte das Brot herunterschlangen. Kein Mensch hatte uns gesagt, wie lange das Brot zu reichen hatte. Auch mein Magen knurrte, doch ich beschloß, jeden Tag nur eine Scheibe Brot zu essen, so daß sich die gesamte Ration auf zehn Tage verteilte. Ich war nicht der einzige, der mit einer ungewissen Zukunft rechnete und so handelte. Diese Vorsicht rettete mir das Leben. Wir wußten damals noch nichts von dem Himmlerbefehl, nach dem keiner von uns am Leben bleiben sollte. Alle Sechsunddreißigtausend sollten auf Schiffe verladen und im Meer versenkt werden.

Am 21. April gegen fünfzehn Uhr setzte sich die Kolonne, in der ich mich befand, in Marsch. Schon nach einer Stunde drohte der Hauptsturmführer Petri alle zu erschießen, wenn wir weiter so bummeln würden. Ein Maschinengewehr sei schnell aufgestellt und im Chausseegraben genügend Platz für uns. Beim Weitermarschieren mußten wir erkennen, daß Petri und Konsorten nicht nur leere Drohungen ausstießen. Opfer des vorangegangenen Zuges lagen, durch Genickschüsse umgebracht, rechts und links in den Gräben der Chaussee. Petri brüllte: "Macht bloß nicht so dumme Gesichter!" Unsere hohlen Wangen, vom Fieber und Durst aufgesprungene Lippen, unsere anklagenden Blicke waren für den Herrn Hauptsturmführer "dumme Gesichter"! Er gestattete uns nicht, in den Ortschaften, die wir durchquerten, Wasser zu trinken. Weder durften uns die Bäuerinnen Wasser reichen, noch war es uns erlaubt, aus dem Dorfbrunnen zu schöpfen.

Bis zum Eintritt der Dunkelheit wurden wir in nördlicher Richtung vorwärts getrieben, mit welchem Ziel? Ich konnte mir nicht vorstellen, was für einen Zweck die Nazis verfolgten. Wo gab es für sie noch einen Platz in dem schmal gewordenen Restbestand ihres Reiches, auf dem sie uns noch einsperren, prügeln, erschlagen oder für sich arbeiten lassen konnten? In panischer Angst waren sie dem Wahnwitz verfallen, nicht anders war es zu erklären.

Selbst in dieser Situation kam ich nicht auf den Gedanken, daß sie uns alle ohne Ausnahme in den Tod schicken wollten. Wahrscheinlich einschließlich ihrer kleinen Mordgehilfen. Es war die Hoffnung an das Leben, an die wir uns klammerten, und die selbst uns, die wir unsere Feinde zu kennen glaubten, das Ausmaß der faschistischen Barbarei nicht erkennen ließ.

Im Dorf Sommerfeld begann mit einem nichtendenwollenden Zählappell der Kampf um ein Nachtlager in einer Scheune, die etwa 200 Menschen aufnehmen konnte. Ich gehörte zu dem größeren Teil, der draußen auf der nackten Erde kampieren mußte. Die blaue Jacke, die ich noch zusätzlich mitschleppte, erwies sich nun als Vorteil.

Am nächsten Tag wurden wir wieder vom Morgengrauen bis in die Nacht vorwärts gejagt. Das Aprilwetter fuhr uns mächtig in die Knochen. Schnee und Hagelschauer wechselten mit Sonnenschein. Später jedoch hatte sich der Himmel völlig bezogen, und dann rauschte der Regen gleichmäßig auf uns herab. An diesem Abend bekam ich aber noch einen Platz in einer Scheune. Die Ecke, in die ich geschoben wurde, hatte als Kohlenschuppen fungiert. Zitternd vor Kälte, Nässe und Erschöpfung sank ich in den Kohlenstaub und fiel trotz Preßkohlen und Koksstücken in Schlaf.

Der dritte Marschtag begann; nur langsam ging es weiter. Nur nicht umfallen, denn das ist der Tod. Manchmal setzten wir uns alle zugleich demonstrativ an den Straßenrand. Petri jagte uns weiter. Da auch die SS-Posten sehr ermüdet waren, wurde am späten Nachmittag der Marsch gestoppt. Wir waren völlig fertig. Nun, nach drei Tagen, erhielten wir als erste Verpflegung drei Pellkartoffeln. Viele hatten ihr Brot schon längst verzehrt.

Am nächsten Morgen ging es weiter; endloses Marschieren, das wenige Gepäck schnitt in die Schultern und drückte wie eine Zentnerlast – marschieren, immer nur marschieren. Die Straßen waren voller Trecks. "Wir mußten fort, die SS hat uns rausgejagt", so sagten manche Flüchtlinge. Es waren sicher aber auch Faschisten unter ihnen. Dann überholten uns Berliner Polizeitruppen auf Lastwagen und Panzerautos. Wir sagten uns, nun sind die Russen sicher in Berlin. Das gab uns neue Kraft.

An diesem 24. April kamen wir in den Wald von Below. Dieser Wald wurde für einige Tage unsere Raststätte und für viele unserer Kameraden zum Friedhof. Wir bauten aus dem spärlichen Unterholz des Waldes Schutzdächer und sammelten Laub und Tannennadeln für eine Lagerstatt. Nachdem wir uns eingerichtet hatten, jagte uns die SS in das angrenzende, viel dürftigere Waldstück. Wir hatten unsere Ruheplätze für die SS-Posten gebaut.

Neue Laubhütten wurden mühevoll errichtet. Lagerfeuer blinkten auf und wurden sofort verboten. Als das Verbot mißachtet wurde, ließ der Lagerkommandant Kolb zwei Mann rigoros aufhängen. Es half nichts: Feuer wurde gemacht, eine Lagerdisziplin gab es nicht mehr. In diesem Waldlager erhielten wir von der SS als Verpflegung einmal zwei kleine oder eine große Pellkartoffel, zweimal einen Löffel Haferflocken. Das alles in fünf Tagen. – Es blieb uns überlassen, Wurzeln zu suchen oder Brennesselsuppe mit Baumrinde zu kochen. Bald gab es jedoch weder Laub noch Brennessel, denn die Postenkette war eng gezogen. Wasser im Dorf zu holen, wurde nicht erlaubt. Mit Stockhieben wurden die Wasserholer zurückgejagt. Wie aber sollte der Durst tausender Häftlinge gelöscht werden?

Am zweiten Tag im Wald von Below erkämpften wir uns den Zugang zu einem Bach. Oberhalb desselben wusch sich die SS, unterhalb durften wir das getrübte Wasser als Trinkwasser schöpfen. In unserer größten Not trafen Lastautos mit Lebensmitteln des schwedischen Roten Kreuzes ein, die mit großem Jubel begrüßt wurden. Wir erhielten je sechs Mann ein Paket. Das rettete vielen das Leben. Aber für andere kam es zu spät. Eines Morgens hatten wir 228 Tote, die vor Erschöpfung in der Nacht gestorben waren.

Oft fielen Schüsse. Ich weiß nicht, wieviele getötet wurden. Dann kam der Tag, an dem das Artilleriefeuer näherrückte. Es war Musik in unseren Ohren. Die Rote Armee, würde sie uns befreien? Sollte unsere Hoffnung Wahrheit werden? Oder sollten wir nur sterbend das junge Morgenrot der Freiheit sehen dürfen?

Am 29. April erlebten wir eine große Enttäuschung. Weitermarschieren! Also war der Kessel noch nicht geschlossen. Die weiterziehenden Marschkolonnen erhielten für je fünf Mann ein Paket. Jeder der uns begleitenden SS-Leute bekam ein ganzes Paket zugeschoben. Die nächsten Tage hieß es mit leerem Magen marschieren, auf feuchter Erde unter freiem Himmel schlafen. Massenausfälle waren die Folge.

Durch energische Maßnahmen der Sanitäter vom schwedischen Roten Kreuz wurden SS-Banditen gehindert, völlig Erschöpfte zu erschießen. Ich beobachtete, wie diese auf einen Lastwagen stiegen. Zu ihnen gehörte mein Freund Henk de Roos, aber auch von Rittgen. Als Hein Otto ihn aufsteigen sah, rief er: "Kameraden, laßt ihn nicht mit! Er ist der Mörder von Karl und Rosa!" Schreiend drängte er sich zu dem Wagen. Dadurch gefährdete er sich sehr, und ich fürchtete, daß die SS ihn umbringen würde. Zum Glück erkannten das die Sanitäter auch, und sie luden Hein mit auf. War er nun in Sicherheit? Wer konnte mir das in dieser Stunde sagen? Nach 35 Jahren erhielt ich Antwort auf meine bange Frage. Wir sahen uns auf einem Treffen des Internationalen Sachsenhausenkomitees wieder.

Oft fielen Schüsse

Die SS-Bestie wütete bis zuletzt. Noch kurz vor Schwerin holte der berüchtigte SS-Obergruppenführer Pohl wahllos Männer aus den marschierenden Zügen heraus und erledigte sie durch Genickschuß. Nur eines seiner Opfer hatte überlebt. Die Kugel war an der Wirbelsäule vorbeigegangen. Der Schwerverletzte war von einem Bauern gerettet worden. Er berichtete uns nach der Befreiung davon.

Als eine Gruppe, dem Befehl der SS gehorchend, mit Gesang durch die von Militär und Flüchtlingswagen verstopften Straßen von Crivitz zog, trat ein Angehöriger der Stadtkommandantur, ein Hauptmann der Luftwaffe, vor diesen Zug und erklärte singende Häftlinge für Meuterer. Er wollte Befehl zum Erschießen geben.

Die Marschkolonne, bei der ich mich befand, hatte zur Bewachung einige Häftlinge, die man in Sachsenhausen in SS-Uniform gesteckt hatte. Das war für uns günstig. In der Nacht zum 3. Mai flohen die SS-Leute, die uns bisher bewacht hatten. Wir waren frei. Ich war zu erschöpft, um die Freiheit gebührend begrüßen zu können. Auch bedeutete die Freiheit noch keine Sicherheit. Was ich wirklich brauchte, war Essen! Der Kamerad Jan, der mir schon seit der

Emigrationszeit bekannt war, lud mich zu einem Frühstück ein. Ein Pferd lag erschossen auf dem Feld. Er behauptete, daß das Fleisch noch frisch sei. Einige Stücke schnitt er heraus, briet sie auf dem Deckel eines Kochgeschirrs und bot auch mir davon an. Ich überwand meine Zweifel, es schmeckte hervorragend.

Auf der Straße begegneten uns britische Kavallerie-Patrouillen, die aus dem schon befreiten Schwerin kamen. In südlicher Richtung war noch immer die Artillerie zu hören. Dort wurde noch gekämpft. Wir marschierten geschlossen ohne Bewacher nach Schwerin. Dort wurden die befreiten Häftlinge in Kasernen untergebracht und mit dem Notwendigsten versorgt. Auf dem Friedhof waren siebzig Gräber ausgehoben. Abgemagert, gelbgesichtig, wie unbeteiligt, lagen sie in den Gruben. Bis hierher hatten sie den Weg geschafft. Dann waren sie zusammengebrochen, wissend, daß sie die Kugel der Henker treffen würde.

In den Kasernen waren nun wieder alle vereint, die bis gestern nur numerierte Sklaven verschiedener Nationalitäten darstellten. Im Lager waren wir Deutschen von den Nazis eine Nuance höher eingestuft worden als die Ausländer. In der Rangfolge standen obenauf Deutsche, danach Holländer, Belgier, Luxemburger, Franzosen, Polen, Ukrainer, Russen, Juden, Zigeuner.

In der Kaserne in Schwerin war eine andere Rangordnung Gesetz, was nicht erst beschlossen werden mußte. Jetzt standen wir Deutschen auf der untersten Sprosse. Wir mußten die Toiletten reinigen. Offenbar hatte es seit Tagen kein Wasser gegeben. Die Spülungen funktionierten nicht. Die Klosetts quollen über, und alle Ecken waren voll. War es uns gelungen, eine Etage zu reinigen, wurden wir in eine andere verlegt, in der uns dieselbe Arbeit bevorstand. Wir beklagten uns nicht. Es war zu selbstverständlich.

Ich hatte am eigenen Leibe oft genug erfahren, daß mein polnischer Name genügt hatte, mich als "polnische Drecksau" zu beschimpfen und mir einen Fußtritt mehr als den Leuten mit deutschem Namen zu verpassen. Wir wußten alle, daß unsere ausländischen Kameraden noch mehr als wir von den Nazis zu erleiden hatten. Jetzt war es an uns, ein wenig davon wieder gut zu machen. Abgesehen von den notwendigen unangenehmen Arbeiten erfuhren wir übrigens die gleiche Behandlung wie alle anderen. Bis auf weiteres durfte keiner die Kaserne verlassen.

Endlich frei

Die Ungeduld plagte uns. Da saßen wir nun untätig in einer von britischen Soldaten bewachten Kaserne fest, während wir an anderer Stelle gebraucht wurden. Wir diskutierten unsere neue Lage und suchten einen Ausweg. Eine Delegation drang bis zum britischen Kommandanten vor. Der wollte uns zunächst nicht freilassen. Doch unsere Freunde waren nicht abzuschütteln: Bis gestern waren wir politische Gefangene Hitlers, würden wir etwa jetzt Kriegsgefangene der britischen Armee sein? Wir hatten nicht die Absicht, in Schwerin herumzulungern und anderen zur Last zu fallen. Wir wollten nach Berlin und uns nützlich machen.

Die Verhandlung war erfolgreich. Wir wurden zwar nicht freigelassen, dafür aber der sowjetischen Besatzungsmacht übergeben. Crivitz, in der Nähe von Schwerin liegend, war seit dem 2. Mai von Sowjettruppen besetzt. Von dort kamen am 10. Mai zwei Reisebusse, die von Sowjetsoldaten gesteuert wurden. Wer nach Berlin wollte, stieg ein. In Crivitz wurde uns ein Schulgebäude zugewiesen. In den Klassenräumen standen Feldbetten, in denen vor kurzem noch Landser geschlafen hatten. Hier wurden wir nicht mehr mißtrauisch bewacht.

Wir fühlten uns als Besitzer des Gebäudes und dokumentierten das durch die Namengebung. Ich malte mit weißer Farbe auf rotem Stoff in großen Druckbuchstaben: Ernst-Thälmann-Haus. Das Transparent wurde über dem Eingangstor des Schulgebäudes angebracht. Als erstes wählten wir uns eine Leitung, die die politischen, ökonomischen und kulturellen Maßnahmen in Angriff zu nehmen hatte. Einer der begabtesten Kameraden, die zur Leitung gehörten, war ohne Zweifel Karl Veken. Karl war zweiundvierzig Jahre alt. Von Beruf Lehrer, war er nach politischer Aktivität gegen Hitler in die Tschechoslowakei emigriert. Als diese von der Wehrmacht gewaltsam besetzt wurde, gelang ihm die Flucht in einem Flugzeug nach Frankreich. Bei der Landung verunglückte das Flugzeug. Nach der Operation war von seiner ehemals kräftigen Nase ein unbedeutendes, himmelfahrtsähnliches Nasenprofil übriggeblieben.

Bei unserem Eintreffen in Crivitz hatte auch der Frühling in der kleinen mecklenburgischen Stadt Einzug gehalten. Die Obstbäume standen in voller Blütenpracht. Die Häuser waren nicht von Bomben zerstört, doch der Krieg hatte die männliche Jugend geholt und nur einen Teil von ihr als Krüppel der Stadt zurückgegeben. Deutschland hatte vor zwei Tagen kapituliert, die letzten Schüsse waren verhallt. Die Tränen über die Gefallenen und Verwundeten waren noch nicht ausgeweint. Die Alten waren enttäuscht, verbittert, mutlos, schuldig geworden, verzweifelt und doch erleichtert, daß der Krieg beendet und die Angst ausgestanden war. Nur die Sorge um die nächste Zukunft war geblieben.

Die Jugendlichen, ihre Mehrheit bestand aus jungen Mädchen, versuchten sich sofort in der neuen Situation zurechtzufinden. Wir, die Geächteten von Gestern, müssen einen großen Eindruck auf sie gemacht haben. In kurzer Zeit brach die ganze nazistische Ideologie von Blut und Boden, Herrenrasse, Volk ohne Raum und Antikommunismus bei ihnen zusammen. Doch einige versuchten hartnäckig, das Eingelernte und Geglaubte zu verteidigen und zu rechtfertigen. Die Diskussionen mit ihnen gingen über Stunden und reichten bis in die Nacht.

Die ehemaligen Konzentrationäre im Ernst-Thälmann-Haus entwickelten eine rege Tätigkeit. Alle bemühten sich, einen Teil der notwendigen Arbeit zu leisten. Jeder versuchte, seine Fähigkeiten im Interesse der Gemeinschaft einzusetzen.

Für die Lösung aller anstehenden Probleme wurden Versammlungen einberufen, Kommissionen gewählt und mit Aufgaben betraut. Ich war für die Herstellung der Wandzeitung zuständig. Zwei Kameraden führten die Wirtschaft und bewiesen ihre Kochkunst. Einer von ihnen war Jan, der mir vom Pferdefleisch abgegeben hatte. Sie sorgten für die tägliche Verpflegung, die nicht nur pünktlich auf den Tisch kommen mußte, sondern auch heranzuschaffen war. Die sowjetische Kommandantur unterstützte uns mit Lebensmitteln. In der ersten Woche waren viele durchfallkrank, weil der Übergang vom Ausgehungertsein zur einigermaßen normalen Ernährung zu schnell erfolgte. Einen Arzt hatten wir nicht. Auch unter den ehemaligen Häftlingen war keiner.

Einige waren für die Verteilung der Schlafräume verantwortlich. Unser Haus wirkte als Anziehungspunkt auf alle Versprengten, die vom großen Treck geflüchtet waren und sich in der Umgebung versteckt gehalten hatten. Sie kamen zu uns, denn bei uns gab es außer der materiellen Versorgung die politische Aktivität, die in Schulungen und Vorträgen, Referaten und Diskussionen, in Zeitungsartikeln, Liedern, Gedichten und Zeichnungen ihren Ausdruck fand.

Eines Tages rollte eine mit einem Pferd bespannte Kutsche vor unser Haus. Ihr entstiegen zwei Frauen in Häftlingskleidern. Sie kamen aus dem Frauen-KZ Ravensbrück. Irgendwo hatten sie sich das herrenlos herumlaufende Tier eingefangen, in einem verlassenen Gutshof die Kutsche entdeckt und waren mit ihr durch Niemandsland oder besetzte Gebiete bis nach Crivitz gefahren. Die ältere von den beiden hieß Helen Ernst, sie war Genossin. Ihr lebhaftes Wesen, ihr entschiedenes Auftreten, ihre überzeugende Argumentation und ihr Wissen waren mir Beweis dafür. Die Jüngere war schweigsam und verschlossen. Als sie ihren Namen nannte, war ich schockiert und voller Mißtrauen. Sie behauptete, Käthe Roth zu heißen, in Holland als Dienstmädchen gearbeitet zu haben und in Nürnberg geboren zu sein.

Ich glaubte ihr kein Wort, ließ mir aber meine Betroffenheit nicht anmerken. Die Vorstellungen, die ich mir machte, lähmten meine Entschlußkraft. Ich fürchtete mich davor, die Entdeckung machen zu müssen, daß meine Käthe Roth, die ja damals in Amsterdam als Dienstmädchen gearbeitet hatte, von den Faschisten nach Ravensbrück geschleppt und dort ermordet worden sei, und das vielleicht kurz vor der Befreiung durch die Rote Armee. Daß sich vielleicht eine

SS-Schergin ihren Namen und ihr Häftlingskleid angeeignet hätte, und daß diese Person die Dreistigkeit besäße, sich unter die ehemaligen Häftlinge zu begeben, um der gerechten Strafe zu entgehen.

Diese Gedanken peinigten mich, bis ich den Mut fand, mit Karl Veken über die Angelegenheit zu sprechen. Sei es nun, daß Karl nur mit halbem Ohr hinhörte, weil ihn andere Dinge viel mehr in Anspruch nahmen, sei es, daß er meiner Phantasie nicht folgen wollte oder konnte. Jedenfalls unternahm er nichts, um den Verdächtigungen nachzugehen. Die Angst, daß die Vermutung, meine liebe Freundin Käthe sei tot, zur Gewißheit werden könnte, raubte mir jeden klaren Gedanken. Die Tatsache, ein vermutliches Verbrechen an einem mir so nahe gestandenen lieben Menschen nicht aufgedeckt zu haben, quält und verfolgt mich bis heute.

Karl hatte viele geniale Ideen, er besaß die vorzügliche Eigenschaft, junge Menschen zu überzeugen und zu begeistern. Er ging uns voran, als wir die ersten Schritte in unserer wiedergewonnenen Freiheit machten. Karl und ich wurden bald gute Freunde, und wir leisteten ein großes Stück Arbeit gemeinsam. Schon am 18. Juni 1945 organisierte er die erste Jugendversammlung in Berlin-Mariendorf, gründete den Jugendausschuß Tempelhof, wurde Schulleiter und bewies in den darauffolgenden Jahren als Jugendbuchautor Format.

Aber natürlich hatte Karl auch seine Fehler. Damals störte mich besonders seine Liederlichkeit. Ich wohnte mit ihm zusammen in einem Zimmer. Sein Bett und sein Nachttisch bildeten stets eine malerische Unordnung. Zwar gehörte ich auch nicht zu den Ordentlichsten, aber da ich als sein Zimmerkumpel in gewissem Sinne auch unter seiner Unordnung zu leiden hatte, meine Vorhaltungen nichts nützten und ich eine Portion Bosheit besaß, brachte ich meine Zeichnung "Das Bett Karls des Großen" an die Wandzeitung. Sie paßte zu der Ordnungskampagne, die wir im Hause führen mußten, denn nun war Ordnunghalten zu einer freiwilligen Pflicht geworden, die im Interesse aller lag. Mein Freund Karl beschuldigte mich, unsere Freundschaft verletzt zu haben, aber änderte sich nicht.

Dennoch, was Karl in Crivitz leistete, wird deutlich in dem Bericht, den er über die damalige Situation gab. Er strahlte eine Kraft aus, die alle erfaßte, die alten geplagten Kameraden sowie die verirrten und verwirrten Crivitzer Jugendlichen. Als Karl Veken endlich in Berlin angekommen war, gab er das in Crivitz Erlebte bekannt.

Karl Veken (1945)

Bericht über die Gründung und die ersten Arbeiten einer Jugendorganisation in Crivitz in Mecklenburg

Crivitz ist eine Stadt von 3000 Einwohnern in Mecklenburg, bewohnt von einer geringen Schicht Industriearbeitern, einem großen Teil Landwirten, Bauern und Kleinbürgern.

Nach der Auflösung des KL Sachsenhausen kam ich am 10.5.1945 von Schwerin nach Mecklenburg. Dort bestand bereits, von einem Häftling eingerichtet, ein Büro, das die Bezeichnung trug: Kommunistischer Jugendverband Deutschlands Ortsgruppe Crivitz.

Ich wollte mit den Jugendgenossen sofort eine Verbindung aufnehmen, um ihnen von der Auflösung der KJI (Kommunistische Jugendinternationale, Hrsg.) und des KJVD zu erzählten. Desgleichen nahm ich an, daß sie von der Gründung der "Freien Deutschen Jugend" nicht gehört hatten.

Die Versuche, jemanden in dem Büro zu erreichen, waren mindestens zwanzigmal vergebens. Ich brachte in Erfahrung, daß der Leiter des KJV ein ehemaliger Schutzhäftling aus Sachsen sei, der sich in der ersten Woche bereits verlobt habe und in einigen Tagen heiraten werde. Er hatte sich ein Schild anfertigen lassen: "Heinz Reiche, Ortsgruppenleiter der KJI".

Am 13.5. fand ich in einem Schaufenster der Stadt eine Anzeige: "Die Crivitzer Jugend im Alter von 14 bis 25 Jahren beteiligt sich am Aufbau eines neuen sozialistischen Deutschland unter der Führung der Kommunistischen Partei Deutschlands. Die gesamte Jugend versammelt sich heute um 8.00 Uhr im Ernst-Thälmann-Haus."

Als ich in die Versammlung kam, war man gerade dabei, Aufnahmescheine für den Eintritt in den Kommunistischen Jugendverband zu verteilen. Hier lernte ich endlich Heinz Reiche kennen, der auf mich sofort den Eindruck eines Wirrkopfes machte. Ich sprach mit ihm über die Notwendigkeit, anders an die Jugend heranzutreten, erzählte ihm in Kürze von der "Freien Deutschen Jugend" und erreichte, daß ich zu den Jugendlichen sprechen konnte. Es waren über 200 Jugendliche anwesend. Am gleichen Abend noch berichtete ich in der Leitung unserer Häftlingsgruppe, und es wurde festgelegt, daß wir mit Reiche über seine falsche und schädliche Haltung sprechen sollten. Er erschien, zwang uns aber durch sein Auftreten, ihn zu veranlassen, die Leitung aus der Hand zu geben. Zum Leiter wurde ein Jugendgenosse Zeese vorgeschlagen, der die Situation verstand und sich in der folgenden Zeit gut bewährte. Reiche sollte in der Leitung bleiben.

Am nächsten Tage setzte eine politische Aufklärungsarbeit unter den Jugendlichen in Form von Zirkeln, Diskussionsgruppen und Unterhaltungen in unserem Häftlingsheim ein mit dem Erfolge, daß das Heim tagelang mit Jugendlichen überfüllt war. Es meldeten sich 130 Jugendliche zum Eintritt in eine Organisation, für die wir den Namen "Freie Jugend Crivitz" wählten.

Am 1. Pfingsttag veranstalteten wir eine allgemeine Zusammenkunft der Jugend, auf der nach einem Referat, einigen Liedern und Darbietungen der Zusammenschluß der kommunistischen Jugendgruppe mit den Neugemeldeten zur "Freien Jugend" bekanntgegeben wurde. Anschließend wurde ein Tanz veranstaltet, bei dem die Jugend das Lied der "Freien Jugend" lernte.

Am 2. Pfingsttag versammelten sich die Mitglieder der neuen Gruppe, wählten eine Leitung und legten ihre Aufgaben fest. In die Leitung wurden außer dem Genossen Zeese folgende Jugendlichen gewählt:

Ein junges Mädchen, das vor dem Lehrerinnen-Examen stand und nach zahlreichen Aussprachen als ehrlicher, aufs tiefste enttäuschter Mensch erkannt wurde.

Heinz Reiche, für die organisatorischen Arbeiten.

Die Leiterin des BDM, ein allgemein geachtetes und beliebtes junges Mädchen, von dem bekannt war, daß es in Opposition zum BDM stand. Sie hat vor ihrer Wahl ein großartiges Bekenntnis gegen Hitler, gegen die Nazipolitik und für den Weg des Friedens und der demokratischen Freiheit abgelegt.

Die Aufgabenstellung war im wesentlichen folgende:

1. Regelung des Arbeitseinsatzes der Jugendlichen unter Kontrolle der Jugendleitung. Der Erfolg war, daß die Jugendleitung schon nach wenigen Tagen die Arbeitseinteilung von rund 400 Jugendlichen in der Hand hatte und unter besonderer Berücksichtigung der Ernährungsnotwendigkeit durchführte.

2. Politische Schulungen in Form von Aussprachen, Diskussionsabenden und kleinen Vorträgen.

3. Betreuung der Kinder, die seit Monaten keine Schule mehr hatten. Es wurde eine Jugendliche mit der Durchführung kleiner Kindergruppen für Lesen, Schreiben und Rechnen beauftragt. Diese Arbeiten wurden schon nach 2 Tagen dadurch überholt, daß durch die Initiative der Jugend die Schule des Ortes mit Genehmigung des Kommandanten geöffnet wurde. Aber die Betreuung der Kinder in der Form politischer Aufklärung über das, was die Häftlinge ihnen erzählt hatten, sollte weitergehen.

4. Die jugendlichen Kriegsbeschädigten wurden zusammengefaßt und wählten einen Vertreter, der gelegentlich zur Jugendleitung hinzugezogen wurde.

5. Sport, Spiel, Unterhaltung und Organisation von Filmabenden. Die Beschaffung eines Radioapparates für gemeinsame Hörabende wurde bereits seitens der Kommandantur bewilligt.

In der Zeit der drei Wochen, die wir in Crivitz verbrachten, gelang es, der Jugend einen Halt und eine Richtung zu geben. Im weiteren Verlauf wurde Reiche wegen weiterer ernster Störarbeit von der Leitung der Häftlinge verwarnt und aus der Mitarbeit bei der Jugend ausgeschaltet. Er hat bis zum Schluß seine sektiererische und falsche Auffassung vertreten. Ferner lagen eine Reihe persönlicher Beschwerden gegen ihn vor.

Die Jugendlichen in der neuen Gruppe "Freie Jugend" zeigten bereits nach zwei Wochen ein lebhaftes Organisationsinteresse, einen starken Wissensdrang in politischen Dingen, wenn auch die Disziplin noch nicht voll entwickelt war. Über diese Frage wurde am Tage vor der Abfahrt mit der Leitung der Jugend eine Aussprache geführt, in der die Notwendigkeit gezeigt wurde, immer neue Aufgaben, immer gut vorbereitete Veranstaltungen im kleineren und größeren Rahmen durchzuführen. Über die Auffassung, daß man aus dem Kreise der Jugendlichen die besten Elemente zu einer tiefergreifenden politischen Schulung heranziehen muß, ist sich die Jugendleitung klar. Wir händigten ihr auch Material aus, das gewisse Anhaltspunkte gibt. Der Leiter der Jugend wurde in Übereinstimmung mit der dortigen Partei der Parteileitung eingegliedert.

Die persönliche Verbindung zu dem Leiter ist gut und soll sobald wie möglich aufgenommen werden, um zu einer engen organisatorischen Zusammenarbeit mit Berliner Jugendgruppen bzw. einer zentralen Stelle ausgebaut werden.

Die Erfahrungen dieser drei Wochen haben gezeigt, daß die Jugend durchaus Verständnis für demokratische Formen hat, wenn man in vorsichtiger Weise an sie herantritt. Sie haben aber auch gezeigt, daß dieser Jugend jedes Verständnis für die Sprache des KJV von früher und für eine marxistische Terminologie abgeht. Selbst die einfachsten Begriffe aus dem Prozeß der Produktion und der Arbeit müssen erst langsam geklärt werden.

VI. Heimkehr – Der Kampf geht weiter

Unsere Leitung setzte durch, daß unser paradiesisches Leben in Crivitz ein begrüßenswertes Ende erfuhr. Obwohl wir mit großer Begeisterung unsere politische Arbeit erfüllten, brannten wir alle darauf, nach Berlin zu ziehen. Um Berlin hatten wir schon vor 1933 gekämpft. Berlin bleibt rot, war damals unsere Losung. Wir hatten die Schlacht verloren, noch ehe sie richtig begonnen hatte. Eine Abteilung nach der anderen war geschlagen worden. Einzeln, bei Nacht und Nebel, waren die Antifaschisten aus den Wohnungen oder auch vom Arbeitsplatz weggeholt worden. Zu einer echten entscheidenden Auseinandersetzung zwischen der Arbeiterklasse und den Nazis war es nicht gekommen. Die Waffe des Generalstreiks wurde nicht eingesetzt.

Die sich von unten bildende Einheitsfront in der Antifaschistischen Aktion brachte nicht die Einheit der beiden Arbeiterparteien. So mußten wir viele Opfer bringen, ganz gleich, ob Kommunisten, Sozialdemokraten oder Christen. Wir alle, die wir den Faschismus verhindern wollten, hatten uns nicht geeinigt, als es noch Zeit war. Nicht einmal in der Emigration hatten alle begriffen, daß nur die Einheit der Arbeiterparteien den Faschismus zerschlagen konnte. Im illegalen Kampf und im KZ, bei unmittelbarer Berührung mit den Menschenfeinden, haben wir dann gelernt, gegen sie zusammenzuhalten.

Jetzt, nach unserer Befreiung, wußten wir ja, was zu tun war. Unser Tag war gekommen. Berlin mußte endgültig erobert werden. Wir wollten dazu beitragen, eine Welt des Friedens und der Freiheit zu errichten. Wir wollten in diesem friedlichen Aufbau die ersten sein. Darum auf nach Berlin! Gleichzeitig bangten wir um unsere Lieben. Hatten sie die letzten Kriegswirren überlebt? Dann standen sie dieselben Ängste um uns aus, wie wir um sie.

Ein Traktor, zwei große Lastwagenanhänger ohne Verdeck und eine Gulaschkanone, die an den letzten Wagen gehängt wurde, standen am 28.5. bereit, um etwa siebzig Kameraden in gemächlichem Tempo in die Stadt zu bringen, von der der Krieg ausgegangen war und in der er beendet wurde. In Eile fertigte ich Transparente, in deutscher und russischer Sprache an: "Dem Tode entronnen", "Wir kommen aus dem KZ Sachsenhausen", "Ruhm und Ehre der Roten Armee", "Den Faschismus mit der Wurzel ausrotten". Damit wurden die Wagen geschmückt, und wir ratterten los.

Wir kamen durch völlig verlassene Dörfer, durchsuchten vergebens in einem Gutshof Keller und Boden nach Lebensmitteln, hungerten aber nicht, dank der Unterstützung russischer Kommandanten und der Kameraden, die die Gulaschkanone unter Dampf hielten. In Neustadt an der Dosse verteilte eine Frau mehrere hundert Mark, um ihre freundschaftlichen Gefühle für uns zu verdeutlichen. Der Kamerad Jan zeigte mir einen ganzen Stoß Zwanzigmarkscheine, die sie ihm geschenkt hatte.

Kurz vor Berlin kamen uns Lastwagen mit Sowjetsoldaten entgegen. Wir fuhren durch das halbzerstörte Brandenburger Tor. Davor stand eine stramme Rotarmistin, die mit zwei kleinen Fähnchen den wenigen Militärfahrzeugen Verkehrszeichen gab. Die Leipziger Straße, die wir durchquerten, war nur noch zu ahnen, ein schmaler Fahrweg zwischen Trümmerbergen. Schließlich hielten wir am Märkischen Museum. Wo zuvor die Jannowitzbrücke die Spree überspannte, waren Rotarmisten dabei, eine Notbrücke über den Fluß zu schlagen. Wir sahen ihnen zu, während wir auf die Kameraden warteten, die wir ins neue Stadthaus geschickt hatten, um unsere Ankunft zu melden. Dort hatte der provisorisch gebildete Magistrat von Groß-Berlin seine Arbeit aufgenommen.

Einer der Bürgermeister war der Kommunist Karl Maron, der im Widerstand gekämpft hatte. Er gab uns die Botschaft mit, jeder solle in seinen Heimatstadtbezirk gehen und sich dort für die antifaschistische Aufbauarbeit zur Verfügung stellen. Das war genau das, was ich wollte und erwartet hatte. Der Nichtberliner Karl Veken schloß sich mir an. Im Hause meines Vaters würde sicher noch Platz für ihn sein. Unsere ersten Schritte führten uns zu dem großen Verkehrsknotenpunkt Alexanderplatz. Ich hegte die trügerische Hoffnung, mit der Straßen- oder U-Bahn weiterzufahren. Welch eine Illusion.

Dieser Platz war in eine Trümmerberglandschaft verwandelt worden. Die großen prächtigen Warenhäuser Wertheim und Tietz mit ihren Erfrischungsräumen, die ich als Kind beim Einkaufsbummel mit meiner Mutter kennengelernt hatte, bestanden nur noch in meiner verklärten Erinnerung. Große Steinquader und verbogene Eisenträger ließen ihren einstigen Standplatz vermuten. Trampelpfade, die zu Kellerlöchern unter ausgebrannten Ruinen führten, ersetzten die verschütteten Straßen. War diese Stadt noch bewohnbar?

Voller Sorge lenkten wir unsere Schritte Richtung Tempelhof-Mariendorf. Wir kamen durch die Friedrichstraße und sahen über große Strecken die Straßendecke über der U-Bahn zerstört. Hier standen einige unversehrte Häuser, umgeben von den zerbombten oder ausgebrannten. Schaurig die schwarzen Fensterhöhlen anstatt der blanken, lichten Fensterscheiben von einst. Wir kamen bis zum Teltow-Kanal. Die gesprengte Brücke lag im Wasser. Ein Stückchen weiter war bereits eine Notbrücke von den sowjetischen Pionieren erbaut worden. Frauen standen vor Wasserhydranten an, denn die Wasserleitungen waren gebietsweise zerstört. Sie betrachteten uns mit großer Neugierde, stellten Fragen. Auch wir fragten: "Wie sieht es in Mariendorf aus? Ist dort viel zerstört?" "Nun ja, einiges schon." Antworten, die uns nicht viel sagten.

Rückkehr nach Berlin

Frauen an der Wasserpumpe

Meine Unruhe spornte mich an, und ich trieb auch Karl zur Eile. Endlich bogen wir in den Weg, der mir noch von damals vertraut war. An seinem Ende lag das Grundstück meines Vaters. Von weitem sah ich die Giebelwand eines Hauses. Hastig lief ich darauf zu. Ich wollte meinen Augen nicht trauen. Ich starrte in ausgebrannte leere Fensterhöhlen. Das Nachbarhaus war unversehrt. Ich klingelte. Meine Mutter kam heraus, rannte auf mich zu und rief: "Wolfgang! Emil, unser Wolfgang ist da!" Wir schlossen uns in die Arme. Freudentränen verdrängten Kummer und Schmerzen und ließen den Verlust des Hauses mit all seinen lebenswichtigen Gütern für Augenblicke vergessen. Mein Vater kam angelaufen, glücklich, erregt, gerührt wie sie und ich.

Nun bekam ich nach und nach die Informationen über das, was geschehen war. Mein Bruder Siegfried hatte seinen letzten Brief am 17.1.43 aus Stalingrad geschickt. Darin teilte er mit, daß sich acht Mann ein Brot teilen und daß die Landser die letzten Pferde schlachten mußten. Zwischen den Zeilen war zu lesen, daß Stalingrad eingeschlossen und von rückwärtigen Verbindungen abgeschnitten war. Das war sein letzter Brief. Danach gab es kein Lebenszeichen mehr von ihm, schon über zwei Jahre nicht.

Heimkehr

Auch über die letzten Kriegstage, in denen das Haus ausgebrannt war, erhielt ich traurige Auskünfte. Am 28. April, dem 68. Geburtstag meines Vaters, war es in Flammen aufgegangen. Wie konnte das passieren? Als die sowjetischen Soldaten in den nahegelegenen Häusern Hitlerbilder, Nazifahnen, SS-Uniformen und dergleichen bei den Einwohnern entdeckten, gerieten sie in Zorn. Dachten sie an ihre Heimat, die diese Faschisten in verbrannte Erde verwandelt hatten? Sie wollten Feuer legen, doch wurden sie von einem eingefleischten Nazi daran gehindert. Es gelang ihm, da er russisch sprechen konnte, sie von seinem eigenen Heim abzulenken. Er sagte den Soldaten: "Geht doch zu den Kapitalisten und zündet ihre Häuser an." Eine Flasche Schnaps hatte nicht gerade zur Beruhigung der Gemüter beigetragen, die Soldaten fanden sich in ihrer Empörung bestätigt.

Drei Siedlungshäuser wurden angesteckt. Andere Soldaten kamen und löschten. Aber bei unserem Haus waren die Versuche vergeblich. Die Malerwerkstatt im Keller lieferte mit Öl und Lack besonderes Brennmaterial, so daß der Kampf gegen das Feuer hoffnungslos war. Zwei Jungen retteten ein Bild, eine Schreibmaschine und ein paar Kleidungsstücke. Sie kletterten durchs Fenster in das brennende Haus. Meine Eltern standen dabei und sahen alle Güter, alle geliebten Gegenstände, die heilig gehaltenen Erbstücke, die Bücher, die ihnen in vielen Situationen des Lebens Freude oder Trost gegeben hatten, ihre eigenen Manuskripte, Gedichte, Reiseberichte, Fotos und Skizzen, Küchengeräte, Kleider und Betten und das schützende Dach – alles, was ihr Leben begleitete, erfüllte und verschönte, in Rauch aufgehen.

Verfluchter Krieg! Und wieviele haben mehr als Hab und Gut verloren? Und wieviele schworen sich: Lieber will ich immer trockenes Brot essen, als noch einmal Bombennächte in Bunkern verbringen. Nie wieder darf es Krieg geben! Und wieviele aus dieser Generation nehmen es gelassen hin, daß wieder Bunker gebaut werden, dulden tatenlos die Wiederaufrüstung! Wie oft hatte mich meine Mutter mit dem Schillerschen Spruch getröstet: "Gut verloren – etwas verloren, Ehre verloren – viel verloren, Mut verloren – alles verloren!"

Nun war es an mir, sie zu trösten. Für mich war es das allergrößte Glück, daß wir nach elfjähriger Trennung beieinander waren. Es begann ein neues Leben für mich. Ich lebte es mit dem Egoismus der Jugend, ich hatte Mut und glaubte, Mut zu machen, ohne zu begreifen, daß Energie und Optimismus meiner Mutter durch viele Schicksalsschläge aufgezehrt waren, und daß ihr Leben, von dem sie selbst mal sagte: "Und wenn es köstlich war, dann ist es Müh und Arbeit gewesen", sich dem Ende zuneigte.

Die Emigration ihrer Tochter und ihrer Enkeltöchter, die sie aufgezogen hatte und die sich von einem zum anderen Tage von ihr trennen mußten, die nie

Karl Veken

aufhörende Sorge um mich, ihren Jüngsten, die Vermißtenanzeige ihres ältesten Sohnes versetzten sie in einen permanenten Zustand der Angst und der Hoffnung. Es war eine Hoffnung, so trügerisch und doch so mächtig, daß sie sich acht Tage vor ihrem Tod einbildete, mein Bruder sei zurückgekommen. Sie erzählte es mir, der Nachbarin und jedem, der zu ihr ans Krankenbett kam: "Ach, wissen Sie schon? Mein Sohn Siegfried ist zurück." 1948, einen Tag vor meinem Geburtstag, schloß meine Mutter für immer die Augen, von Hunger und Entbehrungen ausgemergelt und von einer nicht erkannten Krankheit dahingerafft. –

Aber noch schrieben wir das Jahr 1945. Karl und ich bekamen eine von Nazis verlassene Wohnung zugewiesen. Meine Eltern bauten sich die Laube auf unserem Grundstück aus und wohnten noch einige Jahre neben der Ruine, deren Anblick sie täglich aufs Neue schmerzte. Im Sommer ließ es sich in der Laube wohnen, aber besonders im Winter 1945/46 war diese Bude nicht warm zu kriegen. Die beiden Alten froren entsetzlich, aber sie wollten nicht zu mir ziehen, sondern dort bleiben. Als die aus dem Haus geretteten geringen Habseligkeiten im Keller der Ruine durch einen Kurzschluß beim Wiedereinschalten des Stroms verbrannten, war das ein neuer schwerer Schlag für sie. Nun besaßen sie, wie ich auch, nur noch das, was sie gerade auf dem Leibe trugen.

In den Bezirken Berlins hatte sich außerhalb der offiziellen Magistratsstellen, die die Versorgung der Bevölkerung organisierten, die "Antifa" gebildet. Hier meldeten sich Antifaschisten, um über alle Probleme der Aufräumungsarbeiten und des Wiederaufbaus zu beraten und tatkräftig anzupacken. Das erste, was Karl Veken mit Zustimmung der "Antifa" und des Bürgermeisters einleitete, war eine Jugendversammlung im Bezirk. Wir klebten einige Handzettel

Wiederholung
des
Ersten Jugend-Abends in Mariendorf

Dienstag, den 31. Juli 1945
in der Aula der Eckener-Oberrealschule

**Die Mariendorfer Spielgruppe „Jugend voran"
wiederholt ihren ersten öffentlichen Abend**

Programm:

1. Deutsche Jugend (Gedicht von Elli Lommel) . (Spielgruppe)
2. Lied der Spielgruppe: „Jugend voran"
3. Mariendorfer Jugend liest eigene Dichtung
4. 2 Schubert-Lieder: Frühlingsglaube. Wohin? . Ursula Jeske (Spielgruppe)
5. Rezitation . . . . Gerda Lange (Spielgruppe)
6. Akkordeon-Solo . . . . Helga Schulz (Spielgruppe)
7. Lustiges zur Laute
8. Adagio aus der Mondschein-Sonate
   von L. v. Beethoven . . . . Benno Tismar (Spielgruppe)
9. Szenen aus einer Spielfolge
10. „Wir geh'n voran über Trümmer und Scherben" Lied der Spielgruppe „Jugend voran"

**Die gesamte Mariendorfer Bevölkerung
ist herzlich eingeladen**

Eintritt: 1 RM   Beginn: 19.30 Uhr

Eintrittskarten: Jugendheim, Mariendorf, Markgrafenstraße.
Der Ertrag der Veranstaltung dient zur Finanzierung des Jugendheimes.

mit der Einladung zum 18. Juni in die Eckenerschule Mariendorf. An diesem Tage war die Aula der Schule überfüllt, Galerie und Gänge polizeiwidrig vollgestopft. Als Karl an das Rednerpult trat, wurde er mit Beifall begrüßt. Er winkte ab: "Hört erst, was wir euch zu sagen haben. Wenn ihr uns aus ehrlichem Herzen zustimmen könnt, ist es immer noch Zeit zu klatschen."

Er sprach von der Katastrophe, in die Europa durch die Faschisten gestürzt worden war, und daß es nun darauf ankäme, Not und Elend zu überwinden. Der Aufbau eines neuen Deutschland sei die ureigenste Sache der Jugend. Er rief zur Gründung eines Antifaschistischen Jugendausschusses für den Bezirk Tempelhof auf. Alle, die gewillt wären, in diesem Jugendausschuß mitzuarbeiten, sollten sich am nächsten Tag in dem neu einzurichtenden Jugendheim treffen.

Zuvor hatten wir bereits vom Magistrat eine Baracke für diese Zwecke zugewiesen bekommen. Sie machte eine passablen und geräumigen Eindruck. Tische und Stühle wurden aus der ehemaligen Dorfschule, die schon in den zwanziger Jahren als Jugendheim gedient hatte, herübergetragen. Es waren noch die gleichen Tische, an denen wir Jungkommunisten schon gesessen hatten. Ein Stück guter Tradition, an die wir nun anknüpfen konnten. –

Achtzig Jugendliche kamen, es war ein guter Anfang. Nachdem Karl die Aufgaben des Jugendausschusses im einzelnen erläutert hatte, wurde diskutiert. Die Jugendlichen wählten ihre Leitung. Vorsitzende wurde Elli Lommel, die schon kurz nach der Befreiung zur Antifa gekommen war. Sie organisierte Heimabende, auf denen debattiert, gesungen und getanzt wurde. Englisch-Kurs und Russisch-Unterricht wurden ab sofort eingeführt, eine Theatergruppe "Jugend voran" und ein Jugendchor wurden gebildet. Öffentliche Versammlungen wurden in der Eckenerschule einberufen, auf denen Spielgruppen, Chor und junge Talente mit Rezitationen, Gesang und Akkordeonsolo auftraten. Karl war der Inspirator und Berater.

Mit der am 18. Juni erfolgten Gründung des antifaschistischen Jugendausschusses in Tempelhof waren wir der Gesetzgebung einen Schritt voraus. Fünf Wochen später, Ende Juli 1945, gestattete die SMAD (Sowjetische Militäradministration Deutschlands) die Bildung von Antifaschistischen Jugendausschüssen. Das zeigt, daß ähnliche Entwicklungen wie in Tempelhof auch in anderen Orten und anderen Berliner Bezirken vor sich gingen. Dafür spricht auch der Besuch von Erich Honecker und Heinz Keßler bei Karl Veken in unserer Wohnung, wobei sie als ehemalige Jugendfunktionäre die neuesten Erfahrungen miteinander austauschten.

Als eine der wichtigsten Arbeiten betrachtete Karl die Werbung junger Menschen, die als Neulehrer oder Schulhelfer an Stelle der Nazilehrer mit dem Schulunterricht beginnen sollten. Es war für die Leute aus dem sich neu bildenden Schulamt selbstverständlich, daß Karl, der ehemalige Lehrer und KZ-Häftling, seinen Wünschen gemäß als Schulleiter eingesetzt werden müßte, mit dem Auftrag, eine demokratisch-antifaschistische Schule aufzubauen. Dieser Aufbau geschah von der Basis her. Hier wurde entschieden: Wer ist würdig, Lehrer zu werden? Es war eine echt demokratische Aktion. Die Aktiven des Jugendausschusses waren die ersten, die Karl in Betracht zog. Natürlich kam er auch zu mir.

Konnte ich mit meinen geringen schulischen Vorkenntnissen Lehrer werden? Er redete lange auf mich ein: "Wissenslücken kannst du auffüllen. Was du besitzt, sind Erfahrungen im Kampf gegen den Faschismus, eine demokratische Überzeugung und eine marxistische Weltanschauung." Nun ja, und schließlich sollte ich auch nur Zeichenlehrer werden. –

Da gab es einen Siebzehnjährigen und eine Achtzehnjährige, die hatten die nazistische Lehrerbildungsanstalt besucht. Sollte man sie als Vorbelastete ausschließen? Es waren junge Menschen, ihnen durften wir den Weg nicht verbauen. Sie kamen in unser Kollegium.

Die sowjetische Militäradministration hatte den Befehl erteilt, am 1. Juli 1945 den Schulbetrieb wieder aufzunehmen. Das war ein deutlicher Hinweis an die Berliner, die vorhandene Mutlosigkeit und Lethargie zu überwinden. Sie wurden mit Nachdruck daran erinnert, daß das Leben weiterging und eine Orientierung für den Wiederaufbau einsetzen mußte. Uns war der Befehl eine gute Hilfe.

Der erste Schultag in der Mädchenschule war herangerückt. Die Kinder fanden sich ein. Karl gab den neuen Lehrern, auch mir, die Anweisung: Geht in die Klassen und beginnt mit dem Unterricht! Ich war völlig verdutzt. Was sollte ich tun? Wie anfangen und womit? Er sagte: "Geh zu den Kindern und unterhalte dich mit ihnen. Laß dir von ihnen erzählen, und erzähle du von dir!" Ich begriff langsam, daß ich alle Schwierigkeiten allein zu lösen hatte. Die Zeit für eine bessere Vorbereitung war mir weggerannt. Die Wochen seit unserer Ankunft in Berlin waren von morgens bis in die Nachtstunden ausgefüllt mit Diskussionen, Sitzungen, Versammlungen. Dazu kam die Herausgabe einer hektographierten Jugendzeitung, das Schreiben von Berichten oder von Artikeln für eine öffentliche Wandzeitung, all das hatte mich in einen tollen Wirbel gerissen. Den Gedanken an meine bevorstehende Laufbahn als Lehrer hatte ich verdrängt, und den Beginn hatte ich mir so nicht vorgestellt. Als ich immer noch zögerte, in die Klasse zu gehen, schickte er uns zu zweit, Gerda Lange und mich, hinein. Wir wurden sozusagen ins Wasser geworfen.

Schwimmt oder geht unter, und wir schwammen. Die Kinder waren arme, bedauernswerte Geschöpfe, deren Gesichter von Kriegserlebnissen gezeichnet waren, von den Bombennächten in Luftschutzkellern, von den Flüchtlingstrecks auf den Landstraßen, von Hungerrationen, Strapazen und vielfältigen Ängsten. Die Schülerinnen erzählten davon, und die eine oder andere sprach von dem Vater, der gefallen war, von der kranken Mutter oder warum sie barfuß oder hungrig in die Schule kommen mußten. Als sie Vertrauen zu uns gefaßt hatten, wurde auch von der Rohrstockdisziplin der Nazilehrer erzählt, von denen sie nun erlöst waren. Die Schule brachte neue Aufgaben, ohne daß die alten vernachlässigt werden durften. Doch die Arbeit erwies sich als ein Jungbrunnen, sie machte mich jünger und stärker, ich tat sie freudig, ich ging in ihr auf. Nie zuvor hatte ich Arbeit als so beglückend empfunden. Ich war nicht der einzige, der so fühlte. Die jungen Menschen, die mich umgaben, waren gleichfalls erfüllt von der friedlichen Aufbauarbeit. Sie drängten sich nach Aufgaben.

Karl Veken leitete sie mit großem Verständnis. Auf allen Lehrerkonferenzen des Kollegiums stellte er das Erziehungsziel der neuen Schule in den Mittelpunkt der Diskussion. Die jungen Kollegen folgten begeistert seinen Anweisungen und Ratschlägen. Mit ihren Schwierigkeiten bei der Erziehung der Schülerinnen und bei der Vermittlung des Lehrstoffs kamen sie zu ihm, und keiner ging unzufrieden fort.

Schnell wuchs die Lehrerschaft seiner Schule zu einem Kollektiv zusammen, dem sich auch ältere Lehrer, die inzwischen ins Amt zurückgekehrt waren, anschlossen. Die Zeit war herangereift, der Schule einen ehrenvollen Namen zu geben. Wir kamen auf den Widerstandskämpfer Anton Saefkow. In geheimer Abstimmung waren achtzehn Kollegen dafür, niemand dagegen. Zwei enthielten sich der Stimme.

Unsere Schule hatte kaum noch Fensterscheiben. Lehrerinnen, Lehrer und die älteren Schülerinnen gingen gemeinsam daran, sie durch Pappe oder Glasscheiben aus Bilderrahmen zu ersetzen. Jeder wollte mithelfen, dabei sein. Die Aula war stark in Mitleidenschaft geraten, der Putz war durch die Erschütterung der explodierenden Bomben von der Decke gefallen. Die älteste Mädchenklasse räumte mit ihrem Fräulein Lange, die sie innig liebten, den Schutt beiseite. Die Aula samt Bühne wurde dringend gebraucht für Schulfeiern, für Theateraufführungen, die ein Teil der Schüler für Mitschüler und Eltern gestaltete. Schule und Jugendausschuß beanspruchten mich ganz und gar.

Ein großer Wechsel hatte in meinem Leben stattgefunden. Von einem numerierten Sklaven war ich zu einem Menschen geworden, der über sein Schicksal bestimmte, sein eigenes und das Leben junger, ihm anvertrauter Kinder formte. Bei all dieser Freude und dem Glück blieb doch ein bedrückender Gedanke: Wie mochte es meiner lieben Jet und meinem kleinen siebenjährigen Robert gehen? Als ich meine Eltern trotz des abgebrannten Hauses lebend vorgefunden hatte, faßte ich den Gedanken, sofort nach Holland aufzubrechen, um sie zu suchen.

Bei näherer Überlegung nahm ich davon Abstand. Es fuhren keine Eisenbahnen. Mit einem Auto irgendwo ein Stück mitzufahren, war illusorisch. Die Papiere, die mir ausgestellt wurden, waren behelfsmäßig und nicht in allen Besatzungszonen anerkannt. Die Besatzungssoldaten witterten in jedem gesunden Mann einen aktiven Soldaten oder sogar Faschisten, der sich mit Zivilkleidung tarnte. Ohne Aufenthaltsgenehmigung war man in Gefahr, in irgendein Gefangenenlager gesteckt, zu schwerer Arbeit herangezogen zu werden. Unter diesen Umständen war es fraglich, ob ich Amsterdam erreichen würde. So stand ich nun vor der Frage, meine Stellung in der Schule aufzugeben und meine Eltern wieder zu verlassen oder noch zu warten, ob ich ein Lebenszeichen meiner Lieben bekommen würde. Ich entschloß mich zu warten.

Zunächst versuchte ich, sie auf brieflichem Wege zu erreichen. Ich erinnerte mich an meinen Freund Henk de Roos, der mir seine Adresse gegeben hatte. Ich schrieb ihm und bat ihn, Nachforschungen anzustellen. Viel später erfuhr ich, daß er sie tatsächlich aufgespürt hatte. Die ersten Lebenszeichen erreichten mich aber erst im Mai 1946 durch Vermittlung des Roten Kreuzes.

Das pulsierende Leben hielt mich weiter fest. Der Jugendausschuß hatte sich gefestigt. Junge Sozialisten kamen hinzu. Sie standen unter dem Einfluß von Heinz Westphal. Er war der Sohn eines ermordeten Sozialdemokraten. Die Gruppe bestand aus zwölf jungen Menschen, die den Aufbau einer sozialistischen Welt anstrebten.

Bei einer feierlichen Gelegenheit ergriff der Kommunist Karl Veken das Wort: "Der Faschismus konnte der Arbeiterklasse eine große Niederlage zufügen, weil Kommunisten und Sozialdemokraten im Kampf gegen unseren gemeinsamen Feind nicht zusammen, sondern gegeneinander standen. Wenn wir den Sozialismus erreichen wollen, müssen wir uns vereinigen. Wir wollen uns in die Hand versprechen, in Zukunft gegen alle Feinde der Arbeiterklasse und des Sozialismus brüderlich zusammenzuhalten." Damit streckte er dem Sozialdemokraten Heinz Westphal die Hand entgegen. Dieser schlug ein. Er antwortete im gleichen Sinne. Auch er fand Worte, die uns allen aus dem Herzen gesprochen waren.

Mitte Juli sahen wir die ersten amerikanischen Soldaten in Tempelhof. In den darauffolgenden Tagen erlebten wir eine böse Überraschung. Wir fanden unser Jugendheim versiegelt. Elli Lommel lief zum Magistrat. Ihr wurde mitgeteilt, daß es auf Anordnung der Besatzungsmacht geschehen sei. Sie verlangte einen Jugendraum. Für ein Jugendheim geeignete Räume waren rar, so mußten wir mit einer baufälligen Baracke zufrieden sein. Auch in den Westsektoren unserer Stadt stand es der Besatzungsmacht frei, demokratische Kräfte zu unterstützen oder zu behindern. Ein Verbot dessen, was die SMAD gestattet hatte, war aufgrund gesetzlicher Vereinbarungen nicht zulässig. Mit administrativer Behinderung fortschrittlicher politischer Tätigkeit, also der politischen Quarantäne, wurde gegen die Entfaltung demokratischer Kräfte gearbeitet. Auch im Schulamt Tempelhof setzten Veränderungen ein. Einige alte Damen und Herren, Lehrer mit langjährigen pädagogischen Erfahrungen, die sie zum Teil noch in der Kaiserzeit erworben hatten, waren aufgrund ihrer demokratischen Lippenbekenntnisse eingestellt worden. Sie wurden Schulleiter und bildeten Schulhelfer aus.

Herr Schulleiter Klein unterrichtete uns in Pädagogik. Unter den Kollegen gab es einige, die beschworen, ihn vor kurzem noch mit dem Parteiabzeichen der NSDAP gesehen zu haben. Nun ja, vielleicht war er nun doch zu einem Demokraten geworden? Sein Unterrichtsstoff schien darauf hinzudeuten. Er behandelte die griechische Demokratie in Athen und Sparta – Volksherrschaft, das war doch ein schlagender Beweis demokratischer Gesinnung.

Es gingen Gerüchte um, daß an der Schule des Herrn Rektor auch im Jahre 1945 noch geschlagen wurde. Meine Frage diesbezüglich, die ich öffentlich stellte, trug mir seine erbitterte Feindschaft ein. Zu meiner Überraschung tauchte meine erste Lehrerin, Fräulein Weste, auf. Sie unterrichtete in Psychologie. Sie war ja wohl besonders für dieses Fach prädestiniert. Ich erinnerte sie bescheiden daran, wie sie mir als sechsjährigem Knirps die Finger mit dem Rohrstock blaugeschlagen hatte. Sie gestand mir nun, daß ja daran der Schulrat schuld gewesen war, der gesagt hatte: "Nehmen sie ruhig mal das Stöckchen, wenn die Bengels schmieren." Aber peinlich schien es nach dreiunddreißig Jahren zu sein, denn sie errötete. Ich gebe zu, daß sie als junge Lehrerin nicht übersehen konnte, welche Schulangst sie in mir mit dieser Prügel einjagte. Hatte sie hinzugelernt? Wichtige psychologische Erkenntnisse gewonnen? Wie begegnete sie jetzt den Schülern? Wenn die Kinder ihre Stimme nur von weitem hörten, verstummten sie vor Angst. Frau W. behauptete, sie habe dem Kreis um Niemöller nahegestanden. So rückte sie in die Nähe des christlichen Widerstandes. Konnte es ein besseres Alibi geben?

Unsere Spielgruppe "Jugend voran" feierte die ersten Erfolge in der Aula der Eckenerschule. Dabei blieb es nicht. Wo sich Auftrittsmöglichkeiten boten, waren wir dabei. Einmal spielten wir vor den Arbeitern im Gaswerk Mariendorf. In unserer Theaterarbeit knüpften wir an die kulturellen und politischen Traditionen von vor 1933 an. Wer kannte noch den Namen Friedrich Wolf? Und doch hatten seine Stücke "Die Matrosen von Cattaro" und "Cyankali" das Theaterpublikum der Piscatorbühne erschüttert und zu Begeisterungsstürmen hingerissen.

Was die Jugend singt

1. Ihr Frauen
2. Spottlied aus dem Dorfe
3. Es rosten die starken Maschinen
4. Friede auf Erden — Ein deutsches Weihnachtslied
5. An die Freude — Freude schöner Götterfunken — aus der 9. Sinfonie (Schiller-Beethoven)
6. Moorsoldaten
7. Das Lied vom Käthchen
8. Die Zeit ist gekommen
9. Wir gehen voran über Trümmer und Scherben
10. Wilde Gesellen
11. Die Gedanken sind frei
12. Nicht Trommeln — keine Fahnen
13. Traktorenlied

Die Reihe wird fortgesetzt

WEITERE NEUERSCHEINUNGEN

Ringel, rangel Reihen ..... 200 Lieder für Kindergärten und Kindergruppen
Wohlauf, Ihr Wandersleut'! .. Ein Liederbuch für Wanderungen und Fahrten
Liederbuch der deutschen Jugend .... der besten Jugendlieder
Schön goden Dag! .... Schöne Volkstänze und Volkslieder
Bauernhochzeit .... Mecklenburgische Volkstänze
Schurt den Kedel ut .... Alte märkische Volkstänze
Einfache Volkstänze .... Zur Zeit vergriffen
Spiel mit! .... Spielbuch für Heim und Wanderung

Verlag Neues Leben G.m.b.H.
BERLIN W 8, KRONENSTRASSE 30/31

Preis 2.—

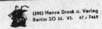

Wir geh'n voran über Trümmer und Scherben

Das Lied der Mariendorfer Spielgruppe "Jugend voran"
Text: Karl Veken, Jugendausschuß Mariendorf

1. Wir geh'n voran über Trümmer und Scherben,
es singt ein jeder, der mit uns zieht.
Wir singen nicht mehr vom Töten und Sterben,
die deutsche Jugend singt heut ein anderes Lied.
   Das ist das Lied vom Frieden auf Erden,
   das ist das Lied von der glücklichen Welt.
   Das ist das Lied von der Freundschaft der Völker,
   das Lied der Jugend, das uns zusammenhält.

2. Wir regen kraftvoll die fleißigen Hände,
wir wollen lernen und schaffen und bau'n,
wir wollen nie wieder Krieg und Faschismus,
wir kämpfen mutig um Freundschaft und Vertrau'n
   Das ist das Lied ...

3. Wir reih'n uns ein in die Jugend der Völker,
dann sind vereint wir die stärkste Partei,
und schließen brüderlich fest die Reihen,
dann leben alle Menschen glücklich, froh und frei.
   Das ist das Lied ...

Wir führten Szenen aus "Der arme Konrad" auf. Ein Stück mit aktuellem Bezug. Zur Zeit des Bauernkrieges verfaßten die Bauernführer zwölf Artikel gegen die großen Herren, darin forderten sie: Gerechtigkeit und den Boden dem zu geben, der ihn bestellt. Die 1945 in Angriff genommene Bodenreform brachte die Erfüllung des jahrhundertelangen Ringens um eine gerechte Bodenverteilung, und zwar im Kampf gegen die Großgrundbesitzer und deren Lakaien.

Friedrich Wolf hatte das Wort geprägt: "Kunst ist Waffe". Diese Waffe wollten wir einsetzen.

Seinen "Armen Konrad" spielten wir in mehreren Schulen. Der anschließende Unterricht behandelte die Bodenreform. Dazu hatte ich Anschauungstafeln angefertigt, die einen Überblick über bisherige ungerechte Besitzverteilung an Grund und Boden gaben.

Wir erinnerten an das klassische Erbe, das in der Zeit des Faschismus verfälscht, mißbraucht oder verdrängt worden war. Ursula Jeske sang Lieder von Schumann und Schubert. Gisela Lehmann und Ursula Steinbach fanden, von uns ermutigt, ihren Weg zur Oper und zum Theater. So förderten wir junge Talente.

Wer von der jungen Generation kannte den Namen Heinrich Heine? Seine Loreley war in die Schulbücher aufgenommen worden, aber da der Dichter Heine Jude gewesen war, wurde sein Name unterschlagen. "Dichter unbekannt", wurde gelogen. Wir rissen ihn aus der Vergangenheit und trugen seine Gedichte dem jungen Publikum vor. Wir wiesen auf die jüngst vergangene Zeit hin, würdigten den Kampf der Antifaschisten, die auch als Gefangene in Zuchthäusern und Konzentrationslagern den Kampf gegen die faschistischen Unterdrücker fortgesetzt hatten. Das Lied der Moorsoldaten hörten viele zum ersten Mal, interpretiert durch unseren Chor.

Aus der Vergangenheit leiteten wir zur Gegenwart über, spielten aktuelle politische Kurzszenen. Meine Mutter griff noch mal zur Feder. Ihr Stück "Müssen wir denn Schlange steh'n?" hatte guten Erfolg. Für diese kulturelle Arbeit, die im Kern antifaschistisch-demokratisch war, fanden wir gute Aufnahmebereitschaft bei den vier bestehenden Parteien, KPD, SPD, CDU und LDP. Sie hatten sich am 14. Juli 1945 zum Block der antifaschistischen Parteien zusammengefunden, mit dem Willen, die antifaschistische demokratische Ordnung zu gewährleisten. Ihre Programme entsprachen diesem Ziel. Je fünf Vertreter jeder Partei bildeten einen Ausschuß, um gemeinsam die äußerst komplizierten Probleme der Versorgung mit Unterstützung der Bevölkerung bewältigen zu können. Mit unserer kulturellen Tätigkeit standen wir ihnen zur Seite.

Wir fanden sogar Mittel und Wege, die drückende Not zu bekämpfen. Als der Herbst nahte, überlegten wir im Lehrerkollektiv, was wir für die barfuß laufenden Kinder tun könnten. Karl hatte zahlreiche Verbindungen, seine Nase überall und eine fabelhafte Idee: Bei den Liegenschaften der Reichsbahn hatte er unbenutzte Blasebälge gesehen. Aus dem Holz ließen sich Sohlen für Klapperlatschen schneiden, die Lederteile zu Sandalenriemen verarbeiten.

Eine Schusterwerkstatt wurde im Keller der Schule eingerichtet. Der Vater einer Schülerin stiftete Schusternägel, ein Schuster beriet die freiwilligen Helfer. Die Produktion lief gut an. Die Kinder trugen die Sandalen gern. So verhinderten wir, daß die Schüler wegen fehlendem Schuhwerk der Schule fernbleiben mußten. Wir waren verbunden mit unseren Schülern, kannten nicht nur ihre Wissenslücken, sondern auch Kummer und wirtschaftliche Nöte, es ging uns selbst kaum besser.

Die anerkannten Opfer des Faschismus bekamen die Lebensmittelkarte I, wie die Schwerarbeiter. Das wurde von anderen mit Neid registriert.

Ab 15. Mai 1945 gab es pro Person und Tag:

Lebensmittelkarten	*Nr.*	*Brot*	*Nährmittel*	*Fleisch*	*Fett*	*Zucker*
Schwerarbeiter	*I*	*600 g*	*80 g*	*100 g*	*30 g*	*25 g*
Arbeiter	*II*	*500 g*	*60 g*	*65 g*	*15 g*	*20 g*
Angestellte	*III*	*400 g*	*40 g*	*40 g*	*10 g*	*20 g*
Kinder	*IV*	*300 g*	*30 g*	*20 g*	*20 g*	*20 g*
Nichtberufstätige	*V*	*300 g*	*30 g*	*20 g*	*7 g*	*15 g*

Für jeden Einwohner gab es 400 g Kartoffeln.

In einer Lehrerversammlung unserer Schule war die Rede von der Bevorzugung der Kommunisten. Ich stand auf, wies auf meine Jacke, die ich aus dem KZ mitgebracht hatte und noch immer trug. Das Farbkreuz auf dem Rücken war noch schwach zu erkennen: "Sehen Sie bitte her", sagte ich, "diese Jacke ist ein Beweis, in welchem Maße meine Genossen und ich bevorzugt werden!" Die Lehrerin, es war eine alte Dame, die inzwischen wieder eingestellt worden war, schwieg beschämt. Ihre Auslassungen waren der Ausdruck einer weitverbreiteten Stimmungsmache. Kolporteure solcher Meinungen waren unverbesserliche Nazis, die in irgendeiner Form vom Krieg mehr oder weniger profitiert hatten. Waren sie doch gerade diejenigen, die alles aus den besetzten Gebieten herausgeschleppt oder nach Hause geschickt hatten: Fleisch und Wurst aus Polen, Eier und Butter aus Dänemark und Holland, Wein und Parfüm aus Frankreich. So auch der Nazi, in dessen Wohnung Karl und ich jetzt wohnten. Die Nachbarn wußten davon zu erzählen. Aus den oberen Fenstern hatten sie eine Waschwanne voll Fleisch und Wurst auf seinem Balkon stehen sehen. Sie belegten ihn mit drastischen Ausdrücken und erwähnten, wie gering die eigenen Fleischrationen waren, die sie auf Lebensmittelkarten erhalten hatten. Nun hatte nach dem Sturz der Hitlerbande in der gesamten sowjetischen Besatzungszone ein frischer Wind den alten Spuk beiseite geblasen. Antifaschisten aus der Arbeiterbewegung besetzten Staatsfunktionen in der Polizei, der Justiz, im Bankwesen, in Kultur und Wirtschaft. Der Wechsel der Besatzungsmacht in den Westsektoren brachte eine rückläufige Bewegung. Die Antifaschisten mußten "bewährten Fachleuten" Platz machen. Der frische Wind starb langsam im Dickicht der Erlasse, Verbote, Einschränkungen, Maßregelungen.

Dieser Prozeß vollzog sich langsam und fast behutsam. Er hatte schwere Folgen für die menschlichen Beziehungen in unserer Stadt. Es ging um die Restaurierung kapitalistischer Verhältnisse im westlichen Teil Berlins und damit um die Herauslösung dieses Territoriums aus der sich entwickelnden demokratischen Ordnung. Es war die Spaltung Berlins. Noch war sie nicht sichtbar, noch hatten wir ein einheitliches Groß-Berlin. Allerdings mit einer sozialistischen und drei kapitalistischen Besatzungsmächten.

Noch bestand der Gesamtmagistrat als zentrale Leitung mit einem Oberbürgermeister im Bezirk Mitte. Doch schon wurden kommunistische Bürgermeister im Westen der Stadt von den Besatzern wegen "Ordnungswidrigkeiten" eingesperrt. Noch hatten wir eine Volkspolizei in ganz Berlin, aber schon wurden Reviervorsteher "ausgewechselt", weil ehemalige rote Spanienkämpfer den Amis unzuverlässig erschienen, jedoch Heilschreier und Jawollsager geübte Befehlsempfänger waren. Noch gab es den einheitlichen Freien Deutschen Gewerkschaftsbund, aber schon kehrten vor den Russen geflohene Industrielle in den amerikanischen Sektor zurück und organisierten Wirtschaft und (Schwarz-)Handel.

Noch waren wir Aktivisten der ersten Stunde bemüht, das neue Leben auf allen Gebieten zu entfalten, da krochen schon Reaktionäre aller Schattierungen aus ihren Schlupfwinkeln und machten Russen und Kommunisten für die katastrophale wirtschaftliche Lage verantwortlich.

Die amerikanische Regierung, die im eigenen Lande keine Kriegsschäden kennengelernt hatte, verfügte über riesige Lebensmittelreserven. Sie griff helfend ein. Jeder versuchte auf seine Weise, den Mangel an Lebensmitteln, Kleidung und Brennmaterial zu überwinden. So wurde "organisiert", gehandelt und gehamstert. Die Züge aus der näheren oder entfernteren Umgebung Berlins waren überfüllt, auf Trittbrettern und Puffern hingen die Menschen wie die Klammeraffen mit den von Bauern erbettelten oder eingetauschten Lebensmitteln. Die ausgehungerten Städter schleppten alles, was sich eintauschen ließ, in die Dörfer. Die Bauern legten ihre Stuben mit Teppichen aus und stellten Klaviere hinein. Üble Geschäftemacher nutzten die Situation. Auf dem Schwarzen Markt nahmen sie den Alten und Kranken, die sich die Reise auf den Trittbrettern nicht zutrauten, Uhren, Trauringe, oft wertvolle Erbstücke oder Jugenderinnerungen ab und gaben dafür Brot, Kartoffeln, Haferflocken oder wenn es hochkam ein halbes Pfund Schmalz oder Butter.

Die Schieber wurden reich von der Not der anderen. Sie besaßen illegale Warenlager und lebten in Saus und Braus. Eine Zigarette kostete acht bis fünfzehn Mark, ein Brot hundert bis hundertfünfzig Mark. Gegen dieses Unwesen richteten sich die Razzien der Volkspolizei, womit sie sich bei der Bevölkerung keineswegs beliebt machte, denn zunächst hieß es: Mitgegangen – mitgefangen. Alle Festgenommenen wurden überprüft. Wer keine feste Arbeit nachweisen konnte, wurde für drei Tage zum Arbeitseinsatz befohlen. Bei sehr Verdächtigen wurden Haussuchungen vorgenommen, die dort gehorteten Warenbestände beschlagnahmt. Wem keine Schiebungen nachzuweisen waren, der wurde entlassen.

Viele alte Leute kamen vor Hunger und Kälte in dem harten Winter 1945/46 um, oder sie starben, weil sie am Ende waren, weil sich ihre Hoffnungen nicht erfüllt hatten, weil der Kummer um alles Verlorene ihnen die Möglichkeit zum Weiterleben raubte. Der Krieg forderte noch nachträgliche Opfer. Die Jüngeren überwanden die Resignation.

Es war, als ob sich die Menschen entschädigen wollten für den Kummer, den man ihnen zugefügt hatte, für das Elend, in das sie ohne Gegenwehr hineingestoßen worden waren und an dem sie dadurch selbst einen großen Teil der Schuld trugen. Doch daran wollten sie nicht mehr erinnert werden. Sie wollten leben, und zwar jetzt, nicht erst morgen. Gemeinsam aufbauen? Das könnte Jahrzehnte dauern. Erst mehr arbeiten und dann besser leben? Wer hatte sich so etwas ausgedacht? Jeder ist sich selbst der Nächste. Wo ist was zu holen? Wo ist Musik, die beschwingt oder betäubt, ein Tanzvergnügen, das man sich leisten kann?

Man wollte nicht an gestern oder morgen denken. Bestimmte Leute hatten eine Nase dafür, was gebraucht wurde. Über Nacht entstanden Tanzschuppen. In dem dörflichen Lichtenrade wurde aus einer Bauernschänke eine "Oase". Es gab kein Glas, aber dort tanzte man auf einem von unten erleuchteten Glasboden.

Die unmittelbare Nachkriegszeit in ganz Berlin war voller Gegensätze. Schieber und Arbeiter, Trümmerfrauen und feine Damen, Selbstmordkandidaten und Lebenshungrige, gesellschaftlich Engagierte und gesellschaftlich Deprimierte, politischer Fortschritt und politische Reaktion, Besatzungsmächte, die sich einheitliche Ziele für Deutschland gestellt hatten und kurz vor der offenen Konfrontation standen. Aus Widersprüchen wachsen neue Probleme. Das Hauptproblem bestand jedoch in dem Erbe, welches der Faschismus hinterlassen hatte. Das waren Trümmerberge in der Stadt und der Wirrwarr, den die auf den Kopf gestellten Begriffe in jugendlichen Gehirnen angerichtet hatten.

In den Jugendausschuß kamen die Hitlerjungen von gestern. Mühevoll und geduldig zerschlugen wir ihren Führerglauben, entlarvten wir ihre falschen Ideale von der Herrenrasse als faschistische Ideologie. Es kamen andere, die nach dem Motto "Gebranntes Kind scheut das Feuer" nichts mit Politik im Sinn hatten. Sie alle kamen in den Jugendausschuß und sollten sich dort heimisch fühlen. Das war das Anliegen seiner Leitung. Über den Weg wurde engagiert diskutiert. Langsam wuchs die Erkenntnis, daß der Ausschuß sich zu einer Organisation der Freien Deutschen Jugend wandeln müsse, um die Interessen der Jugend besser vertreten zu können.

Ich wußte, die FDJ war erstmals in der Emigration gebildet worden. Bereits in Crivitz hatten wir nach ihrem Vorbild gehandelt. Ich bereitete mich für einen Vortrag in der Leitung vor. Dabei nahm ich auch die Berner Resolution der KPD zur Hand. "Die neue Demokratische Republik wird aber im Gegensatz zur Weimarer Republik den Faschismus mit der Wurzel ausrotten, ihm seine materielle Basis durch die Enteignung des faschistischen Trustkapitals entziehen und sich, wieder im Gegensatz zur Weimarer Republik, in der Armee, der Polizei und im Beamtenapparat zuverlässige Verteidiger der demokratischen Freiheiten und der demokratischen Volksrechte schaffen..."

Das war sehr gut gesagt. Aber eine solche Republik würde wohl kaum im Selbstlauf entstehen, sondern durch harte Arbeit. Wer sollte sie leisten, wenn nicht die Jugend? Die Bildung der Jugendausschüsse war nur der erste Schritt in diese Richtung, die Bildung der Freien Deutschen Jugend der zweite.

Jetzt mußten wir es deutlich machen: Es ging nicht um eine bloße Vereinsbildung. Der neue Jugendverband hatte demokratische Aufgaben zu erfüllen. Chauvinismus, nationale Überheblichkeit, mußte wirksam bekämpft und die Freundschaft mit der Jugend anderer Völker zum Programm werden. Zugleich war solch eine Jugendorganisation die Basis aller demokratischen Parteien, sowohl der sozialistischen als auch der christlichen.

Die Blockparteien hatten dem Magistrat und dem Hauptausschuß "Opfer des Faschismus" zugestimmt, jeden zweiten Sonntag im September als Gedenktag für die Opfer des Faschismus zu begehen. Im Jahre 1945 wurde dieser Tag erstmals am 9. September gefeiert. Zur Demonstration versammelten sich die Einwohner in allen Berliner Stadtteilen. Ihr Marschziel war die Werner-Seelenbinder-Kampfbahn, ehemaliges Stadion Neukölln.

Auch vor dem Tempelhofer Rathaus standen Alte und Junge in Gesprächsgruppen beieinander. Unter ihnen bewährte Antifaschisten, Aktivisten der ersten Stunde, wie man sie später bezeichnete. Ich befand mich zwischen den Jungen, die sich zum Jugendausschuß bekannten. Hier unter meinen Freunden fühlte ich mich wohl. Endlich formierte sich der Zug und kam in Bewegung.

Zum ersten Mal nach zwölf Jahren Hitlerherrschaft marschierte die Bevölkerung Berlins nach eigenem Willen, demokratische Ziele vertretend, durch die Straßen ihrer Stadt. Singend bogen wir in die Oberlandstraße ein. Welch einen bedauernswerten Anblick bot sie. Die Schienenstränge, die sich neben der gepflasterten Straße hinzogen, waren von Gras überwuchert. Ein angeschlagenes Artilleriegeschütz aus den letzten Kriegstagen stand klotzig auf den Straßenbahnschienen, deren Oberleitung zerstört war.

Rechts und links des Weges trostlose Ruinen. An ihre Beseitigung war noch lange nicht zu denken. Immerhin, die Gehwege waren frei von Schutt, Mauersteine waren an der Seite so geschichtet, daß sie eine provisorische Mauer gegen die Trümmer bildeten. Das alles gehörte an diesem Tag zum Antlitz unserer Stadt, die ihre Wunden nicht verbergen konnte. Was für Schreckensszenen mochten sich dort während der anglo-amerikanischen Luftangriffe abgespielt haben? Die schwarzen Fensterhöhlen zeugten von dem Feuer, das behagliche Wohnstuben in verkohlte stinkende Löcher verwandelt hatte. Ihr übler Brandgeruch schien noch immer in der Luft zu hängen.

An den übriggebliebenen Fassadenstümpfen sah ich hin und wieder das weiß gepinselte LSR, welches den Ort des Luftschutzraums bezeichnete. Darüber türmten sich die Schuttmassen, die traurigen Überreste der durch Luftminen zum Einsturz gebrachten Wohnhäuser. Frauen und Kinder sind in ihnen erstickt, verbrannt oder lebendig begraben worden! Wieviele Tränen wurden wohl in den Luftschutzkellern geweint? Welche Ängste quälten die Ärmsten in ihren Sterbeminuten? Die Menschen, die hier vorüberzogen, hatten das alles noch in frischer Erinnerung. Jeder hatte die Schrecken des Krieges am eigenen Leibe erfahren.

Gerda B., die sich lachend nach mir umsah, hatte ihren Vater verloren. Helga Schulz, die so fröhlich mit ihrem Nebenmann plauderte, trauerte um ihren Verlobten, der auf dem Felde der Unehre gefallen war. Theo Timmer, der so jungenhaft daherschritt, mußte sich mit siebzehn Jahren um drei kleine Geschwister kümmern. Jeder verbarg seinen Kummer vor den anderen. Vielleicht half dieses Miteinander Sorgen und Jammer zu vergessen, auch wenn es nur für diesen einen Tag war, der auf eine friedliche Zukunft hoffen ließ.

Zu dieser Stimmung paßte auch das Lied, welches die Jungsozialisten Heinz Westphal und Ulli Weber uns beigebracht hatten: "Stellt eure Stirnen in das Licht und kündet, daß ihr gläubig seid und höret, was die Zukunft spricht, der Mensch wird gut!" Die jungen Lehrerinnen, die zum Jugendausschuß gehörten, sangen begeistert mit. In ihren nächsten Gesangsstunden würden sie das Lied sicher ihren Schülern beibringen.

Das Stadion füllte sich langsam. Auf einem in der Mitte errichteten Mahnmal stand: Den Toten der Lorbeer – uns die Pflicht. In den Schalen zu beiden Seiten loderten Flammen. Ich beobachtete, wie sich Freunde, die einander nicht am Leben geglaubt hatten, umarmten. Auch ich entdeckte zu meiner großen

Freude meinen Kameraden Richard Fischer. Er stellte mich seiner Freundin vor. "Das ist der Wolfgang, der die Puppenköpfe geschnitzt hat."

Eine Musikkapelle intonierte den Trauermarsch von Chopin, als ehemals Verfolgte, angeführt von Männern in KZ- und Zuchthauskleidung, in dem Mittelfeld aufmarschierten. Die Menschen erhoben sich von den Plätzen und gedachten schweigend der Kämpfer und Opfer, die von den Faschisten ermordet wurden, besonders des deutschen Meisterringers Werner Seelenbinder, dem erfolgreichen Olympiateilnehmer von 1936. Bei seiner illegalen Tätigkeit geriet er in die Fänge der Gestapo. Wegen angeblichen Hochverrats wurde er in Brandenburg-Görden hingerichtet. In seinem letzten Brief schrieb er: "Ich weiß, daß ich in Euren Herzen und dem vieler Sportkameraden einen Platz gefunden habe, den ich immer darin behaupten werde. Dieses Bewußtsein mach mich stolz und stark und wird mich in der letzten Stunde nicht schwächer finden."

Von nun an sollte dieses Stadion den Namen "Werner-Seelenbinder-Kampfbahn" tragen. Dann ergriff Oberbürgermeister Werner das Wort. Im Namen des Hauptausschusses "Opfer des Faschismus" sprachen Ottomar Geschke und Maria Wiedmayer. Marias Namen kannte ich schon aus der Arbeiterbewegung von vor 1933. Sie hatte mehrere Jahre im Zuchthaus und im KZ Ravensbrück zubringen müssen. Dann rezitierte mein Bekannter Helmut Bock, der in Sachsenhausen den Franz Moor gespielt hatte.

Als die Kundgebung mit Gesang beendet wurde, war ich hoffnungsvoll gestimmt. Es schien mir, als ob es nun Wirklichkeit werden würde, dieses "Brüder zur Sonne, zur Freiheit!" Ein freudiges Gefühl erfaßte mich. Ich merkte, der Jungsozialist Ulli Weber neben mir fühlte wohl ähnlich. Hand in Hand standen wir und sangen: "Brüder, in eins nun die Hände!"
Ob die sozialdemokratischen Genossen jetzt daran dachten, ihr Prager Manifest zu verwirklichen? Die Zeit dafür war reif. Der Parteivorstand der SPD hatte am 28.1.1934 in Prag ein Manifest beschlossen, welches programmatischen Charakter trug. Darin hieß es u. a.:
"Der politische Umschwung von 1918 vollzog sich am Abschluß einer konterrevolutionären Entwicklung, die durch den Krieg und die nationalistische Aufpeitschung der Volksmassen bedingt war. Nicht durch den organisierten, vorbereiteten, gewollten revolutionären Kampf der Arbeiterklasse, sondern durch die Niederlage auf den Schlachtfeldern wurde das kaiserliche Regime beseitigt. Die Sozialdemokratie als einzig intakt gebliebene organisierte Macht übernahm ohne Widerstand die Staatsführung, in die sie sich von vornherein mit den bürgerlichen Parteien, mit der alten Bürokratie, ja mit dem reorganisierten militärischen Apparat teilte. Daß sie den alten Staatsapparat fast unverändert übernahm, war der schwere historische Fehler, den die während des Krieges

desorientierte deutsche Arbeiterbewegung beging. Die neue Situation schließt jede Wiederholung aus!"

Klipp und klar zählte der Parteivorstand im Manifest auf, was getan werden müßte:

"Niederwerfung der Hitlerregierung, Schaffung einer starken revolutionären Regierung, getragen von der revolutionären Massenpartei der Arbeiterschaft, die sie kontrolliert. Die erste und die oberste Aufgabe dieser Regierung ist es, die Staatsmacht für die siegreiche Revolution zu sichern, die Wurzeln jeder Widerstandsmöglichkeit auszureißen, den Staatsapparat in ein Herrschaftsinstrument der Volksmassen zu verwandeln."

Und weitere Maßnahmen werden als dringlich geschildert, z. B.:

"Besetzung der entscheidenden Stellen der Justiz durch Vertrauensmänner der revolutionären Bewegung, ... Reinigung der Bürokratie, sofortige Umbesetzung aller leitenden Stellen, Organisierung einer zuverlässigen Militär- und Polizeimacht. ... sofortige entschädigungslose Enteignung der Großgrundbesitzer, ... sofortige entschädigungslose Enteignung der Schwerindustrie, ... Vergesellschaftung und Übernahme der Großbanken ... "

An anderer Stelle wird die notwendige Einheit der Sozialdemokraten und Kommunisten erläutert und gesagt:

"Einigung der Arbeiterklasse wird zum Zwang, den die Geschichte selbst auferlegt."

Und weiter:

"Die Führung der deutschen Sozialdemokratie weiß sich deshalb frei von jeder sektenhaften Abschließung und ist sich ihrer Mission bewußt, die Arbeiterklasse in einer politischen Partei des revolutionären Sozialismus zu vereinigen!"

Diese Forderungen waren 1945 elf Jahre alt. Sie wurden von der SPD nicht wieder aufgenommen. Der Parteivorstand hat auch während der Zeit des Faschismus seine Ausführungen über die Einheit der Arbeiterklasse bald nach der Veröffentlichung des Manifestes vergessen. Er lehnte jede einheitliche Aktion mit den Kommunisten ab. Doch in Berlin und allen Bezirken des deutschen Landes fanden im Laufe der Jahre Sozialdemokraten und Kommunisten zueinander und kämpften gemeinsam für den Sturz Hitlers.

Fünfzigtausend, so viele und doch nicht genug, demonstrierten am 9. September gegen Faschismus und Krieg. Es war ein Kräftemessen. Wir mußten erkennen, wieviel Aufklärungsarbeit noch zu leisten war. Die faschistische Ideologie haftete noch immer in manchen Köpfen. Die mageren Lebensmittelrationen weckten keine Begeisterung für das Neue, was erst aufgebaut werden wollte. Über die Folgeerscheinungen des Krieges waren viele erbittert. Sie meckerten über den Magistrat und schimpften auf die Russen, besonders in den Schlangen vor den Geschäften oder beim Warten auf die Straßenbahn.

Böse Erfahrungen machte ich, wenn ich widersprach und auf die wahren Schuldigen verwies: "Hören Sie auf", schrien mich unverbesserliche Nazis an, "wir wollen nicht mehr vom Krieg reden, das ist vorbei." Sie kamen wieder aus ihren Schlupfwinkeln hervor und wollten vergessen machen. Anderen waren die Ohren wie zugestopft. So waren die Menschen, mit denen wir aus der trostlos erscheinenden Lage herauswollten, um das zu erreichen, was wir uns für die Zeit nach dem Sturz Hitlers vorgestellt hatten.

Dabei standen die praktischen Fragen, die gleich gelöst werden mußten, an erster Stelle. Zum Beispiel die Solidarität mit den Opfern des Faschismus. So gingen wir auch zu Herrn S. Er war Besitzer eines Textilgeschäfts "Für den Herrn – für die Dame". "Ich gehe allein rein, warte auf mich", sagte Karl, "will sehen, ob er nicht ein Paar Socken für die Opfer des Faschismus spendet." Mit verhaltener Wut und mit leeren Händen kam Karl wieder heraus. S. gehörte zu den SPD-Genossen in Tempelhof, die gegen die Vereinigung der beiden Arbeiterparteien waren, "Zusammenarbeit ja – Vereinigung nein, getrennt marschieren – vereint schlagen. Der Sozialismus ist die Tagesaufgabe". "Den Vereinigungsparteitag werden Sie mit Ihren Schönreden nicht verhindern können", sagte Karl.

Im April 1946 fand der Parteitag statt, auf dem sich Kommunisten und Sozialdemokraten zur Sozialistischen Einheitspartei Deutschlands (SED) zusammenfanden. Längst nicht alle Sozialdemokraten schlossen sich der neuen Partei an. Jedoch in Tempelhof, wie auch in den übrigen von den Westmächten besetzten Stadtbezirken zogen viele Sozialdemokraten die Lehren aus der unrühmlichen Geschichte der letzten dreißig Jahre und wurden Mitglieder der SED.

Unter ihnen befanden sich auch solche, die im Bezirksamt angestellt waren. Doch in dem mit aller Schärfe einsetzenden, von den Amerikanern inspirierten Kalten Krieg wurden alle Mitglieder der Einheitspartei aus den Ämtern rigoros entfernt. Die Auswirkung bekamen wir zu spüren. In einer Parteiversammlung erklärte ein Genosse mit fadenscheinigen Ausreden seinen Austritt aus der Partei. Die wirklichen Gründe zeigten sich bald danach. Seine Rückkehr zur SPD sicherte ihm seinen Arbeitsplatz im Rathaus. Der Mut, einen neuen Weg zu beschreiten, hatte ihn angesichts drohender Schikanen verlassen.

Eines Tages besuchte mich der Kamerad Gerhard. Er hatte einige Jahre im KZ Sachsenhausen gesessen. Nach der Befreiung wurde er als Direktor eines Treuhandbetriebes eingesetzt. "Wie lebt man so als Direktor?" scherzte ich. Er machte eine abweisende Geste: "Seitdem wir die Amis als Besatzungsmacht haben, ist das vorbei, der frühere Nazibetriebsleiter ist wieder Herr im eigenen Hause", sagte er bitter. Ich schüttelte ungläubig den Kopf, wußte ich doch, daß der Betrieb als ehemaliger Rüstungsbetrieb galt und sein Besitzer im Mai 1945 verschwunden war. Gerade deshalb war Gerhard zum Direktor der zu einem Treuhandbetrieb umgewandelten Fabrik geworden. Es war Gerhard nicht leicht gefallen, doch er hatte sich Anerkennung bei den Arbeitern erworben. "Die Bude floriert wieder", hatte er mir mal gesagt; und jetzt?

Gerhard erzählte: "Der ehemalige Betriebsleiter hat sich entnazifizieren lassen. In der ersten Instanz der Entnazifizierungskommission kam heraus, daß er die 'Fremdarbeiter' geprügelt hatte. Er wurde nicht entnazifiziert. Doch in der zweiten Instanz hat er's geschafft, weil man auf die Zeugenaussagen der Arbeiter verzichtete. Sein früherer Buchhalter soll ihn über den grünen Klee gelobt und seine Humanität gepriesen haben. Mich hatten sie natürlich 'vergessen' hinzuzuladen. Also mein Lieber, die Perspektive 'Direktor in einem volkseigenen Betrieb' gibt es, soweit ich weiß, im Sowjetsektor, nicht aber im amerikanischen!" Und so wurde auch nichts aus der Losung "Sozialismus als Tagesaufgabe". Die Restauration der alten kapitalistischen Verhältnisse ging weiter.

Am 2. Mai 1946 erhielt ich aus Holland den ersten Brief. Jet und Robert und ihr Bruder lebten. Ihre Schwester hatte die Zeit verhältnismäßig gut in Südamerika zugebracht. Aber Mutter und Vater waren mit Massentransporten nach Auschwitz weggeschafft worden. Qualvoll der Gedanke an ihr furchtbares Leiden und Sterben! Niederschmetternd, daran zu denken, daß die Morde ungesühnt blieben.

Es war unsagbar schwer, was Jet und der Kleine durchzumachen hatten. Jeden Morgen wachte er weinend auf und schrie: "Papa weg! Papa weg!" Es zerriß der jungen Mutter das Herz! Monatelang war das Kind nicht zu beruhigen. Dann folgte ein neuer Schlag. Seine Großeltern wurden von der SS fortgeholt, zu einer langen qualvollen Fahrt, an deren Ende der Tod wartete.

Dann kam der Tag, wo auch die letzten Juden zur "Umsiedlung", wie die Faschisten es nannten, zusammengetrieben wurden. Da rettete Willi die beiden in letzter Minute, Willi, mein Kamerad aus Hoek van Holland, der mir einst versprochen hatte, sich um Jet zu kümmern. Er zog sie aus dem Gedränge und brachte sie in Sicherheit. Für den kleinen Robert fanden sie eine Pflegemutter auf dem Lande in einer weiten Entfernung von Amsterdam. Dem Vierjährigen wurde verständlich gemacht, daß er keinem Menschen Fragen beantworten sollte. Er verstand oder ahnte, warum das so war. Er hatte schon seine bösen Erfahrungen mit der SS machen müssen. Die hatte seine Großeltern abgeholt. Schon wenn er SS-Leute von weitem sah, fing er zu zittern an.

Die Pflegemutter meinte es mit ihm ebenso gut wie mit ihren anderen Kindern. Wenn sie zu strafen hatte, strafte sie die eigenen Kinder genauso hart wie ihn. Aber den kleinen Robert traf es viel härter. Sein seelisches Gleichgewicht hatte er durch die erlittenen Grausamkeiten verloren. In Folge davon wurde er ein Bettnässer. Strafe machte die Sache nur schlimmer. War er früher weinend aufgewacht, so schlief er nun weinend ein, was ihm als Undankbarkeit angekreidet wurde. Er weinte nach seiner Mutter, die ihn nicht besuchen durfte, das war zu gefährlich. Nur aus Briefen erfuhren sie voneinander. Immer schwebte sie in Gefahr, entdeckt zu werden. Selbst für die Pflegemutter hätte das schlimmste Folgen gehabt.

Jet und Willi schlossen sich dem niederländischen Widerstand an. Einige Tapfere dieser Bewegung stürmten das Amsterdamer Rathaus, entwendeten oder verbrannten die Karteikarten des Einwohnermeldeamtes. Die versteckt lebenden jüdischen Kameraden erhielten gefälschte Papiere, die sie als arische Holländer auswiesen. Ihre Ausweise mit dem J und dem jüdischen Vornamen verbrannten sie samt dem gelben Stern.

Die Widerstandsorganisation hatte Grafiker und Drucker, die Lebensmittelkarten nachdruckten, um die illegalen Kämpfer mit Nahrungsmitteln zu versorgen. Sie legten Schlupfwinkel an. In einem alten verbauten Haus zogen sie eine Trennwand. Der dadurch entstandene Hohlraum wurde benutzt, um Druckmaschinen, Waffen, aber auch Menschen zu verstecken. Jet und Willi waren in einem solchen Versteck, während Soldaten und Polizisten Haussuchungen durchführten. Mit der Waffe in der Hand standen sie bereit, um bei einer Entdeckung bis zum letzten Atemzug zu kämpfen.

Sie haben die Schrecken überstanden. Sie haben gemeinsam gelitten, gelebt und gekämpft, oft mit dem Gedanken, die letzte Stunde sei gekommen! Das führte die beiden zusammen. Dann kam unser Briefwechsel. Sie wollte nach Berlin kommen. Zugleich fürchtete sie sich vor den Deutschen, waren es doch Deutsche, die ihre Eltern mordeten, waren es doch Deutsche, die sie gejagt hatten. Was hatte ich dem entgegenzusetzen? Daß nicht alle Deutschen Faschisten waren! Ich kam um Einreisegenehmigung für sie und Robert nach, schrieb an Militärbehörden, bekam höfliche Hinweise auf Zuständigkeit und Nichtzuständigkeit und keine Genehmigung. Die Zeit verrann! Und es gab keine Ergebnisse, keine Entscheidung, und die Entfernung zwischen uns blieb unüberbrückbar. Die Enttäuschung wuchs.

Arbeit und Aufträge der Organisation lenkten mich ab. Durch die neuen gesellschaftlichen Verhältnisse hatte für mich die Arbeit einen höheren Sinn bekommen. Arbeit war nicht mehr Mühe, Qual und Langeweile. Der übliche Wunsch, die Zeit möge schneller vergehen, war dem Wunsch nach mehr Zeit gewichen, mehr Zeit, um viel zu schaffen. Ich glaubte, meinen Beruf gefunden zu haben, einen Beruf, der mir zugleich Berufung war. Meine Kolleginnen und Kollegen schien es wie mir zu ergehen. Wir jungen Menschen waren voll Lebensfreude, die gemeinsame Arbeit förderte Gleichklang und Harmonie. Gerda trat in mein Leben. An ihrer Seite bekam es einen neuen Inhalt. Wir beschlossen, den weiteren Lebensweg gemeinsam zu gehen. Jet und Willi heirateten zur selben Zeit wie Gerda und ich.

Unsere Hochzeit war außergewöhnlich. Der 27. September 1947 überraschte durch blauen Himmel und hochsommerliche Temperaturen. Gerda trug ein leichtes, lustiges Sommerkleid und in ihren Armen den zum Kleid passenden Blumenstrauß. Von einem Vetter aus Amerika war mir ein alter grauer Anzug geschickt worden. Gewendet sah er fast wie neu aus. Als wir die Treppe zum Standesamt emporstiegen, bildete unsere Schulklasse Spalier. Die Mädchen hatten sich eingebildet, daß wir in einer Brautkutsche vorfahren würden.

Unser Hochzeitsmahl war der Zeit entsprechend mager. Ein im Schwarzhandel für hundert Mark erworbenes Brot, ein selbstgezüchtetes Karnickel, ein Apfelkuchen aus minderwertigem Schwarzmarktmehl, aber selbstgeernteten Äpfeln, waren die "lukullischen" Speisen, von denen die Gäste noch wochenlang schwärmten.

An geistigen Genüssen gab es eine Hochzeitszeitung, die meine Eltern in mühevoller Kleinarbeit in mindestens zwanzig Exemplaren herstellten. Alles war handgezeichnet und geschrieben, erdacht und gedichtet und ein Andenken für die Gäste. Die Schulklasse schickte einige ihrer besten und fleißigsten Schülerinnen als Abordnung. Das Lehrerkollektiv bzw. die Gewerkschaftskollegen, sorgten für das brauchbarste und zugleich denkwürdigste Geschenk. Es war ein Kochtopf, der aus einem Stahlhelm hergestellt worden war. Ein Beispiel, wie aus Kriegsschrott nützliche Dinge werden können. Verwandte, Freunde, Genossen, Nachbarn, Jugendliche sangen und tanzten mit uns bei Akkordeonmusik, bis der Tag heraufdämmerte.

Eine neue Zeit zu zweit begann mit vielen glücklichen, zufriedenen, arbeitsamen, sorgenvollen, heiteren, schöpferischen Stunden und Tagen. Im März 1948 wurde unser erster Sohn geboren. Nachdem wir zu dritt waren, bekamen wir eine Zweieinhalbzimmerwohnung mit "Schönheitsmängeln". Zwei Drittel der Fensterflügel fehlten. Sie waren von benachbarten Laubenpiepern oder sonst wem mitgenommen worden. Glas gab es nur auf Bezugsschein. Mit dem verbliebenen Rest der Fensterrahmen bekam ich wenigstens die äußeren Scheiben in der Küche und in einer Stube zusammen. Die Zentralheizung funktionierte im Winter 1948/49 noch nicht. Wir kauften eine sogenannte "Küchenhexe", eine kleine leichte, eiserne Kochmaschine. Ein typisches Produkt dieser Zeit. Sie wurde auf den eigentlichen Herd gestellt. Mittels der Hexe konnten wir den Raum eins, zwei, drei warm bekommen. Erlosch das Feuer im Herd, wurde es schnell wieder kalt.

Tagsüber konnten wir uns nur in der Küche aufhalten. Sie war zum Glück groß genug, um noch das Kinderbettchen aufzustellen. Während wir des Abends an den Vorbereitungen für den nächsten Schultag arbeiteten, turnte unser kleiner Wolf-Peter in seinem Bett herum. Er wollte nicht liegen und stand, bis er von selbst umfiel. In diesem Winter arbeiteten Gerda und ich oft bis Mitternacht. Dann krochen wir in die eiskalten Betten. Der Wind blies durch die leeren Fensterlöcher und schüttete uns frischen Schnee in die Stuben.

Obwohl der Krieg vor drei Jahren beendet worden war, brachte er sich noch einmal recht unangenehm in Erinnerung. Als unser Nachbar seine Wohnung ausbessern wollte, kam ihm aus einem Loch in der Decke plötzlich eine Handgranate entgegengerollt, die er gerade noch fassen konnte, ehe sie auf den Fußboden knallte. Die Feuerwehr kam. Sämtliche Bewohner der Straße mußten ihre Wohnungen vorübergehend verlassen.

Handgranaten, Panzerfäuste und mehrere Kilogramm Sprengstoff lagen zwischen Stubendecke und Dachziegeln versteckt. Wer hatte sie dort hingelegt? Vermutlich "Werwölfe", das letzte Aufgebot Hitlers. Der Sprengstoff hätte ausgereicht, den ganzen Straßenzug in die Luft fliegen zu lassen. Abgesehen von diesen ungeahnten Möglichkeiten lebte es sich gut in unserer Straße.

Spalter am Werk

Der Sprengstoff über unseren Köpfen war weggeräumt, die fehlenden Fenster ersetzt. Das Leben normalisierte sich. Von welcher Seite konnte uns jetzt noch Gefahr drohen? Mich beunruhigte die politische Entwicklung der letzten Jahre. Seit 1946 hatte sich in der Schule vieles sichtlich verändert. Zwar war die demokratische Schulreform vom Berliner Parlament beschlossen worden. Ihrer Durchführung in den Westsektoren Berlins setzten sich die dort an Einfluß gewinnenden rückständigen Kräfte entgegen.

Das Schulamt im Amisektor war jetzt ganz anders besetzt. Alte "bewährte Fachkräfte" hatten allmählich Einzug gehalten. Anweisungen des Hauptschulamtes, in dem Antifaschisten stärker vertreten waren, wurden angefeindet oder ignoriert. Das Lehrerkollegium der Anton-Saefkow-Schule wurde vom Schulamt Tempelhof umgeformt, die Kollegen an andere Schulen versetzt. Karl Veken mußte aus Gesundheitsgründen die Arbeit aufgeben. Er wurde Kinderbuchautor und zog in den sowjetischen Sektor, der ihm mehr Wirkungsmöglichkeiten bot. Ich kam an die Schule von Frau Weste, die zur Schulleiterin befördert wurde. Sie herrschte autoritär über Lehrer und Schüler. Sie kritisierte, kommandierte, schikanierte, registrierte! Mich aber behandelte sie bevorzugt freundlich, als wären wir die besten Freunde. Warum? Viel später, als ich sie trotz ihrer antifaschistischen Maske durchschaute, wußte ich, daß sie mich auf diese Weise von den übrigen Kollegen isolieren wollte.

Sie lobte mich öffentlich, dann übergab sie mir die zahlenmäßig stärkste Klasse, obwohl die Klassenfrequenz im Durchschnitt vierzig Schüler nicht überschritt. Ich bekam die Verantwortung für siebenundfünfzig Schüler der dritten Klasse übertragen. Als erfahrene Pädagogin wußte sie, so eine Klasse Neunjähriger kostet viel Nerven und zehrt an der Substanz des Lehrers. Mit diesen Methoden wollte sie mich, ihren Gegner, ausschalten.

Dieses Tartuffespiel setzte sie fort. Sie tat sehr besorgt um mich, ich sähe schlecht aus, ob ich vielleicht krank sei? Unter diesen Umständen könne sie mir auf keinen Fall zumuten, die Rede zum Gedenktag für die Opfer des Faschismus zu halten. Sie fand dafür eine sich von der Politik zurückhaltende Lehrerin, die einen entfernten Verwandten hatte, der Verfolgter des Naziregimes war. Diese übernahm ungern den Auftrag, doch dem Druck der Schulleiterin konnte sie sich nicht entziehen.

Immer mehr wurde versucht, mein politisches Wirken einzudämmen. Noch genoß ich bei den Kollegen als ehemaliger Verfolgter Ansehen. Sie hatten mich zum Kassierer der Gruppe des Freien Deutschen Gewerkschaftsbundes (FDGB) unserer Schule gewählt. Damals gab es auf dem gesamten Territorium der sowjetischen Besatzungszone, einschließlich der Westsektoren, nur den FDGB, die vom Alliierten Kontrollrat zugelassene Gewerkschaft.

Frau Weste war gewerkschaftlich aktiv und, wie es schien, für den demokratischen Aufbau. Wer politisch wirken wollte, wie sie, wer Funktionen anstrebte, mußte die Kommunisten akzeptieren, selbst wenn er insgeheim entgegengesetzte Ziele verfolgte. Denn die Kommunisten waren die ersten, die den Wiederaufbau begonnen hatten, sie hatten Verwaltungen gebildet, den Verkehr wieder in Gang gebracht, dafür gesorgt, daß das erste Brot gebacken und daß die Produktion wieder aufgenommen wurde. Was bleibt den Hunden anderes, als mit den Wölfen zu heulen?

Jedoch von dem Augenblick an, wo der aufkommende Westwind für die Reaktionäre aller Schattierungen günstig wehte und sie die Rückendeckung durch die amerikanische Besatzungsmacht fühlten, gingen sie zum offenen antikommunistischen Kampf über. So auch Frau W. Sie war in der Gewerkschaft bis in den Betriebsrat der Lehrer und Erzieher im Bezirk Tempelhof aufgestiegen. Nun entpuppte sie sich als fanatische Gegnerin der Gewerkschaftseinheit. Kaum hatte sich am 10. Februar 1948 in dem Westsektor ein Arbeitsausschuß UGO (Unabhängige Gewerkschaftsorganisation) gebildet, stand sie auch schon mit an der Spitze desselben. Die offene Kraftprobe zum 1. Mai, die zur Spaltung des FDGB führen sollte, fiel für die UGO schlecht aus: 40.000 vor der Reichstagsruine – 750.000 hinter den Fahnen des FDGB auf dem Marx-Engels-Platz.

Nun erfolgte am 26. Mai die Aufforderung der UGO, die FDGB-Beiträge nicht mehr an die gewählten Organe abzuliefern. Ich widersetzte mich dieser Aufforderung. Die Beiträge waren für den FDGB eingezahlt, es waren FDGB-Marken, ich lieferte das Geld beim FDGB ab. Daraufhin forderte Frau Weste bei einer von der UGO umfunktionierten Gewerkschaftsversammlung, mich wegen Unterschlagung gerichtlich zu belangen. Davor rettete mich der alte Lehrer Effert, den ich sehr schätzte, ein Mann, gütig und gerecht, ein Mann, der ein Herz für seine Schüler besaß. Er stellte sich auf meinen Standpunkt und brachte sie zum Schweigen.

Am 8. Juni 1948 schlossen die westlichen Militärbehörden in den Westsektoren die Büros des von ihnen einst zugelassenen FDGB. Das beschlagnahmte Eigentum übergaben sie der UGO. Der Vergleich mit dem 2. Mai 1933 drängte sich mir auf. Tags darauf wurde der FDGB im US-Sektor verboten. Funktionäre wurden später wegen Weiterführung des FDGB zu Gefängnis verurteilt. Die Spaltung der Gewerkschaftseinheit geschah gegen den Willen der Mehrheit der Gewerkschaftsmitglieder. Es folgten Proteste und Streiks, sie wurden unterdrückt. Die Vorbedingung zur Spaltung Berlins war gegeben.

Am 18. Juni 1949 bestand ich meine zweite Lehrerprüfung. Es war ein denkwürdiger Tag voller Entscheidungen, nicht nur für meine Person. Die Mathematikstunde in der dritten Klasse, die ich zu geben hatte, verlief gut. Die Schüler wußten, worum es für mich ging. Sie waren diszipliniert und ganz bei der Sache. Das 1-Liter-Maß war das Anschauungsobjekt. Mir standen ein Eimer Wasser, verschiedene 1/2- und 1-Liter-Maße sowie ein Würfel 10 x 10 x 10 cm, der sich mit Wasser füllen ließ, zur Verfügung. Die Kinder planschten mit viel Spaß. Die Herren der Prüfungskommission hatten prompt bemerkt, "daß außerordentlich viel Anschauungsmaterial" benutzt wurde.

Die mündliche Prüfung, in der ich Rede und Antwort zu stehen hatte, war in vollem Gange, als plötzlich die Tür von draußen aufgerissen wurde. Frau Weste steckte freudig erregt den Kopf ins Zimmer und rief: "Es steht jetzt fest, die Währungsreform gilt auch für uns! Gott sei Dank, Berlin bleibt einheitlich!" Ein freundliches Nicken der Herren war die Antwort. Mich traf es wie ein Schlag, der mich fast aus meinem Konzept brachte. Berlin bleibt einheitlich! Wie spiegelte sich die Welt in diesen Köpfen? Die separate Währungsreform im Westen[1] mit der Einbeziehung West-Berlins bedeutete den Bruch des Potsdamer Abkommens. Das war die Spaltung Deutschlands, die Spaltung Berlins.

Zur gleichen Zeit wurden die in den Westsektoren befindlichen Magistratsstellen in Westberliner Senatsämter umgebildet und von den sich zur SED bekennenden Antifaschisten "gesäubert". Mein Freund Kurt Künzel, der damals im KZ vor dem Galgen gerettet worden war, gehörte zu den Entlassenen, obwohl er der Leiter der Magistratsstelle "Opfer des Faschismus" war. Die in Charlottenburg nun bestimmende englische Besatzungsmacht sperrte ihn wegen "Übertretung der Dienstanweisung" und "Verletzung der Amtspflicht" vorübergehend ins Gefängnis ein.

Obendrein wurde ihm der Status als Opfer des Faschismus aberkannt und er von jeder Wiedergutmachung ausgeschlossen. Ähnlich erging es auch den anderen Verfolgten des Naziregimes, die als Angestellte des Magistrats gearbeitet hatten. Die fadenscheinigsten Gründe oder auch nur böswillige Verleumdungen reichten aus, um Berufsverbote zu verhängen. Vergessen waren die antifaschistischen Programme der CDU und der LPD, vergessen die Schaffung "des Sozialismus als Tagesaufgabe", vergessen die Gemeinsamkeit mit den Kommunisten in den Blockparteien. Die politischen Glaubensbekenntnisse von gestern wurden von ihren Predigern unter die Füße genommen. Die Amerikaner wurden als Retter und Befreier gefeiert. Daß es die Russen waren, die den Berlinern den Frieden brachten, die mit der Ausgabe ihrer Lebensmittel Hunderttausende vor dem Hungertod bewahrten, wurde aus dem Bewußtsein der Menschen getilgt.

Der freie Westen brachte die freie Wirtschaft, das freie Berlin, die Freiheitsglocke, den freien Sender, die Freiheit der Person, das freie Europa und das neue Feindbild, das sich nur in kleinen Nuancen von dem alten unterschied. Es geisterte wieder durch Europa – das Gespenst des Kommunismus. Die erste "Luftbrücke" der USA, die mit ihren Luftminen aus Berlin eine Trümmerlandschaft gemacht hatte, war vergessen. Jetzt brachten die Bomber Rosinen, Schokolade, Mehl, Zucker, Konserven. Jetzt – drei Hungerjahre nach Kriegsende.

1   Im Potsdamer Abkommen beschlossen die Alliierten, die Deutschland besetzt hatten, Deutschland behält in allen besetzten Zonen eine einheitliche Währung. Die westlichen Besatzungsmächte führten entgegen dem Abkommen mit der Sowjetunion in ihren Zonen eine neue Währung ein. Die Einführung der Westmark war eine Brüskierung des östlichen Alliierten, eine Provokation ihm gegenüber und zugleich ein Schlag gegen das Wirtschafts- und Finanzsystem der sowjetisch besetzten Zone. Denn nun strömte das im Westen entwertete Geld dorthin, wo es noch gültig war, in die Ostzone. Die Gegenmaßnahmen ließen nicht lange auf sich warten. Die SMAD verfügte die zeitweilige Sperrung des Personenverkehrs zwischen der SBZ und den Westsektoren. In der bürgerlichen Geschichtsschreibung ging diese Maßnahme als Blockade ein. Am 23.6. erfolgte die Währungsreform in der sowjetischen Zone.

Lange hatten die im Amisektor wohnenden Westberliner neidvoll beobachtet, wie die US-Armee versorgt wurde. Mein Nachbar Müller, der bei den Amis arbeitete, hatte erzählt, wie die Soldaten lebten und wie sie Lebensmittel veraasten, statt von ihrem Überfluß wenigstens den hungernden deutschen Kindern abzugeben. Jetzt wurde mit den amerikanischen Delikatessen geprotzt, die für Westgeld käuflich waren, und verunglückte amerikanische Piloten wurden als Märtyrer gefeiert.

Die Sowjetische Militäradministration (SMAD) hatte nicht nur für den Ostsektor, sondern für die ganze Stadt Lebensmittel bereitgestellt. Dieses Angebot wurde von vielen Westberlinern genutzt, doch der Senat hatte es ignoriert, er verbot seinen Angestellten, ihre Lebensmittelkarten im Osten der Stadt anzumelden. Wer es trotzdem tat, wurde mit Entlassung bestraft.

Die Atmosphäre in unserer Schule wurde unerträglich. Jeder Lehrer mußte den Nachweis erbringen, daß er seine Lebensmittelkarten im Westen anmeldete. Wer das nicht wollte, wurde als Feind der westlichen Demokratie bezeichnet, mit der zynischen Bemerkung: "Sie werden in den Ostteil Berlins versetzt."

Das gleiche drohte den Kollegen, die im FDGB blieben. Es wurde ihnen verboten, im sowjetischen Sektor zu kaufen. Mit persönlicher Unterschrift mußte sich jeder Lehrer verpflichten, das Verbot einzuhalten. Schulbücher und Schulhefte aus dem Osten durften nicht mehr verwendet werden. Klassenfahrten nach Grünau wurden nicht mehr riskiert. Ich wurde von einem Kollegen freundschaftlich gewarnt, mit meiner Klasse nicht mehr in der S-Bahn zu fahren, das könnte mir angekreidet werden. Der ideologische Mauerbau vollzog sich unter dem Hinweis, "Freiheit und Demokratie" zu schützen. Die meisten fügten sich dem Druck. Sie waren materiell gesichert und wollten ihre Stellung nicht aufs Spiel setzen.

Auf einer Lehrervollversammlung verlangte der Schulrat, jeden Kollegen mit Namen anzugeben, der den Kakao der Luftbrücke genießt und zugleich im Osten Kohlen bezieht. Ich konnte nicht an mich halten und rief: "Das ist Denunziantentum!" Frau Weste, die Leiterin der Versammlung, fragte: "Wer hat das gerufen?" Ich stand auf und begründete meinen Zwischenruf. "Aha", sagte sie und machte sich eine Notiz.

Ich wurde zum Schulrat bestellt. Der Kakao schien es ihm angetan zu haben. Er warf mir unmoralisches Verhalten vor, "als Russenfreund amerikanischen Kakao zu trinken." Er machte sich lächerlich in seinem Zorn. Mit meiner Verehrung für Dr. F., den ich noch aus der Weimarer Zeit kannte, war es nun endgültig vorbei. Zwei Jahre zuvor hatte er mir erzählt, wie gut ihn die Russen bei ihrem Sieg behandelt hätten.

Von nun an spürte ich, wie mich mein Schulleiter beobachtete. Unter den Kollegen hatte es sich herumgesprochen, daß er den Unterricht des ahnungslosen Lehrers am Schlüsselloch belauschte. Oft riß er ruckartig die Tür auf, um wie aus dem Erdboden gewachsen im Raum zustehen. Einmal glaubte er, mich auf diese Art in Verlegenheit zu bringen.

Ich ließ mich jedoch nicht stören, die Schüler übrigens auch nicht. Sie waren zu sehr in das kleine Schauspiel vertieft, welches ich ihnen mit einer Marionettenpuppe vorführte. Der Inhalt meines Spiels bezog sich indirekt auf den Appell aus Stockholm gegen die Atombombe. Ich vermied den Ausdruck "Stockholmer Appell". Wer diese Worte aussprach, war verdächtig. Nicht die Atombombe wurde geächtet, sondern diejenigen, die gegen die Atombombe Unterschriften sammelten.

Als Genossen meiner Parteigruppe mit der Liste von Tür zu Tür gingen, kehrten sie erst am nächsten Morgen in ihre Wohnungen zurück. Die gegen die Kommunisten aufgehetzten Bürger schrien nach der Polizei. Festnahmen waren das Ergebnis ihrer "Pflichterfüllung". Das war das Klima des Kalten Krieges. Es war ein totaler Krieg, der nicht einmal die Kinder verschonte. In den Schulpausen tauschten sie den Krieg verherrlichende Landserhefte aus und spielten Erschießen.

Darum hielt ich es für notwendig, den Friedensgedanken mit kindgemäßen Worten und Begriffen auszudrücken. Viele Jungen brachten Spielzeugpistolen mit in die Schule. Der Inhalt meines Marionettenspiels lautete: Ächtet die Spielzeugpistole! Mein Schulleiter blieb bis zum Ende der Schulstunde. Er heuchelte Zustimmung. War er wirklich der Mann des "christlichen Sozialismus", wie er von sich behauptete?

Viele Hunde sind des Hasen Tod. Daran mußte ich denken. Aber ich wollte nicht kapitulieren. Ich blieb gesellschaftlich und künstlerisch aktiv. An einem Lehrerfest beteiligte ich mich, indem ich mit der Kollegin Lange und dem Kollegen Braun "Das Kälberbrüten" von Hans Sachs einstudierte. Leider hatte der Kollege keine Zeit zum Proben. Wie er mir versicherte, beherrschte er den Text völlig und es könnte auf keinen Fall schiefgehen.

Der Festabend war angebrochen, unser Spiel begann. Ein Erfolg zeichnete sich bereits ab. Da betrat Kollege Braun als Pfaffe ausstaffiert die Bühne. Der Lacherfolg, der ihm galt, machte ihn unsicher. Ich, der Bauer, saß auf dem Käsekorb, um aus jeder Made ein Kalb zu brüten. Dabei hatte ich zu zischen und die Arme wie die Flügel eines aufgeschreckten Federviehs zu bewegen. Der Pfarrer hätte nun sagen müssen: "Du fauchst mich an wie eine Gans!" Aber er brachte kein Wort heraus. Ich zischte und schlug mit meinen eingebildeten Flügeln. Er blieb stumm. Die Bäuerin säuselte ihm den Text in die Ohren. Er blickte sie fragend an.

Vor Aufregung hatte er nichts verstanden. Da brüllte ich los: "Ja, ich zische wie eine Gans!" Es nützte alles nichts. Schließlich bat die Bäuerin den Pfarrer, ihren toll gewordenen, vom Teufel besessenen Mann zu beschwören. Sie drückte ihm die Beschwörungsformel in die Hand und er las sie wenigstens ab. Danach verließ er vorzeitig die Bühne, und wir konnten den Schluß noch einigermaßen effektvoll beenden. Großen Beifall ernteten wir trotz allem.

Kollege Braun entschuldigte sich vielmals, daß er so schmählich versagt hatte. Die Zuschauer und wir beiden Akteure hatten ihm schon verziehen. Für lange Zeit bildete unser Auftritt den Gesprächsstoff der Kollegen.

Einige Zeit später wurde ich erneut zum Schulrat bestellt. "Haben Sie eine Dampferfahrt in die Zone gemacht?" "Ja, ich habe an einer Dampferfahrt in die DDR teilgenommen, ja, ich habe mit Kindern Theater gespielt, nein, ich habe die Schuleinrichtung nicht geschmäht." Der Spitzelbericht war von meinem Schulleiter zusammengestellt.

Die Mutter eines Schülers hatte ihm den Stoff geliefert, und er hatte ihre Erzählungen ausgeschmückt. Die Folge war eine schriftliche Kündigung. Sie trug die Unterschrift "Strafbescheid" (s. S. 250). Auch der folgende Text war im Nazijargon verfaßt. Die entnazifizierten "Superdemokraten" im Schulamt konnten sich nicht von der Terminologie lösen, die sie "tausend Jahre" praktiziert hatten.

Ich erhob beim Arbeitsgericht Einspruch und bereitete mich auf die Verhandlung vor. Ich wollte wissen, was in meiner Personalakte stand. Eine freundliche Angestellte gab sie mit zur Einsicht, und ich konnte mir einiges daraus abschreiben. Ei, ei, was sich dort alles an Berichten über mich angesammelt hatte! Das war ein ganzes Sammelsurium. Ich las:

Eidesstattliche Erklärung

1. Juni 1950 Betrifft: Pfingsttreffen der FDJ. Der Abwehrkampf gegen den Kommunismus verlangt größte Wachsamkeit. Aus diesem Grunde und zur Vermeidung von Beunruhigungen der Elternschaft, sehe ich mich gezwungen, dem Schulamt Tempelhof folgende Mitteilung zu machen: Am Freitag, dem 26. Mai 1950, 19.15 Uhr, stand an der Haltestelle 99 in Richtung Lichtenrade ein kommunistischer Funktionär im Blauhemd der FDJ ohne Jacke, der von einer Kundgebung aus dem Osten kam. Von Passanten aufmerksam gemacht, erkannte ich den an der 11. Schule angestellten Lehrer Szepansky, der im Bezirk als Kommunist bekannt ist. Beim Einsteigen benutzte Herr S. die hintere Plattform. Er kehrte dem

BEZIRKSAMT TEMPELHOF VON GROSS-BERLIN

Gesch.-Z.: ....Schul. 1..... Bln.-Tempelhof, den 18. September 1951.
(Angabe bei Antwort erbeten) Tempelhofer Damm 165/167/169
Fernruf: 75 02 61. Apparat ....

Gegen Behändigungsschein!

An

Herrn Wolfgang S z e p a n s k y ,

Berlin-Mariendorf,

Didostr. 9.

Strafbescheid !

Da Sie sich durch Ihr Verhalten nicht nur der Achtung und des Vertrauens, das Ihr Dienstverhältnis erfordert, unwürdig erwiesen, sondern auch die öffentlichen Einrichtungen Ihres Arbeitgebers und Ihre Kollegen verächtlich gemacht und sich aktiv im Sinne der SED betätigt haben, sprechen wir – gemäss § 8, 2 f der Dienst- und Disziplinarordnung (Anlage 1 zum Rahmentarifvertrag für die im öffentlichen Dienst stehenden Beschäftigten vom 24.1.1949) – mit Zustimmung des Betriebsrates der Lehrer und Erzieher und des Hauptschulamtes die Dienststrafe der

" Dienstentlassung nach fristloser Kündigung "

aus.

Gegen diese Dienststrafe können Sie gemäss § 11 DDO innerhalb von 7 Tagen, nachdem Sie den Strafbescheid erhalten haben, schriftliche Beschwerde beim Vorsitzenden des Disziplinarausschusses, Berlin Wilmersdorf, Babelsberger Str. 14/16, einlegen. Erheben Sie gegen eine nach § 8 DDO ausgesprochene Strafe Klage beim Arbeitsgericht, Berlin-Wilmersdorf, Babelsberger Str. 14/16, so ist der vorerst

-genannte-

genannte Rechtsweg ausgeschlossen.

Publikum den Rücken, um nicht erkannt zu werden. Am Sonnabend machte ich Herrn Dr. F. mündlich meine Meldung.
gez. Klein   Schulleiter

Blau war meine im Westen gekaufte Jacke. War Herr Kl. vielleicht auch blau? Oder ein Hellseher? Er sah einen Funktionär, der aus dem Osten kam, wurde aufmerksam gemacht, aber erkannte er ihn? Was macht man, wenn man nicht erkannt werden will? Man zeigt überall nur seinen Rücken.
Ich las weiter:
8. Juni 1950: Dr. F. und Herr F. an das Hauptschulamt. Sz. bewies durch seine Haltung, daß er unter der Maske des harmlosen Kollegen eine oppositionelle Einstellung einnimmt, die er in dem Augenblick hervorkehrt, in dem er sich nicht überführt glaubt. Seiner Angabe, eine Windjacke getragen zu haben, steht die eindeutige und eidesstattliche Erklärung des Zeugen gegenüber. Das Schulamt hält es für untragbar, daß Sz. im Tempelhofer Schuldienst verbleibt. Nicht verstanden wird es in der Öffentlichkeit, daß er seit längerer Zeit für seine Ausbildung als Zeichenlehrer ein Stipendium und Stundenentlastung genießt.
gez. Dr. F.   Herr F.   Hauptschulräte
Herr Dr. F. und Herr F. schlugen dem Hauptschulamt vor, dem heimlichen Verschwörer, der es dennoch wagte, öffentlich aufzutreten, natürlich nur, wenn er sich nicht als Missetäter überführt glaubte, den Geldhahn abzudrehen, und seine weitere Ausbildung zu verhindern. Sie handelten ja nur im Sinne der "Öffentlichkeit"! Das Hauptschulamt reagierte nicht, zumindest gab es keinen Vermerk.
Dann folgten Anfragen und Antworten:
27.9.50 Anfrage des Schulamtes an die Schulleiter Herrn W. und Frau W.
a) Gehört Sz. der SED an?
b) Hat er sich politisch betätigt?
c) Hat er Unterricht in bestimmten Fächern abgelehnt?
Antwort der Frau W.:
Es war im Kollegium bekannt, daß Sz. Kommunist war. Er machte keinen Hehl daraus, übte jedoch Zurückhaltung. Seine Aktivität trat nach der Spaltung in Erscheinung.
gez. W.
05.10.50 Antwort von Herrn W.:
Das Zeichenthema "Luftbrücke" hat Herr Sz. abgelehnt und erst nach Aufforderung gestellt. Nach Umfrage bei Kollegen wird bestätigt, daß er die Maibeiträge ohne die Zustimmung der Kollegen an den FDGB

abführte. *Im übrigen will ich aber darauf hinweisen, daß er menschlich sowie als eifriger Lehrer von allen Kollegen geschätzt ist. Der Zwischenruf in der Betriebsversammlung entspricht nicht dem sonstigen Verhalten Herrn Sz's. Er kam für alle unerwartet.*
gez. W.
Man spürt, Herr W. leistete ungern Spitzeldienste. Er fühlte sich unter Zwang und verstieg sich darum zu der Lüge, er hätte von mir das Thema "Luftbrücke" gefordert. Folgen wir weiter der Personalakte:
27.9.50 Vertraulich! Von Herrn Schulleiter Kieser wird eingehender Bericht über Herrn Sz. angefordert.
Hier der Bericht, in dem auch andere Kollegen angeschwärzt wurden:
09.10.50 Herr S. gibt offen zu, daß er im anderen Lager steht. Frau L. ist nicht weniger entschieden und zeigt sich der Ansprache unseres Sozialismus als einer ihr völlig fremden Sprache vollkommen unzugänglich. Doch sieht sie die Dinge realer und könnte wohl aktiver sein. Es empfiehlt sich, solche Fälle zwecks besserer Beobachtung an kleinere Kollegien zu versetzen... Über Herrn Sz. konnten wir bisher kein Bild gewinnen.   Schulleiter K.
Aus den verschiedenen Berichten, Anfragen und Antworten konnte ich entnehmen, daß fünf Schulleiter und drei Schulräte sich bemühten, "ein Bild von mir zu gewinnen", bzw. mich zu bespitzeln. Die "Bildgewinnung" wurde auch bei anderen Kollegen praktiziert, nachweisbar bei Kollegen R. und Kollegin L. Dann entdeckte ich das "Glanzstück" der "Materialsammlung".
27.4.51 An den Herrn Senator für Volksbildung, Hauptschulamt.
Anliegend übersenden wir Ihnen die Personalakten und den Strafregisterauszug für den Lehrer W. Sz. bezüglich der Verurteilung in den Jahren 1931 - 32 zu Ihrer Kenntnis und Entscheidung. Es ist zu beachten, daß die Vergehen sich s. Zt. gegen die damaligen Staatsautoritäten (Gesetze der demokratischen Weimarer Republik) richteten. gez. Dr. Langeheinecke
Auszug aus dem Strafregister:
Am 18.9.31 wegen Sachbeschädigung, Straßenverunreinigung, 3 Tage Gefängnis (Näheres nicht feststellbar, Akten im Bez. Mitte).
Am 6.5.32 wegen Teilnahme am verbotenen Aufzug 10 Tage Gefängnis.
Am 28.8.41 wegen Rassenschande 2 Jahre Gefängnis.

Diesmal gab es eine Abfuhr vom Hauptschulamt. Dr. Langeheinecke mußte sich durch die Antwort des Senators für Volksbildung belehren lassen:
Die Strafen liegen 20 Jahre zurück, möglicherweise sind sie annulliert. Eine Fragebogenfälschung kann ihm nicht zur Last gelegt werden.

Rassenschande ist ein nazistisches Delikt. Eine weitere Verfolgung ist unzweckmäßig.

Zwei Monate nach meiner fristlosen Kündigung war die Verhandlung vor dem Arbeitsgericht. Der Richter war drauf und dran, über mich den Stab zu brechen. Da griff mein Rechtsberater ein. "Bitte, ich möchte die Zustimmung des Betriebsrates zur Entlassung meines Klienten sehen!" Als anerkanntes Opfer des Faschismus genoß ich besonderen Kündigungsschutz. Meine Entlassung war nur mit Zustimmung des Betriebsrates möglich.

Nun begann ein Herumblättern in Aktenstücken. Der Richter fragte: "Ja, haben sie diese Zustimmung überhaupt?" Die Schulräte in ihrer Selbstherrlichkeit hielten Entscheidungen des Betriebsrates offenbar für überflüssig.

Der Richter, zuvor ganz auf der Seite des Schulamtes, machte nun den Vertretern der Schulleitung Vorwürfe: "Das ist ja mehr als ein Formfehler, das ist ein nicht wieder gutzumachendes Versäumnis. Was werden Sie tun, wenn der Betriebsrat gegen Sie entscheidet?" In die einsetzende Ratlosigkeit meiner Widersacher schlug er einen Vergleich vor. Die fristlose Kündigung wurde in eine termingemäße umgewandelt. Damit entfiel auch die Rückzahlung eines Stipendiums von DM 2.500,00.

Der Vergleich wurde unterzeichnet von Dr. Langeheinecke. Wer war dieser Herr? Ich forschte nach und erfuhr: Dr. L. war im Jahre 1942 der Direktor der Handelsoberschule für Mädchen in Berlin. In dieser Eigenschaft schrieb er an Frau Käthe Blenkle, die Frau des vom Volksgerichtshof zum Tode verurteilten Reichstagsabgeordneten der KPD, Konrad Blenkle, folgenden Brief.

```
Handelsschule
Oberschule für Mädchen                    Berlin, den 8. Dez. 1942.

...Auf Grund der von Ihnen gegebenen Darstellung Ihrer Beziehungen
zu dem ehemaligen kommunistischen Reichstagsabgeordneten Blenkle, der
jetzt vom Volksgerichtshof zum Tode verurteilt worden ist, sehe ich
mich gezwungen, ihre Tochter mit sofortiger Wirkung aus der Schule
zu entlassen. Begründet ist mein Entschluss durch folgendes:

1. Ich habe keine Gewähr, dass Ihre Tochter, nachdem sie die Beziehun
   gen zu dem Vater nach seiner Verhaftung und Verurteilung wieder
   aufgenommen hat, dem nationalsozialistischen Staate mit der Gesin-
   nung gegenübersteht, die ich bei einer Schülerin einer höheren
   Schule voraussetze.
2. Die Wirkung des wahrscheinlichen Bekanntwerdens dieser Zusammen-
   hänge auf die Mitschülerinnen ihrer Tochter sind für die Schul-
   gemeinschaft nicht tragbar.

                              Heil Hitler!
                              gez. Dr. Langeheinecke
                              Direktor.
```

BEZIRKSAMT TEMPELHOF VON BERLIN
Abteilung Volksbildung
- Schulamt -

Gesch.-Z.: Vb.-Schul-I
(Angabe bei Antwort erbeten)

Bln.-Tempelhof, den 16. November 1951
Tempelhofer Damm 165/167/169, 329
Fernruf: 75 02 61, Apparat

An Herrn
Wolfgang Szepanski
Berlin-Mariendorf
Didostraße 9.

Um Ihnen Gelegenheit zu geben, Ihr Verhalten zu rechtfertigen, daß Sie vor Abschluß des anhängigen Verfahrens vor dem Arbeitsgericht der Ostpresse einseitige Informationen gegeben haben, haben wir Termin auf

Dienstag, den 20.11. 1951 , 9 Uhr

im Dienstzimmer des Unterzeichneten, Rathaus Tempelhof, Zimmer Nr.212 anberaumt. Wir bitten Sie zu diesem Termin zu erscheinen.

Dr. Langehenecke

Auch mein Schulleiter hatte eine braune Vergangenheit. Es gelang mir ein Einblick in ein Klassenbuch, das er einst geführt hatte. Die Notiz stammte vom 30. Januar 1933. Mit überschwenglichen Worten beschrieb er den Tag der "Machtergreifung". Auch wie er den Schülern den Hitlergruß beigebracht und Widerspenstige bestraft hatte. Das Klassenbuch entlarvte den christlichen Sozialisten. Wie hieß es doch so treffend in seiner Formulierung vom 9.10.50: "... und zeigt sich der Ansprache unseres Sozialismus als einer ihr völlig fremden Sprache vollkommen unzugänglich...".

Sie hatte gesiegt, die alte Lehrergarde aus der Nazizeit, eingenistet in der mittleren Ebene der Verwaltungen: Im Schulamt, in der UGO-Leitung, im Betriebsrat, in der Lehrerbildung oder als Schulleiter tätig. Alle standen sauber entnazifiziert als waschechte Christ-Demokraten oder Sozialisten besonderer Art da.

Nun war ich arbeitslos. Meine Versuche, als Berufsschullehrer eingestellt zu werden, schienen Erfolg zu haben. Der Schulleiter und die Vertreter versicherten: "Sie sind genau der Richtige, wir brauchen Sie dringend." Es gab nur noch eine Frage zu klären, warum ich aus der allgemeinbildenden Schule ausgeschieden war. Hätte ich ihnen da etwas vorgeflunkert, sie hätten es gerne geglaubt. Als sie die Wahrheit erfuhren, waren die Herren plötzlich reserviert. Es täte ihnen leid, mich nunmehr nicht einstellen zu können.

Da die Presse nicht bereit war, sich meines Falles anzunehmen, schrieb ich allen Kollegen meiner Schule einen offenen Brief, in dem ich die wirklichen

Gründe meiner Entlassung mitteilte. Herr K. hatte inzwischen auf den Lehrerkonferenzen alle Register gezogen und die Acht über mich verhängt. Traf ich frühere Kollegen, sahen sie sich scheu um, bevor sie mir erzählten, wie unbeliebt sich der K. gemacht hätte und wie sie mit ihrer Sympathie ganz auf meiner Seite stünden. Das war anerkennenswert, aber viel zu wenig.

Sie schwiegen, weil sie Schwierigkeiten fürchteten. Das stand nun freilich im krassen Widerspruch zu den Reden über Demokratie und Freiheit. Was konnte ich tun? Sollte ich mich der Enttäuschung hingeben, lamentieren über die Schlechtigkeit der Welt? Hatte ich doch schon härtere Schläge einstecken müssen. Das Leben ging weiter. Unser Sohn Thomas wurde geboren. Nun hatten wir für zwei Kinder heranzuschaffen. Das war während der lang anhaltenden Arbeitslosigkeit nicht immer leicht.

Der 1. Mai war für mich nach wie vor der wichtigste Feiertag. Allerdings gab es bis zum Ende der sechziger Jahre keine Demonstrationen unter roten Fahnen in unserer Stadt. Demonstrationsversuche wurden von der Polizei unterdrückt. So erlebte ich, wie Leute festgenommen wurden, weil sie eine rote Nelke im Knopfloch trugen. Alle liefen friedlich auf dem Bürgersteig.

Ich entging der Festnahme, da ich den Polizisten unbefangen ansah und meine Nelke mit der Hand bedeckt hielt. Am selben Tag noch fuhr ich mit meiner Familie zum Marx-Engels-Platz, dem früheren Lustgarten, zur traditionellen Maikundgebung. Hier durften wir unsere Nelken tragen. Hier wehten rote Fahnen, und Kampflieder der Arbeiter erklangen. Bis hier reichte der Arm der Westberliner Polizei nicht.

Es gab auch am 1. Mai in der Zeit des Kalten Krieges Kundgebungen, die von CDU, SPD und Gewerkschaftsführern vor dem Reichstagsgebäude in unmittelbarer Nähe der Grenze zur DDR stattfanden. Sie hatten mit dem Gedanken des 1. Mai nichts mehr zu tun. Aufgeputschte Jugendliche zogen zum Brandenburger Tor. Sie warfen Steine gegen Volkspolizisten und verbrannten rote Fahnen.

Fortschrittliche Gewerkschaftskollegen verurteilten diese Provokationen und riefen in Sprechchören zur Verständigung mit der DDR auf. Das genügte, sie als Kommunisten zu denunzieren. "Ordner" holten die Protestierenden aus dem Zug der Marschierenden heraus und übergaben sie der Polizei. Einmal konnte ich solche Niedertracht verhindern. Ich sah, wie sich drei Ordnungshüter auf einen Opponenten stürzten. Der wehrte die Angreifer ab und flüchtete vor der Übermacht, einen der wütenden Verfolger dicht auf den Fersen. In der Menge Schutz suchend, flitzte er an mir vorbei. Mit einem Meter Abstand folgte sein Häscher.

Blitzschnell erinnerte ich mich eines alten Tricks, den die Proletarier schon während des Blutmais 1929 gegen sie verfolgende Polizisten angewandt hatten. Ich stellte dem vom Jagdeifer Besessenen ein Bein. Er fiel hin, stand sofort wieder auf, zog eine verdutzte Grimasse. Ich sah ihm ins Gesicht, er aber schaute, den Attentäter suchend, an mir vorbei. Sein Opfer war entkommen und brauchte den 1. Mai nicht in einer Zelle zu verbringen.

Der 1. Mai 1959 wird mir in besonderer Erinnerung bleiben. Ich befestigte an meinem Balkon eine rote Fahne. Es war ein sonniger Maientag. Die Fahne leuchtete wie eine Flamme und flatterte in der leichten Brise. Wir verließen mit unseren Kindern das Haus, um im Kreise von Freunden zu feiern. Als wir um die Ecke bogen, sahen wir noch einmal zurück. Es machte sich wirklich gut, das Rot zwischen dem Grün der Balkonpflanzen. Einige hundert Meter weiter kam ein Polizeiflitzer, mit vier Polizisten besetzt, an uns vorbeigerast. Wir sahen uns an. Sollte das unseretwegen sein?

In den frühen Abendstunden kehrten wir heim. Bevor wir in unsere Straße einbogen, kam uns unser Schuster, der eine kleine Ladenwerkstatt besaß, lächelnd entgegen. Er zog tief seinen Hut, verbeugte sich ein wenig und sagte mit freundlicher Stimme fast ehrfurchtsvoll: "Guten Abend!" Ein wenig verdutzt erwiderten wir seinen Gruß. Das hatte doch etwas zu bedeuten! Gleich darauf erblickten wir unseren Balkon. Seines Schmuckes beraubt, unterschied er sich nun nicht mehr von denen der Nachbarn.

Im Flur begegneten wir dem leicht angesäuselten Friseur. "Das haben Sie dem da zu verdanken, der mich auch angeschwärzt hat." Eine Geste in die Richtung der Wohnung des Polizeibeamten begleitete seine Ausführungen. Etwas stockend erzählte er, was geschehen war. Die Polizisten hatten energisch, aber vergeblich an unserer Wohnungstür gebummert. Dann war die Feuerwehr mit tü-ta-ta angerückt. Während sich ein Menschenauflauf bildete, wurde die Rettungsleiter ausgefahren. Ein Feuerwehrmann kletterte hinauf und brachte die Fahne herunter. Die Polizei beschlagnahmte sie und verschwand mit der Beute.

Der Vorfall geriet nicht so schnell in Vergessenheit. Als der Sommer sich seinem Ende zuneigte und das erste Obst reifte, stand eines Abends eine Schüssel mit Birnen vor der Wohnungstür. Ein Arbeiter, der in unserer Straße seinen Kleingarten hatte, bewies uns seine Solidarität. Wir wurden gute Freunde.

Meine Schule

Manches hat sich in den siebziger Jahren verändert. Die Demokratie hat Terrain zurückgewonnen. Rote Fahnen dürfen am 1. Mai gezeigt werden. Oder?

Ich erhielt einen Anruf von einem Invaliden. Aufgeregt erzählte er, wie junge Leute seit Wochen sein Auto demolierten. Die Lackierung wurde zerkratzt, die Spiegel zerbrochen, die Scheibenwischer zu Spiralen verdreht. Ja, aber warum? – Er hatte am 1. Mai ein rotes Papierfähnchen in den Balkonkasten gesteckt. Ein zweiter Anruf kam von einem jüdischen Künstler, der an den Rollstuhl gefesselt ist. Seine Tür wurde beschmiert mit dem Judenstern und "Judensau". Mein Glauben an die gefestigte Demokratie geriet ins Wanken.

Einige Tage später wurde ich von einer Lehrerin und ihren Schülern in ihre Klasse eingeladen. Es war meine ehemalige Schule, meine Schule, in der ich im Juli 1945 als eben ernannter Lehrer mit Herzklopfen den Schülern gegenüber gestanden hatte. Meine alte, verkommene, kriegsbeschädigte, geliebte Schule, in der ich Schutt beseitigt, Fenster verpappt und Kindern das ABC beigebracht hatte. Meine, unsere Schule, in der wir mit unserem Karl Veken die Schusterwerkstatt eingerichtet hatten.

Viele Erinnerungen wurden wach, als ich sie betrat. Die zum Verwechseln ähnlichen Zwillingsbrüder, die kleine Maria, die so schwer begreifen konnte, der Heimatkundeunterricht mit den selbst gefertigten Vogelbildern, die Zeichenstunden, der betrübte leise Ausruf der eifrigsten Zeichner, wenn das Klingelzeichen kam, die Lehrerkonferenz, auf der wir der Schule in geheimer Abstimmung (achtzehn dafür - zwei Enthaltungen) den Namen des antifaschistischen Widerstandskämpfers Anton Saefkow gaben. Nun war sie nach einem braven Feuerwehrmann umbenannt worden.

Und wie sah das Schulgebäude innen aus? Kaum anders als vor dreißig Jahren. Sicher, die Toiletten befanden sich nicht mehr auf dem Hof, aber die Farbe der Decken und Wände schien mir die von damals, nur noch schmutziger, noch verwohnter. Alles war unansehnlich und häßlich. Doch nun schrieben wir die Jahreszahl 1979. Die Kinderzeichnungen an den schäbigen Wänden wirkten kläglich, weil sie die allgemeine Trostlosigkeit nur noch hervorhoben. Übrigens war mir das alles schon bekannt. Kurz zuvor hatte ich bei einem Zeichenkurs der Volkshochschule in Bänke geschnitzte Hakenkreuze gesehen.

Ich betrat das Klassenzimmer, in der Ecke balgten und zergelten sich die Schüler. Langsam wurde es ruhiger. Neugierige Kinderaugen sahen mich an. Ich spürte die Erwartungen, das gab mir Ruhe und Kraft. Mein Konzept hatte ich im Kopf. Ich erzählte, was ich erlebt hatte, sprach von meinen toten Freunden, die ihr Leben einsetzten, um den Faschismus zu verhindern, um den Frieden zu erhalten. Sie halfen mir, meinen Weg aufrecht zu gehen. Ich lernte von ihnen: Es ist besser, für eine gerechte Sache zu kämpfen, als sich für eine ungerechte Sache mißbrauchen zu lassen. Der Krieg gegen andere Völker ist das

Selbstbildnis

größte Unrecht. Es zu dulden – heißt schuldig werden. Die Schwärmerei für die Helden des letzten Krieges ist die Vorbereitung des nächsten Krieges. Eben das taten die Nazis, und die Neonazis folgten ihrem Vorbild. Ihr aber sollt leben. Ihr müßt den Frieden lieben und eure Eltern bitten, ihn zu schützen.

Die Lehrerin hatte die Schüler auf meinen Besuch vorbereitet. Sie stellten mir Fragen. "Haben Sie gewußt, was passiert, wenn die Nazis an die Macht gelangen?" Gewußt? Geahnt und gefürchtet hatte ich's. Kleine Spuckzettel hatte ich geklebt mit der Aufschrift "Hitler bedeutet Krieg!" Das mußte heimlich geschehen. Viele sollten die Zettel lesen. Niemand durfte sehen, wer sie klebte. "Was haben Sie gefühlt, als Sie verhaftet und eingesperrt wurden?" Was habe ich gefühlt? Angst hatte ich, Angst vor der Folter, vor den Schlagstöcken und Stiefeln der SS. Zugleich faßte ich den Entschluß, nicht zu verzweifeln. In der Stunde der Not wuchs meine Kraft, den Quälereien standzuhalten. Ich schilderte die Hilfe meiner Kameraden, ihren Mut, ihre Selbstlosigkeit, ihren Widerstand, den die Nazis nicht mit Zuchthaus und KZ zu brechen vermochten.

Auch ich hatte Fragen an die Kinder: Was sie zu den Hakenkreuzen meinten, die auf den Schulbänken eingeritzt sind. Nach längerem Schweigen kam die Antwort, die Schüler wußten nichts von der eigentlichen Bedeutung dieses Zeichens. Nun erzählte ich von den Telefonanrufen der zwei Invaliden. Einer der beiden wohnte unweit ihrer Schule. Vielleicht würde er sich über einen Brief freuen.

Das Pausenzeichen ertönte. Keiner lief zur Tür. Die Kinder baten mich und die Lehrerin, ob wir nicht alle noch eine Stunde zusammenbleiben könnten. Wir blieben. Ich zeigte ihnen meine Bilder über den Widerstand, und neue Fragen ergaben sich. Als diese Stunde zu Ende ging, bedankte sich die Lehrerin. Ein Mädchen kam schüchtern auf mich zu und gab mir im Namen der Klasse einen Blumenstrauß. Die Schülerinnen und Schüler packten ihre Mappen. Ein kleiner Türkenjunge trat dicht zur mir heran, ballte seine Hand zur Faust und sagte: "Wir müssen kämpfen!"

Dankbar verließ ich die Schule. Wieviel Mühe hat sie mir damals bereitet. Das Verbot, sie zu betreten, zwang mir eine andere Laufbahn auf. Nun aber hatte ich das Gefühl, rehabilitiert zu sein. Langsam stieg ich Stufe für Stufe hinab, in der Hand den Blumenstrauß, unter dem Arm die Anschauungsmappe, im Herzen die Hoffnung: Die heranwachsende Jugend wird kein Kaiser, kein Führer und kein Präsident aufs Schlachtfeld treiben können. Das Geschäft mit dem Tode wird rückläufig.

Ein Nachtrag – Mein Wirken als Zeitzeuge

Die Jahre von 1933 bis 1945 sind für mich die tragischste Zeitgeschichte des 20. Jahrhunderts. Das wird mir immer wieder bewußt, wenn ich als Zeitzeuge vor jungen Menschen meine Erlebnisse erzähle. Es gab viele Zeitzeugen, die über die Schrecken ihrer Verfolgung nicht sprechen konnten. Sie brachten kein Wort davon über die Lippen. Mir ging es die ersten Jahre nach 1945 genauso. Junge Freunde, die den Krieg als Kinder erlebt hatten, wollten von mir wissen, wie ich diese Zeit überlebt habe. Als ich sagte, daß ich nie Soldat, sondern Emigrant und KZ-Häftling war, ließ ihre Wissensbegierde nicht nach. Es war mir eine Qual, ihre Fragen stockend zu beantworten. Doch zugleich spürte ich die Ergriffenheit meiner Zuhörerinnen und Zuhörer und ihr Erkennen: So etwas darf es niemals wieder geben. Zwischen den Völkern muß Freundschaft sein und bleiben. Einer dieser jungen Leute lud mich in seine Berufsschule ein, ein anderer in seine Klasse der Oberschule, ein dritter gewann seinen Pfarrer, mich vor seinen Konfirmanden sprechen zu lassen. Ich begann zu begreifen, wie wichtig die Kenntnis dessen, was ich erzählte, für nachfolgende Generationen ist.

Allgemein setzte in den 70er Jahren eine Aufarbeitung der Nazivergangenheit und damit einhergehend eine Nachfrage nach Zeitzeugen ein. Es gab antifaschistische Projekttage in den Schulen Berlins, und ich wurde nun eingeladen, in den Klassenräumen, manchmal auch in der Aula, vor vielen zu sprechen. Studierende holten mich in die Universitäten und Fachhochschulen, evangelische Pfarrer in ihren Konfirmandenunterricht. Einmal wurde ich zu meinem Erstaunen in einen Kindergarten eingeladen. Die kleinen Fünf- und Sechsjährigen lauschten meinen Worten. Ich versuchte, wie ein Märchenerzähler zu wirken, denn Märchen haben trotz böser Geister, die darin spuken, ein gutes und frohes Ende. Auf Massenversammlungen sprach ich neben ehemals verfolgten Christen und Sozialdemokraten. Auch im Programm der antifaschistischen Stadtrundfahrten durch Berlin und meinen Heimatbezirk Tempelhof war ich als Erklärer tätig. Mit vielen Schulklassen und Jugendgruppen machte ich Führungen durch die Gedenkstätte Sachsenhausen, was mir zunächst nicht leicht fiel, tauchten an diesem Ort doch Bilder schrecklichen Erinnerns in mir auf.

Wenn ich in meinen Tagebüchern die Notizen über die Ergebnisse meines Wirkens lese, bin ich selbst erstaunt über diese Zahlen. Ein Beispiel: 1978 habe ich auf 48 Veranstaltungen vor insgesamt 2.243 Personen gesprochen, davon waren 1.679 Schülerinnen und Schüler aus verschiedensten Schuleinrichtungen. Diese Tätigkeit ließ auch in 20 Jahren in Quantität und Qualität nicht nach. Ein weiteres Beispiel: 1998 sprach ich auf 56 Veranstaltungen vor insgesamt

1282 Personen, davon waren 1.010 Schülerinnen und Schüler. Mit Hochachtung denke ich an die engagierten Lehrerinnen und Lehrer, die die Begegnung mit mir und der unheilvollen Vergangenheit im Unterricht vorbereiteten. Doch auch junge interessierte Menschen, die im künstlerischen Bereich tätig waren, boten mir Möglichkeiten, im öffentlichen Raum zu wirken. Ein Ausstellungsbauer bewegte mich, mit ihm eine Wanderausstellung über das KZ Sachsenhausen anzufertigen. Die Songgruppe Sorgenhobel nahm mit mir und einem Sachsenhausen-Kameraden eine Tonband-Kassette auf, die Lieder aus dem KZ Sachsenhausen zum Inhalt hat und verfaßte dazu einen Begleitband, Titel: "Denn in uns zieht die Hoffnung mit". Von meinen KZ-Bildern und Zeichnungen beeindruckt, stellten Mitglieder der Vereinigung Arbeiterfotografie eine Dia-Serie unter dem gleichen Titel her. Dann kamen junge Leute, die mich anregten, die Geschichte meines Lebens aufzuschreiben. Nach Überwindung einiger Schwierigkeiten erreichten sie den Druck des Buches "Dennoch ging ich diesen Weg", das seit längerem vergriffen ist und immer wieder bei mir nachgefragt wird. So gilt dem trafo verlag mein ganz besonders herzlicher Dank für diese zweite, erweiterte Auflage!

Wolfgang Szepansky

(1999)

Hüffer/Noreisch Berlin, 22.06.99
Lehrer an der
Heinrich-von-Stephan
   Oberschule
Stephanstr. 27
10559 Berlin

Herrn
Wolfgang Szepansky
Hirzerweg 145 A

12107 Berlin

Sehr geehrter Herr Szepansky,

wir möchten uns noch einmal für Ihren Besuch und den damit verbundenen Vortrag in unserer Schule am 09.06.99 bedanken.

Wir haben zwei Tage später die Gedenkstätte Sachenhausen besucht, und Sie waren in Gedanken bei uns. Die Schüler haben immer wieder Ihren Bericht erwähnt und sofort das von Ihnen gemalte Bild entdeckt.

Ohne Ihre hervorragende Vorbereitung wäre der Gedenkstättenbesuch sicher nicht auf soviel Interesse bei den Schülern gestoßen.

Vielen Dank und weiterhin viel Kraft für diese Schülergespräche

Ihnen, lieber Herr Szepansky, wollen wir hiermit ganz herzlich für die informative Begleitung durch die Gedenkstätte „Sachsenhausen" danken! Wir werden uns dafür einsetzen, dass sich so etwas Schreckliches nicht wiederholen kann!

Ihre Klasse 6a
♦ Maria-Montessori-Schule ♦
Tempelhof

Brief vom 9. März 1999

Nachfolgend Bilder und Texte der Klasse 6a der Maria-Montessori-Schule, Berlin Tempelhof (1999)

von Pascal

Julian

Wir hatten uns schon lange in Religion über die Judenverfolgung im Nationalsozialismus unterhalten und auch einen Film darüber angeguckt. Später kamen wir dann zum Buch „Dennoch ging ich diesen Weg" von Wolfgang Szepansky. Fr. Betz-Paß fragte uns ganz nebenbei, ob jemand von uns vielleicht mal einen Nachmittag im ehemaligen KZ Sachsenhausen verbringen wollte. Da sich die ganze Klasse meldete sagte Fr. Betz, dass wir den Ausflug doch während der Schulzeit als Klassenausflug machen könnten.

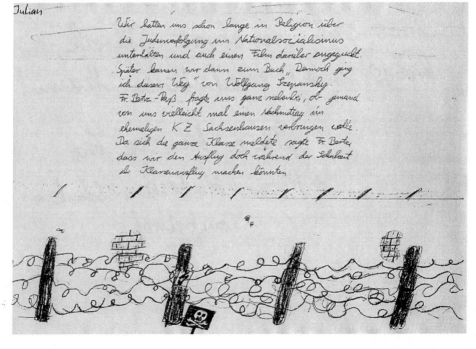

Das „KZ" hat mich sehr beeindruckt. Herr Szepansky hat mich auch sehr beeindruckt, weil er noch so gut erzählte, was alles passiert ist. Und das beste war, dass man auch noch was gelernt hat.

Wenn ich dieser Mann gewesen wäre würde ich auch nicht zum Erzählen in ein Konzentrationslager gehen, weil ich bestimmt nicht die Kraft gehabt hätte. Ich fand es ganz schön tapfer von ihm noch mal in diese schreckliche Zeit zurückzukehren. Ich werde diese Zeit nie vergessen und auch nicht unseren Besuch im Konzentrationslager.

von Jessica Fincke

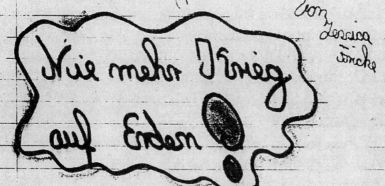

Meine Eindrücke bei der
"Spurensuche"
mit dem ehemahligen
Lagerinsassen Herrn Szepansky
in Sachsenhausen
(Ausflug am 9.03.99)
Gedenkstätte.

Unsere Lehrerin Frau Bertz
erzählte von Sachsenhausen.
Als sie alles erzählte fühlte
ich mich als hätte mich etwas
getroffen, weil die Menschen
mishandelt wurden.
Der Tag kam als wir nach
Sachsenhausen gingen.
Wir sahen Herrn Szepansky
ich hatte mir ihn genau
sooo vorgestellt.
Ich und meine Klasse
standen vor dem Tor
mir war eiskalt geworden.
Er erzählte uns sein Lebensablauf.
Ich war gefast wie er es über
die Lippen gebracht hat,
er musste ab und zu mal weinen.

Aber wie er es geschaft hat wusste er selbst noch nicht. Ich wunder mich immer noch.
Im Konzentrasionslager war so eine Stille. Keiner konnte aus dem Mund etwas sagen, manche versuchten albern zu sein aber sie empfanden wie ich, es war schrecklich.
Als er alles erzählt und gezeigt hatte, kammen mir die Trännen. und wir verabschiedeten uns von ihm.

Ende   Yasemin Aydin

(vom 24.3.99) 27.4.99

Meine Eindrücke bei der „Spurensuche" mit dem ehemaligen Lagerinsassen Herrn Szepansky in Sachsenhausen (Ausflug am 9.3.99)

Ende Januar dieses Jahres hat man einiges zum Thema „Naziszeit" im Radio gehört, im Fernseh gesehen und wir haben auch von Frau Berta-Paß, unserer Religionslehrerin, viel übermittelt bekommen. Wie jedes Jahr haben wir darüber gesprochen. Diesmal haben wir uns mit Geschichten aus Bücher oder als Verfilmungen beschäftigt.
In diesem Zusammenhang haben wir das Buch von Herrn Szepansky. Dennoch ging ich dieser Weg „vorgestellt bekommen. Er gibt uns Auskunft über seine eigenen Erfahrungen als KZ-Insasse in „Sachsenhausen", einem ehemaligen Konzentrationslager in Oranienburg.

Ich war schon sehr auf Herrn Szepansky, einem alten, aber dennoch rüstigen und dynamischen Mann, gespannt. Wir trafen uns am U-Bahnhof Kaiserin-Augusta-Straße. Nachdem auch die letzten Schüler angekommen waren, konnten wir um 8.15 Uhr losfahren. Herr Szepansky sah ein wenig

aus wie „Albert Einstein." Ein Tempo hatte er drauf, für einen Mann in seinem Alter sehr unglaubwürdig! Wir fuhren sehr lange. Dann mussten wir noch einen Fußmarsch von 20 Minuten einlegen.
Auf einem Platz, dem Appellplatz, erzählte er uns, dass sie hier ca. 6-8 Stunden in „lausiger" Kälte stehen und Lieder für „das Vaterland" singen mussten. Auf dem Platz waren Baracken in Halbkreisform aufgestellt. Auf den Baracken verteilt stand groß und breit:
„Es gibt einen Weg zur Freiheit, seine Meilensteine heißen:
Gehorsamkeit, Fleiß, Ordnung, Ehrlichkeit, Sauberkeit, Opfersinn, Wahrhaftigkeit, Nüchternheit und Liebe zum Vaterland!!!" So Herr Szepansky. Wir konnten in eine Baracke hineingehen: Schlecht ausgestattete Räume waren zu sehen. Kaum zu glauben, dass in einer so kleinen Baracke 200-250 Männer Platz finden sollen! Wir sahen auch zerstörte Öfen, in denen die Leichname getöteter KZ-Häftlingen verbrannt worden waren, einen Erschießungsgraben, einen Galgenplatz und ein Gefängnis. Es gab auch Medizinhäuser, in denen Versuche mit Häftlingen verübt worden waren. Die konnten wir zum Glück nicht mehr besichtigen. Am beeindruckendsten fand ich jedoch Herrn Szepansky, wie er diese grausame

Zeit, mit Hilfe von anderen Insassen, überstanden hat.
Trotz der erschütternden Einblicke in diesen Teil deutscher Vergangenheit war der Ausflug zur „Gedenkstätte Sachsenhausen" sehr lehrreich und emotional ansprechend.
Zum Schluss gab er uns noch etwas mit auf den Weg:
„So etwas soll nie wieder passieren.
Und ihr könnt etwas dafür tun!"

Jennifer K.

MARIA L.

Mich hat beeindruckt, dass Herr Szepanosky mit seinen 89 Jahren die Führung immer noch macht und über seinen Leidensweg berichtet.

Ich fand den Ausflug gut; auch war erstaunlich, dass Herr Szepansky darüber so leicht geredet hat, was er so erlebt hatte. Jetzt wissen wir wirklich, wie grausam es damals war, und dass so etwas nie mehr vorkommen darf.

von Hendrik Lindenau

So etwas darf nie mehr vorkommen!

Herr Szepansky auch noch ein sehr schönes Lied vorgesungen. Die Geschichten die er uns erzählt hat waren sehr beeindruckend. Ich musste es meinen Eltern erzählen weil alles so schrecklich war.

Süleyman

Personenregister

Ackermann, Anton 61
André, Etkar 103
Ansbach, Herbert 101
Assmann, Heinz 128
Arzt, Herbert 128, 133, 142, 160, 182

Baranowski, Hermann 186
Bartsch, Heinz 191
Bebel, August 17
Behnke, Bernhard 101
Behrens, von (Hauptmann a.D.) 96
Bennert, Edgar 185
Bergner, Elisabeth 61
Beyer (Lagerältester) 193, 195ff., 203
Blenkle, Käthe 253f.
Blenkle, Konrad 253
Block, Kuddel 185
Block (Hauptwachtmeister) 172f., 176
Bock, Helmut 237
Bornstein, Willi 130f., 240ff.
Brolat, Fritz 54
Brüning, Heinrich 62, 65f.
Busch, Ernst 65, 116

Chamberlain, Arthur Neville 122, 189
Chopin, Frederic 237
Daladier, Edouard 122, 190
Dimitroff, Georgi 87
Dirlewanger, Oskar 199
Duncker, Hermann 61

Egerland, Erich 196f.
Eisermann, Ludwig 186
Eisler, Hanns 52, 65
Engels, Friedrich 61
Erhard (Brigadegeneral) 27
Ernst, Helen 210

Fischer, Richard 199f., 237
Franco, Francisco 117, 122
Fritsch, Willy 61

Gebauer, Erich 101
Geschke, Ottomar 237
Goebbels, Josef 100, 124, 168, 202
Göring, Hermann 87, 124, 139, 174
Graaf, Deti de 41
Graaf, Freni de 41
Graaf, Mevrouw de 42
Graciani, Paul 189
Grimm, Hermann 164
Groener, Wilhelm 62

Haa, Van ter 189
Haas, Pieter de 175f.
Hahn, de (Kommandant Hoek van Holland) 128, 135, 140
Halifax, Edward Wood Lord 124
Hartung, Otto 161, 180
Hauptmann, Gerhard 32
Heesbeen, Georg 189
Heine, Heinrich 231
Hemingway, Ernest 116
Hen, Anni 106, 120
Hen, Henriette (Jettchen) 106, 111, 113, 118f., 129, 132, 145, 171, 225, 240f.
Hen, Simon 105
Hendrik, Klaas 175
Henkel (Wachtmeister) 173, 176
Henze, Friedrich 197
Hermann, Erich 83
Himmler, Heinrich 204
Hindenburg, Paul von 27, 62, 65, 83, 85

Hitler, Adolf 10, 79, 84f., 90, 105, 113, 117, 121ff., 131, 143, 159, 165, 168, 189, 195, 209, 213, 238f.
Höhn, August (2. Lagerführer) 191, 202
Honecker, Erich 223
Horn, Lambert 185
Hütte, Ernst 182
Hüttel, Oskar 44

Jetschmann, Karl 47f.
Jeske, Ursula 231

Kaiser, Werner 128, 130, 132, 139, 141f.
Keßler, Heinz 223
Kisch, Egon Erwin 116
Klausener, Erich 105
Kolb, August (1. Lagerführer) 206
Krämer, Heinz 128, 132, 136
Kraushaar, Luise (geb. Szepansky) 10, 17f., 24, 48f., 115, 120
Krupp, Friedrich 78
Krupp v. Bohlen u. Halbach, Gustav 28
Künzel, Kurt 161, 246
Kuttner, Erich 116

Langeheinecke, Dr. 252f.
Lehmann, Gisela 231
Lenin, Wladimir I. 61, 88
Lewinski, Anton 194
Liebknecht, Karl 15, 17, 27, 34f., 50, 71, 75, 143
Link, Schorsch 160, 182ff.
Loeberg, Sven 191, 194
Lommel, Elli 223, 226
Luxemburg, Rosa 27, 50, 143, 197

Mahler, Christian 187

Maron, Karl 216
Marx, Karl 61, 83
Maschke, Walter (Luftschutzgarde) 196, 198, 203
Maurus, Gerda 61
May, Karl 42
Mehring, Franz 103
Meyn, Heinrich 186
Michelangelo 164
Mollmann, Ludwig 198
Müller, Hermann 52, 62
Mussolini, Benito 47, 122

Nagel, Otto 63
Neruda, Pablo 116
Neuhoff, Hans 140
Neurath, Constantin Freiherr von 124
Niemöller, Martin 30, 227
Noske, Gustav 27, 83, 197

Oelßner, Fred 61
Oestreich, Paul 62
Otto, Hans 61
Otto, Hein 194, 206

Pampel, Jonas 109f.
Papen, Franz von 82
Peters, Johannes 140f.
Petri, Emanuel (SS-Hauptsturmführer) 204f.
Pfaff, Walter 194
Pieck, Artur 50f
Pieck, Wilhelm 58
Piscator, Erwin 46, 51
Pohl, Oswald (SS-Obergruppenführer) 207
Porten, Henny 61

Rademacher, Jupp 128f., 137, 142f.
Rakow, Paul 180
Ramm, Georg 175f.

275

Reiche, Heinz 212ff.
Reichel, Heinrich 127, 132, 143
Reichstein, Walter 200
Rembrandt van Rijn 119
Renn, Ludwig 51, 116
Riemenschneider, Tilman 164
Rittgen, Hermann von 197, 204, 206
Röhm, Ernst 105
Roos, Henk de 189, 206, 226
Rossa, Bohdan 187
Roth, Käthe 108, 210f.

Saalwächter, Ernst 186
Sachs, Hans 248
Saefkow, Anton 225, 257
Schacht, Hjalmar 54
Schadrowski, Kurt 100
Scheidemann, Philip 53
Schellenberg, Eva 89
Schellenberg, Werner 89
Schiller, Friedrich 186
Schleicher, Julius von 34, 105
Schmidt, Erwin 89f., 92, 99
Schmidt, Hein 101, 105
Schneller, Ernst 61, 63, 159, 191
Schubert, Franz 231
Schulz, Helga 236
Schulze, Hans 127f.
Schumann, Robert 231
Seelenbinder, Werner 235, 237
Severing, Karl 73
Sorge, Gustav (Rapportführer) 162
Späth, Georg 179f., 192
Speer, Kurt (Kutti) 18ff., 30
Stalin, Josef Wissarjonowitsch 124, 165
Stamm, Robert 96
Steinbach, Ursula 231
Stegerwald, Adam 62
Stoffels, Hendrickje 119

Strick (Hilfswachtmeister) 173, 176
Szepansky, Emil 14, 17, 24, 32f., 115, 177, 218, 220f.
Szepansky, Gerda (geb. Lange) 224f., 242f., 248
Szepansky, Margarete 14, 17, 35f., 76, 177, 218, 220f., 231
Szepansky, Robert 118, 125f., 132, 137, 225, 240f.
Szepansky, Siegfried 18, 24, 53, 85, 177, 218, 221
Szepansky, Thomas 255
Szepansky, Wolf-Peter 243

Thälmann, Ernst 83, 87, 97, 103
Timmer, Theo 236
Tlusteck, Erika (geb. Kraushaar) 115
Tucholsky, Kurt 55, 78

Valentin, Maxim 61
Veken, Karl 209, 211f., 216, 221, 223ff., 231ff., 239, 243, 257
Vogel, Ursula (geb. Kraushaar) 115

Walter, Grete 88
Wangenheim, Gustav von 46, 61
Weber, Ulli 236f.
Weinert, Erich 37, 51f., 65, 116
Werner, Arthur 237
Weste, Klara 30, 227, 244ff.
Westphal, Heinz 226, 236
Wiedmayer, Maria 237
Wischinski, Fritz 99
Wolf, Friedrich 46, 227, 231

Zeese 212f.
Zilles, Hermann 140ff.
Zörgiebel, Karl Friedrich 63, 72f., 83

Bildnachweis

Alle Bilder/Linolschnitte/Grafiken sind vom Autor selbst gefertigt. Alle sind aus dem Privatarchiv des Autors.

S. 15, 16, 20, 23 (li. und re. oben), 26, 33, 35, 37, 41, 45, 53, 55, 57, 59, 64, 70, 71, 73, 74, 76, 80, 81, 86: Zeichnungen aus dem Zyklus "Familienb geschichte" (1993)
S. 31: Klassenfoto. Archiv Wolfgang Szepansky
S. 35: Aus: Die Kommunistin, Nr. 1, Febr.–März 1924
S. 39: Banknoten: Archiv trafo verlag
S. 91: Der Mann, der schwieg; Öl, (1946)
S. 96, 97, 98: Polizeigefängnis Berlin-Alexanderplatz, Zeichnungen (August 1933)
S. 104: Zeichnung (ca. 1946)
S. 107: Zeichnung (1934)
S. 110: Aquarell (1938)
S. 112: Zeichnungen (1934)
S. 113: Fotografie (1937)
S. 119: Linoldruck (1 979)
S. 147: Tempera (1985)
S. 148: Linoldruck (1984)
S. 150: Federzeichnung (1985)
S. 151, 152, 153: Kohlezeichnungen (1985)
S. 155: Zeichnungen (1985)
S. 163: (oben) Linoldruck (1984), (unten) Kohlezeichnung (1984)
S. 165, 174, 175: Aquarelle (1942)
S. 181: (oben) Aquarell (1990), (unten) Kohlezeichnung (1991)
S. 199: Federzeichnung (1973)
S. 201: Tempera (1969)
S. 207: Kohlezeichnung (1967)
S. 217: Zeichnungen (Mai 1945)
S. 218: Kohlezeichnung (1945)
S. 219: Linoldruck (1979)
S. 221: Zeichnung (1946)
S. 222: Programm: Archiv Wolfgang Szepansky
S. 228: "Die Moorsoldaten", erschienen 1945 in Berlin (Verlag Neues Leben Berlin). Archiv Wolfgang Szepansky
S. 229: "Was die Jugend singt": Archiv Wolfgang Szepansky

niv Wolfgang Szepansky
.fgang Szepansky
)lfgang Szepansky
(38)
.chnungen: Archiv Wolfgang Szepansky

Weitere Titel der Reihe

Band 1
Benny Heumann: "Benny Heumann. Jahrgang 1907. Ein politischer Architekt", tra*f*o verlag 1997, 251 S., zahlr. Abb., geb., ISBN 3-89626-081-2

Weitere Titel in Vorbereitung

Weitere biographische Literatur aus dem tra*f*o verlag

Renate Genth / Reingard Jäkl / Rita Pawlowski / Ingrid Schmidt-Harzbach / Irene Stoehr: "Frauenpolitik und politisches Wirken von Frauen im Berlin der Nachkriegszeit 1945–1949", tra*f*o verlag 1997, 506 S., 71 Fotos, 18 Dok., 24 Biographien, ISBN 3-89626-109-6, DM 36,80

Gélieu, Claudia von: "Wegweisende Neuköllnerinnen. Von der Britzer Prinzessin zur ersten Stadträtin", hrsg. von Renate Bremmert, tra*f*o verlag 1998, 288 S., 170 Abb., ISBN3-89626-148-7, DM 29,80

Plener, Ulla: "Helmut Schinkel. Zwischen Vogelers Barkenhoff und Stalins Lager. Biographie eines Reformpädagogen in Dokumenten (1902–1946)", tra*f*o verlag 1998, 2. ergänzte Auflage, 287 S., 74 Bilder, 83 Dok., geb., ISBN 3-89626-142-8, DM 36,80

Triebel, Wolfgang: "Gelobt und geschmäht. Wer war Otto Grotewohl? – Deutungsversuche in Aufsätzen und Interviews mit Zeitzeugen", tra*f*o verlag 1997, 345 S., zahlr. Fotos und Dokumente, ISBN 3-89626-133-9, DM 49,80

Hoffmann, Volker: "Der Dienstälteste von Plötzensee. – Das zerrissene Leben des Musikerziehers Alfred Schmidt-Sas (1895–1943)." Kritische Biographie mit einem Geleitwortwort von Gisela May und einem Nacjhwort von Johannes Tuchel, tra*f*o verlag 1998, 321 S., 87 Fotos und Dokumente, geb., ISBN 3-89626-089-8, DM 34,80

Karl: "Jacob Walcher (1887-1970). Gewerkschafter ...hen Berlin, Paris und New York", tra*f*o verlag 1998, 259 ..., ISBN 3-89626-144-4, DM 38,80

...heodor Leipart. Persönlichkeit, Handlungsmotive, Wirken, ...ebensbild mit Dokumenten (1867–1947)", 2 Halbbände, tra*f*o , geb.
. Biographie, 389 S., zahlr. Abb., ISBN 3-89626-079-0, DM 39,80
d.: Dokumente, 530 S., ISBN 3-89626-080-4, DM 52,80

...isch, Hans-Peter: "Hermann Bode (1911–1944). Ein Braunschweiger ...adtverordneter im Kampf gegen Faschismus und Krieg", tra*f*o verlag 1999, 228 S., zahlr. Fotos und Dok., geb., ISBN 3-89626-146-0, DM 29,80

Simone Hantsch: "Das Alphatier – aus dem Leben der Gertrud Duby-Blom", tra*f*o verlag 1999, 194 S., zahlr. Fotos, ISBN 3-89626-176-2, DM 39,80

In Vorbereitung

Valerij Brun-Zechovoj: "Manfred Stern – General Kleber. Das tragische Leben eines Berufsrevolutionärs (1896–1954)", redigiert von Elisabeth Lange, tra*f*o verlag 2000, 180 S., zahlr. Abb. u. Dok., geb., ISBN 3-89626-175-4, DM 34,80

Hübner, Hans: "Ein zerbrechliches Menschenkind – Helen Ernst (1904–1948). Zeichnerin und Modepädagogin zwischen Athen, Zürich, Berlin, Amsterdam, Ravensbrück und Schwerin", tra*f*o verlag 2000, ca. 250 S., zahlr. Abb., geb., ISBN 3-89626-147-9, ca. DM 45,00

Horst Helas unter Mitarbeit von Helgard Behrendt, Birgit Gregor und Sabine Krusen: "Juden in Berlin-Mitte. Biographien – Orte – Begegnungen", hrsg. vom Verein zur Vorbereitung einer Stiftung Scheunenviertel Berlin e. V., tra*f*o verlag 2000, ca. 300 S., 120 Fotos u. Abb., Reg., geb., ISBN 3-89626-023-5, Preis: 36,80 DM

Bestellungen über jede Buchhandlung oder direkt bei:
tra*f*o verlag, Finkenbstraße 8, 12621 Berlin
Tel.: 030/5670 1939   Fax: 030/ 5670 1949
e-Mail: trafoberlin@t-online.de